A ARTE DA
MASCULINIDADE

TRADUÇÃO
RAUL MARTINS

A ARTE DA MASCULINIDADE

HABILIDADES E COSTUMES CLÁSSICOS
PARA O HOMEM MODERNO

BRETT MCKAY E KATE R. MCKAY

A arte da masculinidade:
Habilidades e costumes clássicos para o homem moderno
Brett McKay e Kate R. McKay
1ª edição — agosto de 2019 — CEDET
Copyright © 2019 by Brett McKay
Título original: *The Art of Manliness:*
Classic Skills and Manners for the Modern Man
Published by arrangement with Adams Media,
an Imprint of Simon & Schuster, Inc., 1230 Avenue of the Americas, New York, NY 10020, USA.
Illustrated by Josh Roflow

Os direitos desta edição pertencem ao
CEDET — Centro de Desenvolvimento Profissional e Tecnológico
Rua Armando Strazzacappa, 490
CEP: 13087-605 — Campinas–SP
Telefones: (19) 3249–0580 / 3327–2257
e-mail: livros@cedet.com.br

EDITOR:
Felipe Denardi

DIAGRAMAÇÃO:
Mariana Kunii

TRADUÇÃO:
Raul Martins

REVISÃO DE PROVAS:
Beatriz Costa
Natalia Ruggiero
Tomaz Lemos

REVISÃO:
José Lima

PREPARAÇÃO DE TEXTO:
Beatriz Mancilha

CONSELHO EDITORIAL:
Adelice Godoy
César Kyn d'Ávila
Silvio Grimaldo de Camargo

CAPA:
Bruno Ortega

FICHA CATALOGRÁFICA

McKay, Brett. McKay, Kate R.
   A arte da masculinidade: habilidades e costumes clássicos para o homem moderno / Brett e Kate R. McKay; tradução de Raul Martins — Campinas, SP: Editora Auster, 2019.
   Título original: *The Art of Manliness: Classic Skills and Manners for the Modern Man*

ISBN: 978-65-80136-08-7

1. Auto-ajuda / Aperfeiçoamento pessoal. 2. Virtudes.
I. Título II. Autor

CDD 158.1 / 179.9

ÍNDICE PARA CATÁLOGO SISTEMÁTICO
1. Auto ajuda / Aperfeiçoamento pessoal – 158.1
2. Virtudes – 179.9

Auster — www.editoraauster.com.br

Reservados todos os direitos desta obra.
Proibida toda e qualquer reprodução desta edição por qualquer meio ou forma, seja ela eletrônica ou mecânica, fotocópia, gravação ou qualquer outro meio de reprodução, sem permissão expressa do editor.

Sumário

11   **Introdução**

        Capítulo I
17   O cavalheiro

        Capítulo II
81   O amigo

        Capítulo III
109   O herói

        Capítulo IV
139   O amante

        Capítulo V
169   O pai

        Capítulo VI
207   O desbravador

Capítulo VII
241   O líder

Capítulo VIII
267   O homem virtuoso

303   **Posfácio**

Apêndice A
307   100 livros que todo homem deveria ler

Apêndice B
313   Glossário de másculos e classudos vocábulos e insultos, ou: o vernáculo do seu avô

Apêndice C
317   Cartões para recortar e levar consigo

WILLIAM HURST   **GEORGE NOVAK**

Para William Hurst e George Novak, membros da geração grandiosa de homens que viveram a sério e o melhor possível a arte da masculinidade.

Não é ao crítico que se deve prestar ouvidos; não se trata de quem faz notar como tropeça o homem possante, ou em qual aspecto o herói poderia ter melhor levado a cabo suas proezas. A estima e a honra cabem ao homem que está na arena, com o rosto transtornado pelo pó, suor e sangue; que com brio se empenha; que erra, e se vê malogrado vez após vez, pois que não há empenho sem erro e malogros; que contudo se empenha com desabalado ânimo; que não está alheio ao entusiasmo e à devoção; que se lança a uma causa nobre; que, na melhor das hipóteses, no final põe-se a par do triunfo da conquista valorosa, e, na pior, em caso de fracasso, não será menor sua ousadia, de modo que jamais há de figurar entre as almas frígidas e tímidas que não conhecem quer a vitória, quer a derrota.

— Theodore Roosevelt

INTRODUÇÃO

"Ele há de ficar conhecido como uma espécie de herói da garotada. Há de ficar conhecido sobretudo por sua virilidade. Roosevelt vai virar uma lenda".

"Lamentei profundamente a morte de teu nobre filho. Pude testemunhar-lhe a conduta desde o início da guerra, e atestei com orgulho o seu patriotismo, sua abnegação e a virilidade do seu caráter".

"Ao fim e ao cabo, a maior das qualidades de Washington era sua obstinada virilidade, que lhe conferia o respeito e a confiança até mesmo de seus inimigos".

As citações acima, tiradas todas elas de escritos vários do século XIX, mostram a palavra virilidade sendo usada de forma um bocado estranha ao leitor moderno: como um grande elogio. Antigamente, tinha-se a virilidade na conta de característica valiosa e distinta, como a inteligência, a bravura ou o senso de humor. Era a qualidade que os garotos lutavam para conquistar, e que homens muito queriam associada aos seus nomes.

Um indivíduo que dominasse a arte da masculinidade personificava muitas, se não todas, estas características viris:

- Cuida de seus amigos e família, e lhes é leal;
- Faz o que é certo, ainda quando inconveniente;
- É proficiente no que toca às artes viris;
- Trata as mulheres com respeito e honra;
- Serve sua comunidade, contribuindo para o seu bem;
- Sacrifica-se pelo bem de outrem;
- Trabalha duro e quase nunca reclama;
- Demonstra a um só tempo rija valentia e terna compaixão;
- Confia no seu taco sem ser um babaca pomposo;
- É espirituoso sem sucumbir ao sarcasmo;
- Abraça as responsabilidades ao invés de fugir a elas.

É quase certo que você tenha avôs que personificam esta espécie de honrosa virilidade. Mas algo nos últimos cinqüenta anos fez com que essas virtudes e habilidades masculinas positivas desaparecessem das gerações atuais de homens. Pais deixaram de transmitir a arte de ser homem aos seus filhos, e nossa cultura, receosa de que se restringisse a apenas um sexo todo um conjunto de virtudes, esvaziou o termo de qualquer significado elogioso.

Desencorajada a celebrar os aspectos positivos da virilidade, a sociedade de hoje foca apenas nos seus aspectos negativos e estereotipados. Infelizmente, aquilo em que se pensa quando se diz "virilidade" são nos pais claudicantes e balbuciantes das séries e comerciais de

INTRODUÇÃO

televisão, nos frívolos astros de ação do cinema, cuja vida é explodir tudo quanto lhes esteja à frente, e nos energúmenos modelos das capas de revista, que põem uma barriga tanquinho no píncaro de toda existência carnal.

Nossa meta com este livro é encorajar uma nova geração de homens a reatar o fio do legado que seus avôs deixaram na história da masculinidade, e continuá-lo. Muitos argumentam que é preciso reinventar qual seja o significado da virilidade no século XXI. No geral isso quer dizer que é preciso esvaziar a virilidade de sua masculinidade e pôr no seu lugar qualidades feminis, mais sensíveis e delicadas. A isto respondemos que a virilidade não precisa ser reinventada. A arte de ser homem só precisa ser redescoberta.

Se livro algum jamais seria capaz de lidar com todas as qualidades positivas e habilidades essenciais que todo homem deve possuir, esperamos que o presente livro ao menos seja útil a quem deseje redescobrir a arte perdida de ser homem. Dividimos o livro em vários capítulos, reflexos dos papéis diversos que um homem assume ao longo da vida. Dentro de cada capítulo, abordamos uma série de atributos e competências que muitos sujeitos de hoje nunca aprenderam. Você pode ler o livro do começo ao fim, ou pode pular direto para as partes que julgar mais interessantes ou pertinentes à sua vida.

Não deixe que este livro seja o fim de sua jornada de redescoberta da arte perdida da masculinidade; ele deve ser apenas o seu início. Milhares de sujeitos antes de nós deixaram pérolas de sabedoria sobre o que significa ser um homem. E se você procurar com atenção e zelo, talvez há de encontrar homens já na sua vida que lhe podem ensinar as habilidades e qualidades importantes à verdadeira masculinidade. Procure grandes homens, tanto do passado quanto do presente; com o tempo, você há de se tornar um perito na arte de ser homem.

NOTA AOS LEITORES

Não apenas incontáveis habilidades dos homens de outrora se foram perdendo com o tempo, como boa parte da espirituosa linguagem que se falava nas ruas e salões das cidades do século xix também se perdeu. De modo que colocamos uma boa dose de frases e expressões antigas neste livro. Assim, se você topar em alguma palavra que o avô do seu tataravô poderia ter dito, o quase certo é que ele a disse mesmo. Na página 312 (Apêndice B) você encontrará um glossário com essas gírias do século xix e suas definições.

Além de quê, como "babaca" está ficando já tão velho e aguado quanto "babaquara", salpicamos um tantinho de pimenta neste livro com insultos únicos do presidente mais macho que já tivemos: Theodore Roosevelt. T.R. era um mestre da tiração de sarro criativa e perspicaz. Se quiser revigorar o seu repertório de insultos, basta ir até a página 321 para uma lista completa das injuriosas pepitas de ouro do mestre Roosevelt. Essa página pode ser recortada e carregada consigo na sua carteira, para servir-lhe de referência fácil e à mão da próxima vez que o seu colega de trabalho roubar-lhe a marmita da geladeira do trabalho.

CAPÍTULO I

O cavalheiro

Eis o teste final de um cavalheiro:
seu respeito por quem não lhe tem serventia alguma.

— William Lyon Phelps

Por séculos a fio, homens bem-criados foram treinados em todas as artes viris, que iam desde virtudes e habilidades soldadescas até a etiqueta adequada a jantares festivos. Eram os tais sujeitos a quintessência do cavalheiro: no que toca à vestimenta, elegantes; no que toca à conduta, polidos — e, contudo, da cabeça aos pés homens viris e briosos. Lamentavelmente, muitos homens modernos põem o cavalheiro no lado afeminado do espectro da masculinidade, em oposição ao "cabra macho" que arrota feito um javali, traz a barba desgrenhada e é nas partes e no todo perfeitamente desleixado. Contudo, para nossos antepassados não havia qualquer contradição entre ser, a um só tempo, viril e cavalheiro. George Washington, Theodore Roosevelt e Robert Edward Lee são alguns exemplos de homens que combinavam uma virilidade indômita com modos cavalheirescos. Não negligenciavam o aprumo nas vestes e o bem portar-se, aliás movendo-se tão desembaraçados e à vontade num salão majestoso quanto num campo de batalha. E tampouco o desejo de ser um cavalheiro estava restrito aos ricos ou poderosos; *Etiquette*, o livro de Emily Post,[1] foi a leitura mais requisitada pelos soldados durante a II Guerra Mundial.

Infelizmente, são poucos os varões modernos que dedicam algum tempo ao cultivo do lado caloroso e refinado de suas personalidades masculinas. De quando em vez, o cavalheiro parece ser uma raça em extinção. No lugar da cortesia social básica e da etiqueta respeitosa, pôs-se a rudeza destemperada. Os homens de hoje andam por aí esmolambados, com roupas amassadas e mal ajustadas, quase sempre sem dar a mínima para o modo como o seu comportamento afeta outras pessoas.

Mas não precisa ser assim.

Ser um cavalheiro é muito mais do que seguir um código de regrinhas fixas. Antes, trata-se de ter profundo respeito: tanto a si próprio como aos outros. Ao seguir as dicas simples contidas neste capítulo, qualquer rufião pode tornar-se um perfeito gentil-homem. Requintar e potencializar os traços da personalidade dum cavalheiro é uma das chaves do sucesso em todos os aspectos de sua vida. Seus parceiros de negócio irão respeitá-lo; seus amigos se ajuntarão à sua volta; as mulheres irão adorá-lo.

1 Emily Post (1872–1960) foi uma escritora americana, famosa por seus livros sobre etiqueta.

VISTA-SE COMO UM CAVALHEIRO

A diferença entre um homem de bom senso e um janota é que o janota se estima por conta de suas roupas, e o homem de bom senso dele se ri enquanto sabe que não pode negligenciar as mesmas roupas.

— Lorde Chesterfield

Talvez não seja aconselhável julgar um livro pela capa. Porém, ocorre ser a capa a única evidência que inicialmente temos à mão. Segundos após conhecê-lo, as pessoas hão de julgá-lo e tomar decisões baseadas em sua aparência. O que suas roupas lhes estão dizendo? Que você é um sujeito disciplinado, atencioso, com olhar minucioso e alerta? Ou que você simplesmente deixa a vida te levar?

A aparência é importante. Vestir-se como um cavalheiro fará com que sua confiança aumente, além de ganhar-lhe o respeito alheio. Esteja você numa entrevista de emprego ou levando uma moça para um passeio, começar com o pé direito é uma forma de maximizar suas chances de sucesso. Especialmente se o pé calhar de estar calçado com um belo e lustroso sapato.

VESTINDO UM TERNO

Como todo homem bom, aspiro à perfeição; e como todo homem ordinário, descobri ser inalcançável a perfeição — mas não o terno perfeito.

— Edward Tivnan

Não há roupa mais viril do que um terno bem aprumado, cortado à risca. São assim varonis por se haverem originado dos uniformes militares. Todo homem deve ter ao menos um bom terno que possa ser usado em entrevistas de emprego, casamentos e outras ocasiões especiais. Mas escolher um terno não é como escolher uma camiseta ou calça *jeans*. Se quiser ficar na estica com o seu terno, sentindo-se, aliás, confortável, é preciso levar em conta alguns fatores. Abaixo, vão algumas informações para se ter em mente quando você entrar na loja para comprar aquele terno novo. Siga-as, e dali você há de sair com um terno duradouro e galante que só.

O paletó: em busca da medida perfeita

Ajuste-o nos ombros. De longe, a parte mais importante no que toca ao ajuste do paletó são os ombros, na região das ombreiras. Embora seja possível modificar um terno mal ajustado nos ombros, acertá-lo é muito mais trabalhoso do que acertar outras partes suas, e, portanto, há de sair mais caro. Tome tento e se assegure de que o tecido na região dos seus ombros não fique apertado a ponto de se deformar. A região dos ombros e a parte de cima das costas de seu paletó devem ficar planas, seguindo a linha de sua silhueta.

Certifique-se de que as cavas estejam confortáveis. Quando estiver com os braços ao lado do corpo, se sentir como se as cavas estivessem querendo enfiar-se nas suas axilas, há algo de errado. Se não puder baixar os braços, o problema é certo. Fuja do estilo Randy em *Uma história de Natal*; o de um carrapato prestes a pipocar da pele. E, novamente: pode-se modificar as cavas, mas a coisa não é fácil e lhe custará os olhos da cara.

Verifique como o paletó cobre seu corpo. O certo é o paletó cobrir-lhe a parte frontal do corpo de forma confortável e livre. Não deve ficar folgado a ponto de parecer que você é um fedelho de doze anos que pegou o terno emprestado do pai. As lapelas devem assentar planas em seu peito. Caso contrário, o terno há de estar muito pequeno. Finalmente, verifique a parte de trás. Se o paletó tiver fendas, estas devem pender planas sobre suas nádegas; isto é dizer, sua bunda não pode ficar à mostra. Se o estiver, será preciso tornar mais folgada a frente de seu paletó.

Verifique o comprimento do paletó. A chave aqui é encontrar equilíbrio. Nem tanto à terra, nem tanto ao mar: o paletó não pode ser nem grande demais, nem pequeno demais. O alfaiate do seu avô costumava checar se um paletó estava no comprimento certo pedindo-lhe que pusesse os braços ao lado do corpo e fechasse os dedos. O comprimento do paletó deveria estar alinhado à curva interna dos dedos do vovô. A regra moderna diz que o paletó deve ter comprimento suficiente para cobrir-lhe a bunda, e dali não há de passar.

Figura 1.1. De longe, a parte mais importante no que toca ao ajuste do paletó são os ombros, na região das ombreiras.

Verifique o comprimento da manga. As mangas do paletó geralmente devem ser longas o suficiente para mostrar somente um quarto de comprimento das mangas da camisa quando você estiver com os braços ao lado do corpo. Não deixe que a manga ultrapasse seu pulso. Isso é coisa de *nerd*.

Calças: em que altura deve ficar a barra?

Vista suas calças na altura da cintura, não dos quadris. E me refiro à sua cintura de verdade. Nos últimos vinte anos, os homens têm usado mais e mais as calças para baixo, em volta dos quadris. Conquanto isso não faça muita diferença com um *jeans*, vestir as calças lá embaixo não funciona se estivermos falando de uma calça social. Homens vestem suas calças na altura do umbigo, e não abaixo.

Quando o seu alfaiate fala sobre "a quebra" da sua calça, está se referindo ao ponto em que a bainha das calças toca-lhe os sapatos. Se a barra for alta demais, você vai ficar parecendo o Steve Urkel.[2] Se for baixa demais, suas calças vão engolir os sapatos. Existem três opções de quebra para suas calças: quebra completa, quebra média e sem quebra. (Figura 1.2)

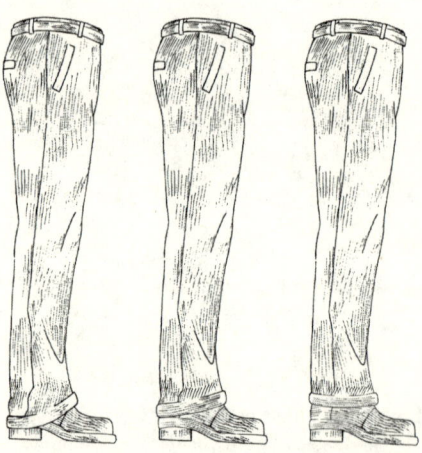

Figura 1.2. Você tem três opções para a quebra da sua calça. Da esquerda para a direita: a quebra completa, a quebra média e sem quebra.

Quebra completa. A parte inferior da bainha cobre o calcanhar do sapato. Essa opção fornece uma cobertura bem maior, mantendo as meias escondidas pela calça quando se está andando.

Quebra média. A parte inferior da bainha repousa no meio do calcanhar do sapato. Proporciona menos cobertura à meia quando se está andando, porém mantém o tecido da calça mais longe do chão e reduz a chance de tropeços.

Sem quebra. A parte inferior da bainha repousa quase no topo do calcanhar do sapato. Se o alfaiate estiver tirando medidas suas

---

[2] Steve Quincy Urkel é um personagem fictício da série de TV *Family Matters*, conhecido por suas calças curtas. Era interpretado pelo ator Jaleel White.

para uma bainha sem quebra, certifique-se de que ele não a suba demais, senão muita meia há de ficar à vista.

COMO USAR UM LENÇO DE BOLSO

O que Winston Churchill, Cary Grant e James Bond têm em comum? Além de uma queda por biritas, todos usavam lenços de bolso. Assim como o chapéu, tem os seus altos e baixos a popularidade dos lenços de bolso, e por tempo demais vinham os homens negligenciando o bolso que lhes vai no peitoril do paletó.

Mas o lenço de bolso vem gozando de um renascimento, surgindo aqui e acolá em meio a estrelas de Hollywood e do *hip-hop*. Oras cacete, até o Saddam Hussein usou um lenço de bolso quando estava sendo julgado — jamais deve prescindir dum lenço de bolso o homem que esteja a justificar seus crimes de guerra.

O lenço de bolso voltou por uma boa razão: é uma forma fácil e barata de variar a aparência de um mesmo terno. Lenços de bolso o deixam mais interessante e lhe acrescentam à aparência um certo charme. Não há homem que não fique melhor aprumado com um pedaço de tecido despontando-lhe do bolso.

Regras para os lenços de bolso

Não deixe o seu terno pelado. Um terno sem lenço de bolso é como um bolo careca, sem cereja: falta-lhe um toque final. Portanto, a primeira regra para se bem usar o lenço de bolso é sempre usá-lo quando você estiver vestindo um terno ou casaco esportivo. Assim é pura e simplesmente mais bonito.

Coordenando as cores. Um lenço de bolso pode ser estampado ou liso. Dita o consenso que a cor do lenço deve complementar alguma das cores de sua gravata. Portanto, se na sua gravata houver algum vermelho, ponha um lenço liso todo ele vermelho, ou um lenço estampado que tenha detalhes vermelhos. Contudo, evite combinar as cores de forma exata. Dá-se a impressão de que você se esforçou demais (então nunca compre um conjunto de gravata/lenço de bolso na loja de departamentos da sua cidade). Um lenço de bolso branco pode ser usado com uma gravata de qualquer cor, o que o torna uma peça essencial da coleção de todo homem.

Como dobrar um lenço de bolso

Existem várias opções em se tratando de dobrar seu lenço de bolso. Algumas são bem simples e outras bem complexas. Tudo se resume a gosto pessoal. Aqui vão três dobras simples que todo homem deve dominar. (Figura 1.3)

Dobra reta. A dobra reta empresta ao seu terno uma aparência clássica. O resultado é um pequeno retângulo despontando-lhe do bolso frontal. Eis aqui uma forma de fazê-la:

1. Estique seu lenço de bolso;
2. Traga o lado esquerdo até o lado direito;
3. Traga a parte de baixo para cima, mas não até o fim;
4. Dobre para dentro um terço de cada lado, horizontalmente, para que ele se encaixe no bolso de seu terno.

Dobra de uma ponta. Com a dobra de uma ponta, há de lhe sair do bolso uma pequena ponta de tecido. É a minha favorita das três. Eis aqui como fazê-la:

1. Estique o seu lenço de bolso numa superfície lisa com uma das pontas para cima e outra para baixo, deixando-o em posição diagonal;
2. Traga a ponta de baixo para o topo, de modo a criar um triângulo;
3. Traga a ponta da esquerda do triângulo para o lado direito e vice-versa. O resultado há de ser um retângulo pontudo, parecido com a ripa de uma cerca;
4. Dobre a parte de baixo para cima, mas não até o fim;

5. Ponha-o no seu bolso. Ajuste-o até que o comprimento desejado de sua ponta fique para fora do bolso.

Figura 1.3. Aqui estão três dobras simples que todo homem deve dominar. Da esquerda para a direita: a dobra reta, a dobra de uma ponta e a dobra drapeada.

Dobra drapeada. A dobra drapeada é a mais simples de todas, pois não é preciso dobrar nada. O resultado é uma pequena ponta de tecido brotando do bolso de seu terno. Aqui está a forma de fazê-la:

1. Estique o lenço de bolso totalmente;
2. Puxe o centro do lenço, num movimento de pinça, permitindo que as pontas se encontrem naturalmente;
3. Com uma das mãos segurando firmemente o lenço de bolso, use a outra mão para gentilmente aglutinar as pontas;
4. Agora, com delicadeza empurre para cima a parte de baixo do lenço de bolso;
5. Coloque-o em seu terno. Afofe-o até torná-lo suficientemente drapeado.

TRÊS FORMAS DE SE DAR NÓ NUMA GRAVATA

É uma coisa triste, mas há por aí marmanjos que não sabem dar nó numa gravata. Caso naquela tarde tenham uma entrevista, hão de comprar uma gravata com nó já pronto. Mesmo se o sujeito calhar de saber dar o nó na sua gravata, no geral sabe dar apenas um nó, e pronto. Mas existem várias formas de se dar nó em uma gravata. Certos nós devem ser utilizados com determinados tipos de tecido e colarinhos de camisa, a fim de se obter os melhores resultados na aparência. Abaixo, estão três nós clássicos que todo homem deve saber fazer, além de informações detalhadas sobre quando usá-los. (Figura 1.4)

Figura 1.4. Aqui estão três nós clássicos de gravata que todo homem tem de conhecer. Da esquerda para a direita: o nó Windsor, o nó Semi-Windsor e o nó quatro voltas na mão.

Nó Windsor. O nó Windsor tem uma aparência triangular maior e é bom para situações mais formais. Combina melhor com um colarinho italiano.

1. Coloque a gravata em volta da nuca. A ponta mais larga deve ficar trinta centímetros abaixo da ponta mais fina. Cruze a ponta mais larga da gravata sobre a ponta mais fina;

2. Traga a ponta mais larga da gravata para cima, por trás e através da abertura formada entre o colarinho e a gravata. Então puxe essa ponta para baixo, pela frente;
3. Traga a ponta mais grossa por trás da ponta mais fina pela direita.
4. Puxe novamente a ponta mais grossa através do laço. A essa altura você já terá um nó com forma de triângulo;
5. Envolva o triângulo com a ponta mais grossa da gravata puxando-a da direita para a esquerda;
6. Traga a ponta mais larga para cima através do laço uma terceira vez.
7. Puxe a ponta mais grossa pela frente do nó;
8. Aperte o nó e ajuste-o com ambas as mãos.

Nó Semi-Windsor. O irmão mais novo do nó Windsor. Como no Windsor, o seu resultado há de ser um triângulo simétrico, mas o Semi-Windsor não é tão grande. Esse nó é mais apropriado para tecidos leves e gravatas mais largas. Veste melhor com um colarinho francês.

1. Coloque a gravata em volta da nuca. A ponta mais larga deve ficar trinta centímetros abaixo da ponta mais fina. Cruze a ponta mais larga da gravata sobre a ponta mais fina;
2. Passe a ponta mais larga em volta e por trás da ponta mais fina;
3. Traga a ponta mais larga para cima e puxe-a para baixo pela abertura formada entre o colarinho e a gravata;
4. Passe a ponta mais larga ao redor da frente, sobre a ponta mais fina, da direita para a esquerda;
5. Traga a ponta mais grossa para cima, passando-a pelo laço novamente;
6. Puxe a ponta mais grossa para baixo, pela frente do nó;
7. Aperte o nó e ajuste-o com ambas as mãos.

Nó quatro voltas na mão. Conhecido também como "nó simples", é provavelmente o nó mais usado porque o mais fácil de se fazer. É uma boa escolha se o material da sua gravata for mais pesado. Fica melhor com um colarinho americano ou inglês.

1. Coloque a gravata em volta da nuca. A ponta mais larga deve ficar trinta centímetros abaixo da ponta mais fina. Cruze a ponta mais larga da gravata sobre a ponta mais fina;
2. Passe a ponta mais grossa da gravata por baixo da ponta mais fina;
3. Continue enrolando a ponta mais grossa da gravata na ponta mais fina, puxando-a para baixo pela frente desta;
4. Puxe a ponta mais grossa da gravata para cima por trás do laço;
5. Segure a frente do nó com seu dedo indicador e traga a ponta mais grossa da gravata para baixo através do nó frontal;
6. Aperte o nó cuidadosa e totalmente, segurando a ponta mais fina da gravata para baixo enquanto puxa o nó para cima. Centralize o nó.

TRAZENDO O CHAPÉU DE VOLTA

Agora, vamos ao toque final para a vestimenta de qualquer cavalheiro: o chapéu.

Até os anos 50, só de raro em raro via-se um homem fora de casa sem um chapéu na cabeça. De lá para cá, o uso do chapéu caiu vertiginosamente. Ninguém sabe muito bem por quê. Alguns dizem que a derrocada do chapéu deu-se quando JFK achou por bem surgir com a cabeça descoberta em sua cerimônia de posse, para todo o sempre pondo no chapéu a pecha de "não descolado". Mas isto é uma lenda urbana: Kennedy estava de chapéu naquele dia. Outra teoria atesta que a redução gradual do tamanho dos carros tornou o uso do chapéu no volante proibitivamente difícil. Contudo, pode-se atribuir o declínio do chapéu simplesmente às mudanças graduais de estilo e tendências de modas cada vez mais casuais.

Ora, é já chegada a hora de um reavivamento. São os chapéus tão funcionais quanto estilosos. Podem esconder um cabelo desgrenhado, acobertar uma careca, manter a sua cabeça aquecida e proteger-

-lhe os olhos do sol. Chapéus acrescentam um toque de sofisticação, transmitem personalidade e dão um aspecto interessante e singular às suas roupas. Além do mais, são um dispositivo garantido para aumentar sua confiança. Um chapéu bacana pode rapidamente se tornar sua marca registrada e deixá-lo mais estiloso.

Os diferentes tipos de chapéus

Os homens de hoje, obviamente, ainda usam chapéus. Contudo no geral os tais chapéus são bonés de beisebol rotos, gorros *hippies* ou os quase extintos — graças a Deus — bonés de caminhoneiro. Não há nada errado com essas peças de vestuário *per se*, mas existem outras opções de chapéu por aí. Então faça-se um favor e troque o seu telhado com as seguintes opções.

Boina. A boina possui formato redondo, uma aba pequena e a traseira alta. Desde muito associada com a classe operária do Reino Unido, a boina pode ser uma maneira estilosa de tornar interessante uma roupa casual. Pode ela dar um estilo único àquele seu *jeans* surrado e camiseta lisa. Escolha a boina mais masculina em vez da similar, porém mais redonda e fofinha, "boina de jornaleiro". Esta já foi quase totalmente cooptada pelas damas. (Figura 1.5)

Fedora. Os fedoras já foram considerados obrigatórios para homens que circulassem em público, estivessem eles indo para o trabalho ou para o estádio de futebol. Se antigamente era peça ordinária do guarda-roupa, hoje em dia o homem que use um fedora há de ser visto como lançador de tendências, sujeito conceitual. Os fedoras são suaves e em geral confeccionados em feltro, com uma dobra no sentido longitudinal da copa e vincos dos dois lados. Um fedora vai torná-lo sujeito mais viril e misterioso. Usado pelos gângsteres da era da Lei Seca, quase todas as estrelas de cinema dos anos 40 e por ninguém menos que o próprio Sinatra, o fedora há de inseri-lo na verdadeira tradição da macheza. (Figura 1.6)

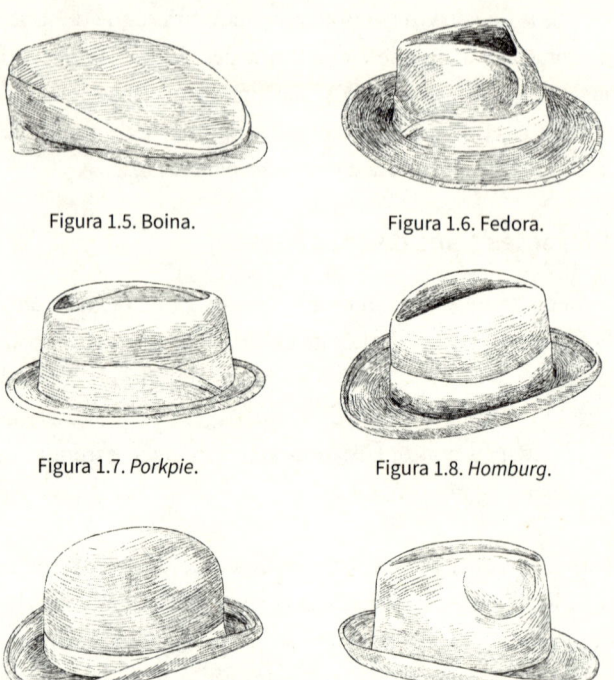

Figura 1.5. Boina.

Figura 1.6. Fedora.

Figura 1.7. *Porkpie*.

Figura 1.8. *Homburg*.

Figura 1.9. Chapéu coco.

Figura 1.10. *Trilby*.

Porkpie. Assim designado por se parecer com uma torta de porco, é um chapéu similar ao fedora, porém com o topo liso em vez de uma copa com vincos. Sua aba também é mais curta, e voltada para cima. Geralmente é associado ao *jazz*, ao *blues* e à cultura do *ska*, mas também era usado por homens como Robert Oppenheimer, o pai da bomba atômica. (Figura 1.7)

Homburg. O *homburg* é outro chapéu similar ao fedora. Com a aba, entretanto, diversa, dobrada para cima ao longo de toda sua circunferência. Realça este chapéu um laço, em que se pode pôr uma pena. Menos casual que uma cartola e mais elegante que um fedora, o *homburg* era a pedida dos políticos e diplomatas do século XX. Favorito do *Poderoso chefão* e redivivo por sujeitos como Snoop Dogg e Tupac, o *homburg* agora leva consigo uma identidade de gângster. (Figura 1.8)

Chapéu coco. Chapéus coco são duros, confeccionados em feltro e com abas bem curtas. Embora considerado um ícone britânico, o chapéu coco também fez parte da cultura norte-americana no século XIX. Por exemplo, uma das gangues que perambulava pelas ruas perigosas de Nova York nessa época eram os *Plug Uglies*. Os *Uglies* jamais andavam sem seus chapéus coco, por eles usados como marca registrada e proteção craniana durante seus vários arranca-rabos com gangues rivais. (Figura 1.9)

Trilby. Se o coco é mais conhecido como um chapéu britânico, o *trilby* é, por sua vez, americano de cabo a rabo. Com sua copa profundamente denteada e abas estreitas, compartilha similaridades com o *homburg* e o fedora, mas tem o seu estilo próprio. Ainda que tradicionalmente associado à cultura jazzística e usado com vestimentas mais elegantes, hoje em dia um *trilby* xadrez ou de *tweed* é, em geral, usado para compor uma vestimenta mais casual.

Use um chapéu com confiança

Ajeite seu chapéu — ângulos são atitudes.

— Frank Sinatra

Os chapéus podem dar-lhe uma sensação de estilo conceitual e confiante que lhe vem fácil, sem esforço. Poucos amavam mais os chapéus (ou os usavam melhor) do que Frank Sinatra. Estava ele sempre a brincar com a idéia de mudar o ângulo e a inclinação de seu chapéu de acordo com sua postura. Eis aí como você pode se valer do seu chapéu para refletir o seu estado de espírito:

- Use o seu chapéu inclinado para trás se quiser um ar mais aberto e acessível;

- Incline o seu chapéu sobre os olhos se quiser um ar mais misterioso e intimidador;
- Incline seu chapéu apenas dois centímetros e meio para cima a fim de projetar uma postura formal, pronta para os negócios.

Etiqueta para chapéus

O chapéu é um acessório singular; quando e como você o coloca, tira ou inclina, transmite respeito de um modo ímpar, inatingível a qualquer outra peça de vestuário. Se escolher o chapéu como a sua marca registrada, não poderá se esquivar às responsabilidades que vêm junto com o pacote. Geralmente ignorada, a etiqueta para chapéus há de provar que o seu caráter único se estende não apenas à sua escolha de acessório ao cocuruto, mas também às suas maneiras.

Chapéus devem sempre ser tirados:

- Em enterros e funerais;
- Dentro de igrejas cristãs;
- Durante casamentos ao ar livre;
- Dentro de casas, restaurantes e edifícios (com exceção dos corredores e saguões do último);
- Quando se estiver pegando um elevador na presença de uma dama; (Figura 1.11)
- Durante o hino nacional;
- Durante as refeições (a menos que se esteja sentado num balcão de lanchonete);
- Quando se está conversando com alguém.

Toque a aba do chapéu quando:

- For cumprimentar um amigo (caso seja uma amiga, remova o chapéu completamente pela copa);

- Estiver se desculpando para uma mulher na qual esbarrou sem querer, ou que está cruzando por você num espaço apertado;
- For dar adeus;
- Estiver agradecendo ("obrigado" e "de nada").

Figura 1.11. Retire sempre o seu chapéu ao pegar o elevador com uma dama.

O chapéu perfeito para sua cara feia

A atração física é coisa que se baseia sobretudo em simetria. Quanto mais simétrico é o rosto, tanto mais bonito afigura-se a quem o vê. Salvo uma cirurgia, contudo, não há muito o que possamos fazer para mudar a simetria do nosso rosto. Mudá-la, não; mas mitigar o que nela houver de assimétrico já é outra história. Você já deve ter ouvido uma mulher falando sobre um corte de cabelo que lhe favoreça o formato do rosto. Embora não existam tantos cortes de cabelo masculinos assim para que se consiga o mesmo efeito, para os homens há outra forma de suavizar a assimetria dos seus rostos: chapéus. Todo e qualquer chapéu deixa um homem mais elegante. Contudo, escolher o chapéu certo para o formato do seu rosto é algo que vai aumentar sua beleza e lhe dar uma aparência ainda mais marcante. Caso você tenha ficado inspirado a trazer de volta o chapéu, mas não esteja certo quanto a qual modelo usar, o guia abaixo irá ajudá-lo a escolher o chapéu certo para esta sua cara feia.

A anatomia de um chapéu

Antes de começarmos, façamos um rápido apanhado de alguns dos termos que usaremos para encontrar o chapéu que combine com sua cara.

O "afilamento" descreve o quão estreita é a copa do chapéu comparada à sua base. Eis aqui um exemplo de um chapéu que afila. (Figura 1.12) Repare em como se vai estreitando à medida que se aproxima do topo da copa.

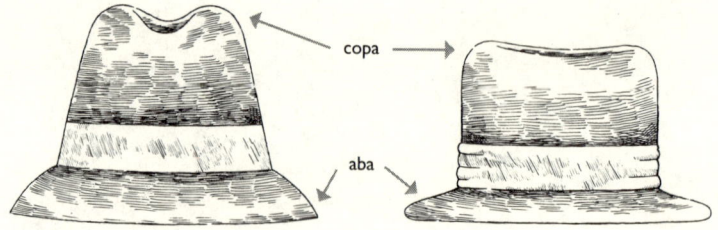

Figura 1.12. Um chapéu que afila fica mais estreito perto do topo da copa.

Figura 1.13. Um chapéu que não afila não fica mais estreito no topo de sua copa.

Eis aqui um chapéu que não afila. (Figura 1.13) Note como a copa não fica mais estreita perto do topo.

Rosto pequeno e redondo. Quando o seu rosto parece o do Jack Black. Rostos redondos no geral parecem pequenos, de modo que o seu chapéu terá de lhe acrescentar à cara um tantinho de altura.

- Copa: tamanho e altura médios;
- Afilamento: leve;
- Fita do chapéu: uma fita mais fina e de cor contrastante há de adicionar altura à aparência;
- Aba: largura mediana. Use sempre a aba voltada para cima. Se voltada para baixo, o seu rosto parecerá ainda menor;
- Inclinação: inclinado para trás. Se estiver inclinado sobre o rosto, sua cara vai parecer menor;
- Chapéus recomendados: fedora, *gambler*, panamá.

Rosto alongado e fino. Quando o seu rosto parece o do Will Arnett. Procure por um chapéu que faça seu rosto parecer menos comprido.

- Copa: altura menor. Evite copas retas, lisas ou muito altas;
- Afilamento: moderado;
- Fita do chapéu: larga (deixará seu rosto menos comprido) com uma cor contrastante para suavizar suas feições verticais;
- Aba: largura mediana, reta de orelha a orelha;
- Inclinação: para o lado e levemente para trás;
- Chapéus recomendados: fedora, *homburg*, coco.

Rosto com testa larga. Quando seu rosto lembra o do Jon Favreau. O rosto com testa larga é maior na metade superior e vai ficando afilado no queixo. Você precisa de um chapéu que traga equilíbrio para sua cara.

- Copa: altura média ou pequena, com vincos voltados para frente. Evite copas lisas ou muito altas;

- Afilamento: moderado;
- Fita do chapéu: mediana ou fina, com uma cor parecida à do chapéu;
- Aba: largura mediana, voltada para cima atrás e nas laterais, reta na frente;
- Inclinação: para o lado e quase nada para trás, ou você irá mostrar muita testa;
- Chapéus recomendados: fedora, *homburg*.

Rosto quadrado. Quando o seu rosto parece o do Orlando Bloom. Escolha um chapéu que acrescente curvas ao seu rosto, fazendo-o parecer menos quadrangular.

- Copa: mediana, lisa e arredondada;
- Afilamento: mínimo ou inexistente;
- Aba: larga, mole, voltada para cima;
- Inclinação: incliná-lo para o lado vai suavizar um pouco as linhas quadradas do seu rosto. Não o empurre muito para trás da cabeça;
- Chapéus recomendados: *homburg*, coco.

Nariz comprido. Quando o seu nariz parece o do Adrian Brody — se bem que não tão enorme. Escolha um chapéu com uma aba que ultrapasse a linha do seu nariz.

- Copa: altura mediana e com vincos menos acentuados na parte frontal;
- Afilamento: mínimo ou inexistente;
- Fita do chapéu: larga e colorida;
- Aba: larga. É preciso que ela ultrapasse a ponta de seu nariz;
- Inclinação: para o lado;
- Chapéu recomendado: fedora.

Maxilar proeminente. Quando o seu queixo parece o do Aaron Eckhart. Escolha um chapéu que lhe traga equilíbrio para o queixo forte.

- Copa: mediana ou alta. Evite copas lisas ou muito altas. Dê preferência a uma copa com dentes nas laterais; isso vai preencher bem sua silhueta facial;
- Afilamento: leve;
- Aba: largura mediana, voltada para cima em toda a extensão. Certifique-se de que ela não dobre demais para cima na parte traseira, ou seu maxilar vai parecer ainda mais proeminente;
- Inclinação: apenas levemente enviesado;
- Chapéu recomendado: fedora.

Queixo para dentro. Quando o seu queixo parece o do Paul Dano. Escolha um chapéu que chame atenção para cima, na direção contrária do seu queixo.

- Copa: altura baixa;
- Afilamento: significativo;
- Fita do chapéu: fina;
- Aba: reta ou muito levemente dobrada;
- Inclinação: bastante enviesado;
- Chapéus recomendados: *porkpie, trilby*.

Orelhas proeminentes. Quando as suas orelhas despontam, como as do Will Smith. Se suas orelhas são grandes ou abertas, escolha um chapéu que as cubra.

- Copa: lisa e moderadamente alta;
- Afilamento: mínimo ou leve;
- Aba: tão larga quanto possível, a fim de cobrir as orelhas e torná-las menores. Reta e mole. Não enrole a aba pois isso irá realçar as orelhas;
- Inclinação: inclinado para trás;
- Chapéus recomendados: *gambler*, panamá, fedora de aba larga.

ATENÇÃO AOS DETALHES

Mesmo que você esteja envergando um belo terno, enfie também um lenço colorido em seu bolso e amarre bem sua gravata. Caso não preste atenção aos detalhes de sua aparência, sua vestimenta (e, conseqüentemente, a primeira impressão causada por você) estará arruinada. Há coisas que precisam ser verificadas antes de uma festa ou entrevista de emprego: suas roupas estão passadas? Seus sapatos foram engraxados? Suas meias, cinto e sapatos combinam com o seu terno? Esses toques finais hão de deixá-lo com a aparência de um refinado gentil-homem.

Passando o ferro em suas roupas

Preparando-se para o trabalho. Pendure suas roupas imediatamente após secá-las. Com isso você reduz a quantidade de partes amassadas na sua roupa — e, portanto, a quantidade de trabalho com o ferro de passar.

Encha-o. Encha o compartimento de água do ferro, de modo que haja vapor suficiente para alisar as partes amassadas. Coloque o ferro em uma temperatura apropriada. Tecidos diferentes exigem temperaturas diferentes. Se o ferro estiver muito quente ou com muito vapor, isso pode arruinar o tecido. Verifique a etiqueta na parte interna de sua roupa para encontrar a especificação ideal. Em geral, no caso do algodão, é preciso colocar a temperatura alta; coloque o ferro numa temperatura mais baixa para lhe passar as partes sintéticas. Se houver tecidos sintéticos e de algodão para passar, comece pelos primeiros; assim não terá de esperar o ferro esfriar depois de já ter passado o algodão.

Passe sua roupa numa superfície acolchoada. Isso vai facilitar a tarefa. Caso não possua uma tábua de passar, estenda uma toalha na mesa. (Figura 1.14)

Umedeça as vestimentas. A chave para uma boa passada de roupa é começá-la com as roupas levemente úmidas. Tire sua camisa e calças da secadora antes que estejam completamente secas. Caso já o estejam, jogue-lhes um pouco de água até umedecê-las.

Passando o ferro em uma camisa

Passar roupas não é coisa que se faça com afobamento ou desatenção. É fazê-lo e perder toda a eficiência. Trata-se de uma batalha contra os amassados, as rugas e a carquilha. Assim como em qualquer batalha árdua, se quiser sair vitorioso você não pode prescindir dum plano de ataque. Passe sua camisa nesta ordem se quiser ter o melhor resultado possível:

Figura 1.14. Passe sua roupa numa superfície acolchoada. Isso vai facilitar a tarefa.

1. Colarinho. Estique-o com a parte de trás para cima, passando o ferro das pontas para o centro. Depois, repita o processo na parte da frente;
2. Pala. A pala é a parte da camisa que cobre os ombros. Coloque-a sobre a parte mais larga da tábua e passe o ferro;
3. Punhos. Desabotoe os punhos e abra-os totalmente. Passe o ferro dentro e fora deles;

4. Mangas. Usando a costura como referência, estique a manga com a mão e passe o ferro no tecido; então vire a manga e passe do outro lado. Depois, repita o processo na outra manga;
5. Costas. Estenda-a, também, na parte mais larga da tábua de passar;
6. Frente. Comece com o bolso, então passe para a parte frontal em si. A ponta do ferro, mais fina, vai te ajudar na hora de pressionar entre os botões;
7. Retoque. Dê um retoque no colarinho e nos punhos, caso seja necessário.

Passando ferro num par de calças

Com as calças assim como com as camisas: se você quiser ter os melhores resultados, é preciso passá-las seguindo uma ordem correta.

1. Vire as calças do avesso e passe o ferro no cós, nos bolsos, na região da braguilha e nas costuras e bainhas;
2. Vire as calças para o lado certo e passe o cós pela extremidade pontuda da tábua, como se você o estivesse vestindo com as calças. Passe o ferro nas regiões superior e do cós de sua calça;
3. Puxe as calças para fora da tábua. Segure-as pela bainha e alinhe as costuras interna e externa. Coloque as calças sobre a tábua, no sentido de seu comprimento;
4. Traga a bainha da perna que estiver por cima até o cós da calça. Passe o ferro na parte interna da perna da calça que estiver por baixo, da bainha até o gancho. Vire as calças e repita o processo na outra perna;
5. Alinhe as pernas da calça uma sobre a outra. Passe o ferro na parte externa da perna que estiver por cima. Gire-as e repita o processo na outra perna;
6. Pendure-as imediatamente, mas não simplesmente as jogue no cabide. Para que se mantenham os vincos por você tão meticulosamente criados, será preciso pendurar suas calças de forma ordenada. Pegue-as pelas suas bainhas e lhes encontre os vincos. Junte as

pernas da calça e una-as nos vincos. Os tais vincos hão de lhe estar visíveis como linhas bem marcadas descendo pelas laterais da calça.

Quando as calças já estiverem de tal modo alinhadas, pegue o cabide com uma mão e deslize-o pelas pernas da calça até mais ou menos a metade de seu comprimento.

Dê aos seus sapatos um brilho espelhado

Para conseguir um sapato brilhoso a ponto de nele se enxergar, tudo o que lhe será preciso é um pano macio, uma lata de graxa de sapato e uma boa escova.

1. Para remover qualquer sujeira/lama/detritos de seus sapatos, escove-os ou enxágüe-os com água fria;
2. Enrole uma parte do pano em seu dedo indicador. Umedeça o pano na ponta do seu dedo com um pouco de água (não encharque o pano todo). Alguns dão-lhe uma cusparada, outros usam água morna, e outros ainda água fria. Faça o teste e veja o que lhe cai melhor. Esfregue o seu pano, agora úmido, na graxa. Certifique-se de combinar a cor da graxa à do sapato o tanto quanto seja possível. Não abra "trincheiras" com os dedos na sua graxa, pois isso fará com que ela seque mais rápido;
3. Aplique a graxa em quantidades pequenas, fazendo movimentos circulares. Trabalhe em cada parte do sapato por vez — biqueira, lingüeta, salto, cabedal — até haver coberto ele inteiro. Essa é a camada base;
4. Pegue sua escova e passe-a vigorosamente por todo o sapato;
5. Umedeça o seu pano e passe-o novamente na graxa. Comece a lustrar o sapato, passando-lhe o pano com pequenos movimentos circulares, aplicando com os dedos uma ligeira pressão. Sopre ar quente no sapato, como se estivesse embaçando um espelho. Isso vai umedecê-lo um pouco mais, amolecendo a camada superior de graxa e preenchendo-lhe quaisquer imperfeições na superfície. Com isto, ele poderá ficar perfeitamente macio e brilhoso. Continue até alcançar a quantidade de brilho desejada.

Caso você precise de um brilho urgente, esfregue o sapato na panturrilha da calça. É assim que os vovôs faziam nos momentos de aperto.

CONSELHO DE MACHO

Combine as cores de suas meias, sapatos e cinto.

Meias: a cor de suas meias deve combinar com suas calças, não com seus sapatos. Ao sentar-se e pôr as meias à mostra, o desejável é uma cor uniforme que se estique desde suas calças até os sapatos. Meias que não combinam com as calças quebram-lhe a unidade do visual. Portanto, meias pretas com calças pretas, meias marrons com calças marrons. Em hipótese alguma use meias brancas com calças escuras, a menos que esteja a fazer *cosplay* do Steve Urkel ou do Michael Jackson de meados de 1980.

Sapatos: combine a cor de seus sapatos com a cor do seu terno. Primeiro, o mais óbvio: use sapatos marrons com ternos marrons e sapatos pretos com ternos pretos. Agora, o mais capcioso: use sapatos pretos com ternos cinza e sapatos marrons com ternos azuis.

Cinto: a cor do cinto deve combinar com a cor do sapato. Mais fácil impossível, certo?

ASSEADO COMO UM CAVALHEIRO

Para um cavalheiro, a barba e o cabelo são importantíssimos. O bom aspecto não está fadado a palmilhar o caminho da metrossexualidade, vereda assombrada pelo espectro de sobrancelhas feitas e horas mortas no cabeleireiro com o fito sôfrego de conseguir aquele *look* "acabei de sair da cama". O básico — ou seja, barba feita e um belo corte de cabelo — é tudo de que um homem precisa para enfrentar o mundo com confiança.

POR QUE TODO HOMEM DEVE IR À BARBEARIA

Os homens já não freqüentam barbearias, despautério masculino da mais alta monta. Um homem deve cortar o cabelo exclusivamente numa barbearia pelos motivos que hei de elencar abaixo:
Um barbeiro sabe como cortar o cabelo de um homem. Se você for como a maioria dos homens de hoje em dia, provavelmente estará freqüentando algum salão de beleza unissex. Eu também costumava fazer isso. Quase sempre, saía de lá com um lixo de corte. Às vezes, ao longo da primeira semana a coisa até se afigurava decente, e depois crescia e se tornava uma cuia horrenda.

O problema é que muitos que trabalham em salões não são barbeiros treinados. São cosmetologistas. A diferença entre um e outro é a diferença que vai entre um corte de cabelo que o deixa com uma cara de boçal e um corte ótimo.

Um barbeiro treinado sabe cortar com a máquina, a principal ferramenta do corte de cabelo masculino. Já os cabeleireiros, por outro lado, são treinados para usar tesouras. Seu treinamento é também voltado para o trato com o cabelo feminino. Tornam-se especialistas em criar penteados, tingir cabelos e fazer-lhes permanentes — coisas das quais um homem não precisa. Aí está por que quando você pede para aquela cabeleireira bonitinha do salão do seu bairro "passar a máquina dois", o resultado invariável é você saindo de lá com uma porcaria de corte. É que a moça provavelmente não é versada no uso da máquina. Um barbeiro, no entanto, é capaz de usar a máquina com maestria.

É um ótimo lugar para se bater papo com outros homens. Quando eu ia ao cabeleireiro, quase nunca conversava com as mulheres que me cortavam o cabelo. Trocávamos umas poucas palavras sobre as nossas respectivas famílias, e pronto. No geral, criavam-se no salão rodinhas de mulheres enquanto eu ficava lá sentado, deslocado e sem saber o que fazer.

Barbeiros, por outro lado, são sujeitos interessantes com histórias fascinantes já na ponta da língua. E eu de minha parte ali me sinto à vontade para dizer em alto e bom som seja lá o que me passe pela cabeça. Falamos sobre política, carros, esportes e família. Os próximos da fila leem o jornal e falam sobre atualidades. E todo mundo se envolve na conversa: os barbeiros, os clientes que estão na cadeira e os que estão esperando sua vez.

Barbearias estão entre os últimos pontos de encontro dos tempos modernos. Para onde as pessoas vão hoje em dia se quiserem apenas conversar com outros membros de sua comunidade? Cafeterias? Toda vez que vou a uma cafeteria, só o que vejo são fulanos e sicranos em suas respectivas mesas, cuidando das suas vidas. O único outro lugar em que consigo pensar é um bar. Contudo os bares hoje em dia são mistos, e não bastiões de macheza. Portanto: se você quiser sentir o sangue que corre nas veias da comunidade, vá à barbearia. (Figura 1.15)

Você há de conseguir uma bela barba feita. Muitas barbearias ainda utilizam navalhas de lâmina única. Você não sabe o que é a vida se ainda não se regalou com uma barba feita numa barbearia. É uma experiência relaxante, faustosa até, que há de resultar num rosto barbeado como nunca antes. Ademais, permitir que outro homem nos ponha uma navalha no pescoço é uma boa forma de nos lembrarmos a nós mesmos de que estamos vivos.

Figura 1.15. Barbearias estão entre os últimos pontos de encontro dos tempos modernos. Se você deseja sentir a vida pulsante de sua comunidade, então vá à barbearia.

É uma excelente atividade para se praticar com seu pai ou filho. Homens precisam de tradições que os unam. Visitar a barbearia com seu pai ou filho é uma grande tradição que pode ser iniciada na sua família. Muitos homens passam a vida inteira indo à mesma barbearia e passam aos seus filhos a tocha de sua cadeira e barbeiro de confiança.

Você vai se sentir mais másculo. Eu realmente não sei o que é. Talvez seja a combinação do cheiro de tônicos capilares e uma atmosfera totalmente masculina. Só que é mais; é sentir a tradição das barbearias. As barbearias são locais de continuidade; a cultura vai e vem, elas continuam, sólidas e inalteradas. O ambiente e os barbeiros são iguais aos da época do seu pai. É uma experiência simples e direta, sem os frufrus todos da vida moderna. Ali não há depilações e luzes e progressivas; não se marca hora ali. Apenas excelentes cortes de cabelo e ótimas conversas. Só.

Ao sair da barbearia com um apurado e boníssimo corte de cabelo, é impossível não sentir na passada aquele gingado viril. De modo que da próxima vez que avistar aquele poste de barbeiro listrado tão familiar, dê uma parada por lá. Você não vai se arrepender.

BARBEIE-SE COMO O VOVÔ

É uma arte perdida a de barbear-se. O homem atual médio nada sabe sobre coisa nenhuma quando se trata da fina arte de se barbear com água, coisa outrora comum aos seus avôs ou alguns de seus pais. Antes, só conhecem aqueles produtos de barbear baratos, descartáveis e produzidos em massa que lotam as prateleiras das farmácias de hoje. Ignorando quando ou como se deu a catástrofe, sei porém que se findou a tradição de transmitir os segredos dum belo barbear-se. Felizmente, esse glorioso ritual masculino está voltando à vida.

Benefícios de se barbear com água

Custos reduzidos. Um *kit* de carga para aparelho de barbear com oito unidades vai lhe custar algo em torno de cinqüenta reais, ou mais. Cinqüenta reais! Isso equivale a R$6,25 por lâmina. Já o preço de uma lâmina duplo fio para o barbeador *safety razor* no geral não passa de R$1,00. Quer cortar ainda mais os gastos? Use espumas e cremes de barbear tradicionais. Além de custar uma nota, a lata daquele gel de barbear melequento e industrializado também não vai lhe dar um barbeado de qualidade. Por outro lado, as espumas e os cremes de barbear tradicionais são feitos a partir de ingredientes naturais. Embora seu custo inicial possa ser um pouco superior ao dos géis de barbear, são eles capazes de fazer mais espuma com menos produto. Portanto, você economiza no longo prazo.

Impacto ambiental reduzido. Barbear-se de forma tradicional, com água e barbeador *safety razor* produz menos lixo que os aparelhos de barbear atuais. Os únicos detritos produzidos pela lâmina duplo fio são a própria lâmina e a espuma de barbear que desce pelo ralo. A lâmina duplo fio, diversamente dos cartuchos de lâmina de hoje em dia, é bem mais fácil de reciclar. Os tubos e latas nos quais se vendem as espumas e os cremes de barbear tradicionais resultam em menos lixo do que as desajeitadas embalagens de aerossol não--biodegradáveis dos géis.

Um barbear melhor e mais consistente. A maioria dos homens de hoje anda por aí sem saber que estão horrivelmente barbeados. Barbeadores elétricos, e os aparelhos de barbear mais recentes, com cinco lâminas e aparelhagens tecnológicas dignas da NASA, só servem para deixar a pele mais irritada, deixando-lhe pêlos encravados na cara e aquela conhecida vermelhidão. Com um barbeador *safety razor*, em vez de sabe-se lá quantas lâminas comendo-lhe a carne do rosto enquanto você apara o bigode, uma só lâmina por ele há de deslizar.

Seus colhões vão aumentar. É bom pra cacete tomar parte num ritual do qual fizeram parte o seu avô, John F. Kennedy e Teddy Roosevelt.

As ferramentas

Safety razor. Trocar aquele aparelho de barbear descartável barato por um barbeador *safety razor* é como substituir um fusquinha por uma Mercedes. A *safety razor* é uma máquina. Enquanto a gente se barbeia é bom segurar, em vez de um pedaço de plástico fajuto, um pedaço de metal sólido e rijo.

É possível encontrar *safety razors* em vários locais. Primeiro, pergunte ao seu avô se o velho ainda tem alguma consigo. É provável que a tenha. Caso contrário, saia à caça de alguma nas lojas de antigüidades. Eu encontrei a minha Super-Speed Razor 1966, da Gillette, numa loja de antigüidades em Vermont. Paguei nela dez dólares. Se tamanha sorte não lhe cruzar o caminho, dê uma olhada no eBay; com certeza por lá vai encontrar alguma. E, enfim, se a idéia de comprar uma *safety razor* usada não lhe cai bem, basta comprar uma nova de alguma das empresas que ainda as fabricam. A marca que eu recomendo é a Merkur. Vende ela vários tipos de barbeadores, a diferentes preços. Espere gastar mais ou menos 40 dólares por um novo *safety razor*.

Lâminas. Você pode escolher a partir dum vasto leque de lâminas diversas. Cada lâmina possui um fio e eficiência de corte únicos. Experimente várias até encontrar as de que mais goste.

Pincel de barba. Se você nunca usou um pincel enquanto se barbeava, olha... Não sabe o que está perdendo. O pincel ajuda a hidratar o creme de barbear, de modo a formar uma espuma espessa e volumosa. Se aplicado com o pincel de barba, o creme há de ficar totalmente espalhado sobre todos os pêlos, resultando numa melhor barbeadura, mais macia. Além de quê, dá gosto a sensação de se espalhar espuma no rosto com o pincel de barba.

Existem pincéis confeccionados com pêlos de dois tipos de animais: texugo e javali. As cerdas dos pêlos de javali são mais rígidas, absorvem menos água e são mais baratas que as do primeiro. Você pode encontrar facilmente uma escova de pêlo de javali no Walmart. Contudo, caso queira uma experiência estupenda de barbear-se, ostente de uma vez e compre logo uma escova de pêlo de texugo. Cria-se mais espuma com elas, e muito melhor é a sensação de passá-las no rosto.

Sabonetes e cremes. Caso seja um sujeito ordinário, um zé qualquer, é quase certo que você use um gel de barbear. Essa gosma química, azul ou verde, bem algum há de lhe fazer ao rosto, e ainda por cima vai deixá-lo cheirando a hospital. Os cremes e sabonetes de barbear tradicionais, por outro lado, estão cheios de ingredientes naturais que nutrem seu rosto e o deixam com um cheiro absolutamente másculo. Se bem que estes boníssimos cremes e sabonetes custem mais caro do que os géis, uma só pincelada sua é o quanto basta para criar-se uma soberba profusão de espuma.

A técnica

Prepare sua barba. Se quiser uma barbeação nos trinques, é preciso já de antemão preparar sua barba. O objetivo aqui é amaciar os pêlos para que o barbear-se seja mais fácil e cause menos irritação. A melhor forma de fazê-lo é sair do banho e já pôr o gilette na cara. A água quente do chuveiro há de se encarregar de hidratar e amaciar os seus pêlos. Se não houver tomado banho, ao menos embeba a barba na água quente. Uma toalha quente é também uma excelente forma para amaciar aqueles emaranhados medonhos.

Faça espuma. Forme um bocado de creme de barbear aproximadamente do tamanho de uma moeda dentro de uma tigela. Pegue sua escova, já umedecida com água, e ponha-se a mexê-lo até conseguir aquela bela espuma espessa e volumosa. Aplique a espuma no rosto com a escova fazendo movimentos circulares. Quando seu rosto estiver coberto, dê leves batidinhas nele com a escova a fim de deixar a espuma mais macia.

Fazendo a barba. Fazer a barba com uma *safety razor* é diferente de usar um aparelho de barbear comum; são precisas certa habilidade e técnica. Contudo, uma vez dominada a arte daí a pouquíssimo já se está barbeando o melhor possível. Os quatro pontos para um ótimo barbear-se com uma *safety razor* são:

1. Faça o mínimo de força possível. Não lhe é preciso exercer pressão, pois que o peso da *safety razor* é o quanto basta e sobra para cortar os pêlos. Se você apertá-la no rosto, vai acabar se cortando. Para evitar a predisposição à força, experimente segurar a *razor* pela ponta do cabo;
2. O ângulo da lâmina deve ficar o mais afastado possível de seu rosto. Achar o ângulo correto aqui é, muito provavelmente, a parte mais complicada. A inclinação ideal fica em torno dos 30 a 40 graus. Para consegui-la, encoste o topo da cabeça da *razor* diretamente na sua bochecha, com o seu cabo ao chão. Depois, com vagar abaixe o cabo até que a lâmina faça o seu trabalho. Você pode praticar no braço se não se sentir suficientemente confiante para praticar no rosto;

3. Barbeie-se no sentido em que seus pêlos crescem. Ainda que passar o barbeador no sentido contrário ao crescimento dos pêlos de fato deixe lisa sua pele, você corre o risco de se cortar ou criar pêlos encravados. Desde a primeira passada, barbeie-se no sentido em que seus pêlos crescem. Para deixar a pele com aquela sensação de lisura, basta passar a lâmina mais de uma vez sobre a pele, aplicando-lhe sempre mais espuma;
4. Pense em reduzir a barba, não em removê-la. O objetivo da barbeação é reduzir gradualmente o tamanho dos pêlos, e não os remover duma só vez. A maioria dos homens tenta se livrar da barba com uma só passada de lâmina. E esta técnica de lenhador é causa da maior parte das irritações de pele. Se quiser evitá-las, ponha sem dó espuma na cara e passe-lhe a lâmina várias vezes. Seu rosto agradece.

Vai demorar um pouco para se acostumar com os passos acima se você usou aparelhos de barbear de plástico a vida toda. Continue praticando. Com o tempo, a coisa vai se tornar mais e mais natural, e tanto mais impecável o seu barbear-se quanto mais naturais os passos.

Pós-barba. Enxágüe o rosto com água fria para fechar os poros. Cuide de seu rosto com uma boa loção pós-barba. A loção ajuda a reduzir qualquer irritação que possa ter surgido e há de deixar sua pele com aparência saudável e cheiro másculo.

Não se esqueça. Quando terminar de se barbear, verifique se não há nenhum pêlo nas narinas ou ouvidos precisando duma poda. Nenhuma mulher gosta de ver essas suas belezuras eriçadas, despontando-lhe das narinas. Se estiver precisando ser desbastada a sua mata nasal, use uma tesoura pequena ou um aparador elétrico feito especificamente para o ofício. E tome cuidado: não vá furar um tímpano tentando desfazer a aparência de vovô.

CONSELHO DE MACHO

Criando bolsa-macho perfeita

Ao viajar, um cavalheiro leva consigo as coisas das quais precisa para estar sempre bem-posto e asseado quando longe de casa. Diferentemente de muita mulher por aí, que para carregar os seus produtos de beleza precisa de uma mala pequena, um homem em trânsito só precisa de uns poucos itens essenciais para ser feliz. Contudo, ainda tem de guardá-los em algum lugar. É aí que entra a *bolsa*.

A bolsa. A primeira coisa de que você precisa é a bolsa. Não é difícil encontrá-la. Compra-se uma bolsa de viagem pequena por 20 ou 30 pilas em qualquer loja. Não é preciso mais.

Se, porém, o seu objetivo é ter uma *bolsa-macho* classuda, o couro é a única pedida. Óbvio, o couro é mais caro. Calha também de durar para todo o sempre, envelhecer bem e ser algo bom de se ter e levar para lá e para cá. A *bolsa-macho* é um objeto que pode ser passado para seus filhos e netos, junto com as histórias de onde você a levou.

Os suprimentos. Depois de comprar sua bolsa, é hora de recheá-la com as coisas de que você precisa para se manter bem aprumado enquanto viaja. A maioria das coisas cá sugeridas são senso comum; outras talvez não lhe tenham passado pela cabeça, mas você vai ficar feliz por tê-las à mão durante suas aventuras.

- Desodorante;
- Sabonete e *shampoo* (se você não estiver hospedado num hotel);
- Escova de dentes, pasta de dentes e fio-dental;

- Suprimentos de barbear: barbeador, escova e creme;
- Cortadores de unha;
- Hidratante labial;
- Band-Aids;
- Alfinete de segurança;
- Aspirinas;
- Remédio antidiarréico;
- Rolo tira-pêlo;
- Nota de vinte mangos;
- Um par adicional de lentes de contato;
- Pente;
- Rolo de algodão.

COMPORTE-SE COMO UM CAVALHEIRO

Em nossa sociedade cada vez mais aberta e informal, de quando em vez mandam-se às cucuias as regras de etiqueta, e isto junto de outras coisas que hoje em dia julgam-se risivelmente formais ou ultrapassadas. É bem verdade que alguns aspectos da etiqueta são baseados em costumes culturais e, portanto, são contingentes: em vez de fazê-lo cair nas graças de sua chefe, beijar a sua mão vai lhe dar um belo dum olho roxo. Contudo, grande parte do que constitui o cerne das boas maneiras baseia-se nos sólidos e imutáveis princípios da consideração e do respeito. Um cavalheiro é educado não por ter medo de ser achincalhado pela Senhora Boas-Maneiras,[3] e sim porque é sensível aos sentimentos e necessidades alheios. Ao tratar com respeito os que lhe estão à volta, encoraja-os a fazer o mesmo. E não se vá pensar que o cultivo das boas maneiras seja empreendimento puramente

---

[3] Judith Martin, melhor conhecida pelo seu pseudônimo *Miss Manners*, é uma jornalista americana, escritora e autoridade em etiqueta.

altruístico: são vantagens significativas ser o sujeito que uma moça possa apresentar aos pais, ou o funcionário que não dá dores de cabeça ao chefe quando o assunto são constrangimentos sociais.

COMO SER O CONVIDADO DE FESTA PERFEITO

Eis uma tarefa enervante, de encher o saco: dar uma festa. O anfitrião tem que se preocupar com a comida e o entretenimento e ainda conferir se os convivas estão se dando bem, divertindo-se e não fazendo merda. Seja-lhe uma preocupação a menos sendo um convidado polido e cortês. Com isto não apenas será melhor o evento do seu amigo, como a sua caixa de e-mails há de entupir-se com tantos novos convites.

Sempre, sempre RSVP. RSVP significa *Répondez s'il vous plait*, o francês para "por favor, responda". Quando você recebe um convite que lhe pede para RSVP, isso significa que o anfitrião ou anfitriã está gentilmente solicitando que você avise se vai ou não comparecer ao seu evento. Os convidados de hoje em dia passaram a enxergar o RSVP como opcional. Alguns homens acham que só é preciso avisar quando a gente vai à festa ou reunião; outros, apenas quando até lá não vamos; e outros ainda não se dão o trabalho de avisar, quer compareçam, quer não compareçam. Em alguns casos, evita-se o RSVP para se esquivar ao constrangimento de fazer saber ao fulano sua ausência e lhe inventar uma desculpa.

Entretanto, não fazer o RSVP é uma tremenda falta de educação. A razão para fazê-lo está no fato de o anfitrião ou anfitriã precisar saber como há de planejar sua festa. Tem ele de escolher um local que bem acomode todo mundo, calcular quantos suprimentos festivos são necessários, e, talvez o mais importante: chegar à quantidade certa de comes e bebes para estofar os convivas. Ao não fazer o RSVP você deixa o seu anfitrião mais perdido que cego em tiroteio no que toca aos seus preparativos. Fica ele obrigado, portanto, ou a gastar demais ou a ficar possivelmente em falta para o seu evento.

E por falar nisso: se você fez um RSVP positivo, honre as suas calças e não falte. E isto porque, de novo, o anfitrião há de tê-lo posto no cálculo de comes e bebes, que serão provavelmente desperdiçados sem você ali.

Se for a um jantar, ofereça-se para levar algo. Não é trabalho fácil cozinhar uma apetitosa refeição para sabe-se lá quantos convidados. Mitigue um pouco o jugo e se ofereça para levar uma salada ou sobremesa, por exemplo.

Não se atrase. Nunca. Se você estiver vinte minutos atrasado, meus parabéns: agora quem fez a comida tem de se preocupar não apenas com o gosto da coisa, mas também se ela está esfriando. Caso a comida não esteja pronta quando você chegar, isto quer dizer apenas mais tempo para socializar.

Caso a festa calhe de ser um enorme "venha e vá embora quando quiser", estar "elegantemente atrasado" é aceitável.

Tenha o telefone do anfitrião à mão durante o caminho de ida. Caso você se perca ou tenha uma emergência, terá de ligar para o anfitrião a fim de mantê-lo avisado. Não deixe a festa em *stand-by*, pausada à espera de alguma notícia sua.

Leve um presente para o anfitrião. Uma garrafa de vinho ou um buquê de flores são escolhas excelentes. Conduta adequada sobretudo em jantares.

Vá preparado para conversar. Não seja o babaca da festa. Na ida, pense em alguns assuntos interessantes sobre os quais falar — filmes a que assistiu, histórias engraçadas do trabalho e novas sobre si mesmo e amigos em comum. Pense no anfitrião e demais convidados; quais são os interesses deles e que tipos de perguntas você pode lhes fazer? E, lembre-se: evite sempre tópicos controversos, como política e religião.

Coma e beba de forma responsável. Não vá chegar esfomeado na festa, sôfrego e suando para abocanhar tudo quanto haja entre o céu e a terra. Se estiverem servindo quitutes, não ponha 364 coxinhas no seu prato. As pessoas irão achá-lo um porco, e aliás glutão. Por fim: não entorne o caneco.

Elogie o anfitrião. Diga ao anfitrião, a certas tantas da noite, como a comida está divina e a festa uma beleza. Repita o procedimento quando estiver indo embora.
Não passe da hora. A hora certa de ir embora é coisa instintiva, que a gente sente nos ossos. As coisas vão estar esfriando e a conversa, esmorecendo. Nesse momento, diga: "Bem, a noite foi ótima, mas acho que já está na hora de ir. Muito obrigado por nos receber".
Escreva um bilhete de agradecimento. Alguns dias após a festa, não se esqueça de mandar um bilhete de agradecimento ao anfitrião ou anfitriã.

MODOS À MESA

Se bem as regras de etiqueta tenham quase de todo sumido da esfera popular, ainda existe um domínio no qual sua conduta cavalheiresca há de ser posta à prova: a mesa de jantar. Na grave hora de partir o pão, revela-se o homem ou um urbaníssimo gentil-homem, ou um boçal incivilizado. Siga as regras abaixo e as gentes ficarão orgulhosas de convidá-lo aos seus jantares festivos.

1. A menos que você esteja esperando uma ligação de sua esposa dizendo que a bolsa dela estourou, certifique-se de que seu celular esteja desligado antes de se sentar à mesa;
2. Se estiver acompanhando uma dama ao jantar, puxe-lhe a cadeira e espere ela se sentar primeiro; (Figura 1.17)
3. Ao sentar-se, imediatamente ponha o seu guardanapo sobre o colo.
4. Caso na mesa haja uma profusão inabarcável de talheres sortidos, não entre em pânico. A regra para não se esquecer é sempre começar de fora para dentro. Em suma, funciona assim:

- Menor garfo: para frutos do mar;
- Segundo menor garfo: para salada;

Figura 1.17. Se estiver acompanhando uma dama ao jantar, puxe-lhe a cadeira e espere ela se sentar primeiro.

- Maior garfo: para o prato principal;
- Colher pequena: para o café;
- Colher grande: para a sopa.

5. Espere até saber se alguém há de fazer uma oração antes de enfiar a cara na comida. Ninguém quer ser pego de boca cheia enquanto todos os outros estão curvando as cabeças;
6. Mantenha os cotovelos fora da mesa;
7. Sempre peça por favor quando solicitar que uma bandeja lhe seja entregue;
8. Não há problema algum em pedir um bocado da entrada de alguém, caso você esteja entre amigos e família. Mas não saia tentando provar a comida de todos à mesa;

9. Quando estiver comendo bolinhos ou pão, coloque um punhado de manteiga no seu prato e passe-a no pão. Mas não a passe no pão inteiro duma vez; antes, corte-lhe uma fatia, nela espalhe manteiga, coma-a e repita o processo;

10. Não coma rápido demais. Mastigue devagar e saboreie a comida. Converse quando não estiver mastigando. Mantenha-se no mesmo ritmo de seus companheiros de jantar;

11. Jamais mastigue de boca aberta. E, claro, não tente conversar com ela cheia. E, finalmente, a piadinha do pavê só funciona com crianças de cinco anos;

12. Se você tiver uma barba ou bigodão, certifique-se de que não haja pedaços de milho ou arroz aninhados em sua obra-prima capilar. Bigodes não são filtros para sopa;

13. Caso esteja jantando na casa de algum amigo e encontre um fio de cabelo na comida, remova-o de forma discreta e imperceptível. Continue a comer. Se igual situação ocorrer num restaurante, avise o garçom;

14. Se estiver com vontade de pegar o último pedaço ou porção de um prato, pergunte aos seus companheiros de mesa se alguém o quer antes de pegá-lo;

15. Não traga histórias de tirar o apetite para a mesa. Sua sanguinolenta aventura sobre rachar o crânio num acidente de *skate* pode ser um arraso na faculdade, mas não há de ajudar ninguém a melhor tomar a sopa de tomate no jantar.

OS SINS E OS NÃOS DE UMA CONVERSA

Passamos boa parte de nossas vidas conversando. Seja falando banalidades em festas, papeando em volta da cafeteira no refeitório do trabalho, seja conversando num encontro, seja discutindo assuntos mais profundos com os amigos. Por meio da conversação podemos ganhar amigos ou afastá-los; tanto conseguir novas informações quanto passá-las à frente; conquistar ou perder um emprego; melhorar ou piorar nossa reputação. A diferença entre ser ou não um prosador loquaz é a diferença entre *ser* a vida da festa e o jeca acuado e inarticulado. A habilidade de angariar os outros à sua conversa é indispensável; chave-mestra para o sucesso social e profissional.

Se aliadas a uma prática contínua, as diretrizes abaixo irão lançá-lo no caminho para se tornar um mestre conversador.

Os nãos

Não fique circungirando o olhar pela sala quando estiver conversando com alguém. Pode ser que você esteja apenas a fim de estar a par do entra-e-sai, mas a impressão que se passa é de que você não está interessado na conversa atual e está em busca de outra pessoa com a qual conversar.

Não fique o tempo todo olhando para o relógio ou mostrando-se inquieto. Não demonstre enfado enquanto estiver numa conversa. (Figura 1.18)

Não converse com uma só pessoa quando estiver numa rodinha, a não ser que queira deixar todos os demais deslocados e desconfortáveis. Fale com todo mundo. Olhe nos seus olhos e lhes faça perguntas.

Não presuma que você e o fulano que você acabou de conhecer estejam de acordo quanto a questões delicadas. Evite dizer coisas carregadas de juízos de valor. Por exemplo, não diga que foi maravilhoso o candidato X ter ganhado as eleições sem ter a mínima idéia de quais sejam as inclinações políticas do referido fulano.

Não faça fofocas. Se outros a fizerem perto de você, sempre defenda a vítima dos mexericos.

Não conte vantagem, sobretudo se for muito melhor de vida do que seu interlocutor. Um sujeito recém-formado e sem grana não está interessado em ouvir cada detalhezinho das suas férias num cruzeiro de luxo.

Não faça piadas internas ou fale: "você se lembra de quando...?". Caso se veja num grupo do qual participem um amigo íntimo e novos conhecidos, não isole estes ao falar com o seu amigo íntimo sobre tópicos ignorados pelos demais, e aos quais nada têm eles a acrescentar.

Figura 1.18. Não fique o tempo todo olhando para o relógio ou mostrando-se inquieto. Não demonstre enfado enquanto estiver numa conversa.

Não fale palavrões. Algumas pessoas não se importam com palavrões. Outras sim. Antes prevenir do que remediar e por tudo passar como um gentil-homem.

Não dê no saco alheio com tópicos de conversação desinteressantes para o público geral. Você até pode achar os meandros e minúcias da biologia molecular um assunto fenomenal, tudo muito bem. Mas não vá exigi-lo dos outros.

Não encha suas conversas de reclamações e críticas. Ninguém gosta de andar com um reclamão. Quem vive a destilar negatividades tende a ser evitado.

Não use palavras complicadas de forma intencional. Mandar um "opróbrio" na conversa não faz você parecer inteligente; faz você soar presunçoso. Se você for de fato inteligente, o engenho há de brilhar nas suas frases naturalmente, sem floreios e piruetas verbais.

Não conte histórias de cunho pessoal — o famoso "falar demais" — para novos conhecidos. Talvez você pense que tamanho desabafo crie com os outros um vínculo mais rápido; contudo, o quase certo é que apenas os constranja.

Não fale sobre tópicos controversos. Não toque em assuntos que vão provavelmente causar discórdia. Caso outros o façam, não entre na conversa. Evite a fadiga — e desavenças.

Não monopolize a conversa. Não seja o centro das atenções por mais do que alguns minutos por vez. Dê espaço aos outros.

Os sins

Sim, faça o outro sentir-se a pessoa mais importante do lugar. Entre na conversa com real interesse. Mantenha contato visual firme, mas não sinistro. Balance a cabeça, ouça atentamente e pontue com *hmmmms* e *ahhhhs*, quando apropriado.

Sim, faça-lhe perguntas. Evite falar demais de si mesmo. As pessoas gostam de quem parece realmente querer saber mais sobre suas vidas e interesses.

Sim, dê abertura para que a pessoa circule e se misture com outros convidados, caso o queira. Não é legal fazer com que seu interlocutor sinta-se preso à conversação com você.

Sim, tenha sempre na manga um arsenal de histórias agradáveis, coloridas e envolventes. Quando bater aquele silêncio constrangedor, não piore as coisas ainda mais fitando estatuescamente o seu copo. Tenha na ponta da língua uma legião de tópicos sobre os quais conversar.

Sim, espere que os outros terminem de falar as suas frases antes de na conversa enfiar as suas. Se há no mundo coisa mal-educada é o sujeito que a todo instante corta Deus e o mundo para falar.

MI CASA ES SU CASA:
MOSTRANDO A VERDADEIRA HOSPITALIDADE

A hospitalidade tem sido parâmetro de caráter ao longo de eras, nas culturas mais diversas imagináveis. A hospitalidade é muito mais do que prover teto e comida a alguém; trata-se de manter confortável o seu hóspede. De fazê-lo sentir-se bem-vindo e em casa. Seguindo algumas diretrizes simples, você há de garantir que a visita do seu convidado seja uma memória felicíssima, por ele carregada para todo o sempre.

Chegue no horário para buscar o seu hóspede. Ninguém gosta de ficar parado como um paspalho no aeroporto sem alguém para recebê-lo. Permita que seu hóspede tenha uma primeira impressão positiva de sua viagem ao receber umas boas-vindas calorosas assim que pôr os pés fora do avião.

Faça um estoque de guloseimas. Seu hóspede está de férias. Logo, só quer relaxar e se entupir de gulodices e acepipes. Não vá abandoná-lo em sua casa com um potezinho só de hellmans na geladeira. Não economize nos petiscos.

Deixe o seu lar tão limpo e agradável quanto possível. Depois de uma longa viagem, não há nada como chegar ao convidativo lar de um amigo. Talvez pouco se lhe dê viver numa zorra, mas isso não é aceitável quando se tem convidados em casa. Certifique-se de que o quarto de hóspedes esteja especialmente acolhedor, com uma cama arrumada e lençóis limpos. Mesmo que o seu hóspede vá dormir no sofá, deixe-o com ares aconchegantes e confortáveis.

Cozinhe para o seu hóspede. Cozinhar algo para o seu convidado é um antigo rito de hospitalidade. E não importa se você não é lá um MasterChef: o que vale é o esforço. Ademais, sempre prepare o café da manhã para seu hóspede na manhã seguinte à sua chegada. Existe um quê de acolhedor num café da manhã feito na hora.

Planeje atividades interessantes para o seu hóspede. O que se deve visar é ser memorável a visita do seu hóspede, e o tempo passado com você o melhor possível. Mostre-lhe todos os seus locais favoritos e leve-o em suas excursões preferidas. Mas também pesquise algumas atividades que você sabe que lhe serão interessantes. Mesmo que você não possa acompanhá-lo em alguma dessas viagens turísticas, dê-lhe uma lista de idéias, de mapas, de direções e de quanto ele precise para sair e se divertir.

Nunca aja como se estivesse sendo obrigado a fazer algo. É natural o hóspede ficar receoso de estar sendo um pé-no-saco. Portanto, não é preciso aumentar-lhe a insegurança. Aja sempre como se não pudesse estar mais satisfeito com a companhia de seu convidado. Eis aí um sentimento que você não deveria ter que simular; embora possa haver na experiência os seus maus momentos aqui e acolá, nunca se esqueça: visitas assim não são freqüentes, e o seu hóspede em breve há de voltar para o seu longínquo lar.

COMO SER O HÓSPEDE PERFEITO

Não se distingue menos um cavalheiro pela cortesia quanto pela sua coragem.

— Theodore Roosevelt

Assim como o anfitrião tem importantíssimas responsabilidades hospitaleiras, o bom hóspede também precisa obedecer a certas regras. A hospitalidade é um presente que se deve aceitar graciosamente. Eis aqui algumas formas de demonstrar gratidão e tornar sua estadia agradável e oportuna.

Envie dinheiro para as compras. Se for longa a sua estadia e o anfitrião tiver que pagar pela comida enquanto você lá estiver, mande-lhe um cheque antes de sua chegada para cobrir as despesas com o mercado. Se aguardar para oferecer-lhe a grana só quando já estiver lá, por cortesia seu anfitrião com certeza recusará a oferta. Portanto, antes de viajar apenas mande um cheque pelo correio junto de um bilhete dizendo o quanto está empolgado com a visita. Se a sua estadia for curta, leve o seu anfitrião para jantar e pague a conta.

Apareça na hora combinada. Caso você diga ao seu anfitrião que chegará na quarta-feira de manhã, chegue na quarta-feira de manhã. Se se atrasar, certifique-se de ligar e deixá-lo a par do novo horário ou data.

Leve um presente. A fim de mostrar consideração pela hospedagem gratuita, traga um presente. Não precisa ser nada grandioso ou caro. Um bolo, flores, uma garrafa de vinho ou um *souvenir* de sua terra natal sempre são bem-vindos. (Figura 1.19)

Mantenha sua área organizada. Certifique-se de arrumar sua cama e quarto todos os dias, antes de sair. Coloque os pratos na lava-louças depois de usá-los.

Colabore com as tarefas da casa. Ajude a preparar as refeições, lave a louça e leve o lixo para fora. Um anfitrião cortês jamais o abordará e lhe pedirá, com todas as letras, para ajudá-lo nisto ou naquilo. Então simplesmente mexa o traseiro e comece a dar uma força.

Faça com que sua presença interfira o mínimo possível na rotina pessoal e familiar de seu anfitrião, assim como em seus compromissos e trabalho. É claro que o seu amigo aqui e ali há de separar um tempo para que vocês o passem juntos, mas jamais deve ser você a lhe impor a agenda. Faça o melhor possível para adequar sua rotina à da casa, a fim de não atrapalhar o seu andamento ou criar imposições.

Deixe-o a par dos seus planos. Conte ao seu anfitrião quais são os planos para cada dia e faça o máximo para manter o planejado. Isto há de ajudar o seu hospedeiro a programar-se quanto a que horas servir as refeições e até que horas precisam ficar acordados.

Não ignore completamente o seu amigo. Se o seu parceiro vive numa cidade turística e você quer tanto visitá-lo quanto conhecer o lugar, não se esquive daquele para se focar só neste. Ninguém gosta de se sentir um *hostel*. Faça o seu turismo enquanto seu amigo estiver no trabalho; quando de folga, planeje atividades com ele e convide-o para suas excursões.

Dê idéias sobre coisas que você quer fazer e ver. Embora o seu amigo com certeza tenha muitos programas que deseja fazer com você, não vá esperar que ele o fique entretendo o dia inteiro.

Mesmo que não ache lá muito interessantes todas as atividades que o seu anfitrião lhe tenha planejado, guarde seu desapontamento para si. Parte da experiência de visitar um amigo é acompanhá-lo em programas do gosto dele. Seu amigo está dando duro para entretê-lo; mostre que você aprecia esse esforço.

Figura 1.19. A fim de mostrar consideração pela hospedagem gratuita, leve um presente. Não precisa ser nada grandioso ou caro.

Não critique a terra natal do seu anfitrião. Caso você seja, digamos, um orgulhoso carioca fazendo uma visita ao seu primo em São Paulo, não fique fazendo comparações desfavoráveis entre a terra da garoa e a orla de Ipanema. A maioria das pessoas sente orgulho de sua terra natal. Portanto, elogie à farta e sem dó a cidade do seu amigo.

Sempre pergunte. Lembre-se: você é um convidado. Mesmo que lhe digam para sentir-se em casa, faça o favor de perguntar antes de sair por aí metendo a mão nas coisas. É uma questão de educação.

Não estique demais a sua visita. Já dizia o sábio Ben Franklin, "peixes e visitas fedem após três dias". Seu anfitrião tem outras coisas a fazer e não pode deixar a vida de molho para sempre.

Desfaça a cama antes de partir. É quase certo que o seu anfitrião há de lavar a roupa de cama depois de sua partida. Facilite o trabalho dele: desfaça a cama antes de ir-se embora.

Escreva um bilhete de agradecimento. A hospitalidade é uma das maiores gentilezas que um amigo pode conceder a outro. Certifique-se de mostrar a sua gratidão para o seu camarada enviando-lhe um bilhete de agradecimento pouco antes de sua viagem de retorno.

A ARTE DA ESCRITA DE BILHETES DE AGRADECIMENTO

A gratidão é uma virtude que todo homem deveria cultivar. Contudo, de nada vale o peito grato se você não sabe como pô-lo em palavras e expressá-lo. Um homem deve agarrar todas as oportunidades que se lhe deparem para mostrar àqueles à sua volta o quanto aprecia o seu amor, apoio e generosidade. Uma das principais formas de expressar gratidão é o bilhete de agradecimento. Infelizmente, muito varão hoje em dia negligencia por completo esse aspecto da etiqueta, com isto partindo corações de doces vovozinhas mundo afora. Todo cavalheiro que se preze deve dominar a arte de quando e como escrever notas de agradecimento. Redigi-las com freqüência e arte há de colocá-lo noutro patamar, pairando acima dos seus incultos pares.

> **CONSELHO DE MACHO**
>
> ### Quando escrever um bilhete de agradecimento
>
> - Quando receber um presente (especialmente se for um presente de sua avó italiana. Se você não lhe escrever um bilhete de agradecimento, senta que lá vem praga!);
> - Quando alguém lhe prestar alguma ajuda;
> - Quando alguém faz algo muito além do que lhe foi pedido, seja no trabalho ou numa amizade;
> - Após uma entrevista de emprego;
> - Quando pernoitar na casa de alguém;
> - Quando alguém levá-lo para um passeio turístico na cidade em que você está de férias, esteja você hospedado na casa dessa pessoa ou não;
> - Quando alguém o convidou para um jantar;
> - Quando alguém lhe dá uma festa ou cria um evento para você;
> - Toda vez que fizerem algo extraordinário, que lhe toque o coração. Não seja mesquinho com seus bilhetes de agradecimento. Não existe momento inoportuno para enviá-los.

Algumas regras básicas

Sempre escreva o bilhete assim que possível. Mande-o em até duas semanas após comparecer ao evento ou receber o presente.

Envie-o pelo correio. Embora indubitavelmente convenientes, agradecimentos via e-mail não são adequados salvo como resposta a coisas sem importância. Alguns podem dizer: "Oras, um obrigado é um obrigado. O que importa como ele chega?". Importa que enviar um bilhete pelo correio mostra esforço. Mostra que separou um tempo para pôr a caneta no papel, endereçar o envelope e comprar um selo. Um bilhete é tangível; o destinatário pode tocá-lo, empunhá-lo e deixá-lo à mostra, se quiser. Em suma: um bilhete tornará bem mais sincero o seu agradecimento.

Use itens de papelaria. Ter de correr a uma papelaria sempre que você tiver um bilhete de agradecimento a escrever é algo que provavelmente vai deixá-lo com preguiça de escrevê-lo. Portanto, enfie a mão no bolso e compre uns itens legais de papelaria. Não precisa ser nada chique; compre alguns cartões com temas neutros e conservadores. Assim, poderão ser usados para uma variedade de ocasiões.

Como escrever um bilhete de agradecimento

Comece deixando já clara sua gratidão pelo presente/serviço. A frase de abertura deve ser simples: "Muito obrigado por _____". Se o presente for dinheiro, valha-se de eufemismos. Em vez de dizer "valeu pela grana", escreva "obrigado pela bondade/generosidade/presente".

Mencione detalhes específicos sobre como você planeja usar o presente, ou sobre o que mais gostou com a sua experiência. Caso esteja agradecendo alguém por ter dado uma festa ou jantar, seja específico sobre o que você gostou mais. Se estiver agradecendo alguém por um presente recebido, diga ao remetente do bilhete como você planeja usá-lo. Dá-se o mesmo com algum presente em dinheiro; diga ao doador como você planeja gastá-lo ou para quê o está poupando.

A depender do remetente, dê notícias sobre sua vida. Fazê-lo nem sempre é apropriado. Digamos, por exemplo, que você esteja escrevendo um bilhete de agradecimento por uma entrevista de emprego que fez. Você não precisa sair escrevendo que faz poucos dias pescou um bitelão dum robalo de meio metro. Se, contudo, receber pelos correios um presente de alguém que não o vê sempre e quer saber como andam as coisas (leia-se: parentes distantes), conte-lhe um pouquinho sobre as últimas notícias. A tia Cotinha certamente vai adorar.

Termine a mensagem fazendo referência ao passado e aludindo ao futuro. Se a pessoa deu-lhe o presente num evento recente, escreva: "Foi muito bom te ver no Natal". Então complemente: "Espero que possamos nos rever no ano que vem". Se a pessoa mandou o presente pelo correio, e você não a vê com freqüência, simplesmente escreva: "Espero que possamos nos ver em breve".

Repita o agradecimento. "Mais uma vez, obrigado pelo presente" é fechar com chave de ouro.

Saudação. Saudações são palavras ou frases que vêm antes de seu nome. No geral, a parte mais difícil do bilhete de agradecimento é escolher a saudação que melhor caiba ao seu nível de intimidade com o remetente. *Com amor* pode soar meloso demais, e *atenciosamente* pode carregar nas tintas da formalidade. Se a sua amizade com a pessoa estiver em algum lugar entre essas duas expressões, aqui vão algumas saudações neutras que se aplicam a uma grande variedade de situações e tipos de amizade.

- Do seu;
- Meus afetuosos cumprimentos;
- Abraços;
- Com carinho;
- Respeitosamente.

GORJETAS: UM GUIA PARA CAVALHEIROS

Por que dar gorjeta? A diferença entre empregos comuns e muitos empregos que pedem por gorjetas é que calham de ser empregos de serviços, e são assim chamados porque estão servindo-o diretamente. São coisas que o afetam a nível pessoal e íntimo. Você não precisa dar gorjetas às pessoas pura e simplesmente porque estão fazendo o seu trabalho, *per se*. Contudo, eu, se fosse você, começaria a cogitar dar gorjetas pelos seguintes motivos:

O ganha-pão do trabalhador é influenciado diretamente por sua gorjeta. Um número inquietante de pessoas neste país parece não se dar conta de que muitos prestadores de serviço, como, por exemplo, garçonetes, ganham pouco. Aí, dar gorjetas não é apenas opcional. É necessário.

Para demonstrar sua gratidão. Outra palavra para gorjeta é *gratificação*. Muita gente nessas linhas de trabalho está sobrecarregada, ganha pouco e não recebe o devido reconhecimento. Se você faz alguma coisa certa no seu trabalho, seu supervisor diz "obrigado" e "bom trabalho!". Quem diz obrigado ao lixeiro? A gorjeta é uma forma de dizê-lo a quem quase nunca a escuta.

A gorjeta garante um bom serviço. Isto é verdadeiro sobretudo no caso de pessoas que lhe fazem serviços regularmente. Dê gorjetas para o barista da cafeteria que você freqüenta ou para a garçonete do seu restaurante favorito, e da próxima vez eles o servirão ainda melhor.

Qual deve ser o valor de sua gorjeta?

Nota: as diretrizes acerca da gorjeta variam de local para local. Esse guia serve para quem pretende dar gorjeta nos Estados Unidos.

Quando em viagem

Camareiras do hotel. Uma boa gorjeta para a limpeza dos quartos fica entre 2 e 5 dólares por noite.

Guia turístico. Dê entre 1 e 5 dólares por pessoa do seu grupo.

Carregador de malas ou recepcionista. Dê 1 a 2 dólares por mala carregada. Caso você esteja atrasado e, para não deixá-lo perder o vôo, o carregador saia correndo desabalado até o avião com sua mala, aumente a gorjeta.

Porteiro. Apenas molhe a mão do porteiro num hotel se este lhe der umas dicas bacanas sobre os melhores locais e restaurantes da cidade para se visitar.

Serviços pessoais

Barbeiro. 15% em cima do valor do corte.

Barista. Ter uns trocados no bolso é sempre uma boa idéia. Se o barista começar a preparar seu pedido assim que você entra na loja, para que ele esteja pronto quando você chegar no caixa, dê-lhe uma grana extra. Se ele começar a cantar quando receber a gorjeta, diga para ele parar, se não você vai pegar o dinheiro de volta.

Quentinha. Caso você peça uma marmita com as sobras do jantar do restaurante, certifique-se de dar uns trocados de gorjeta no caixa. Embora não tenha sido preciso lá muito esforço, o funcionário teve de dar os seus pulos para lhe fazer a quentinha. Se, além disso, ele o ajudar a levar a comida para o carro, dê uma grana a mais.

Lavador de carros. Três pratas é um bom valor de gorjeta para uma lavagem básica. Se o lavador for minucioso, dê 10% do custo do serviço de gorjeta.

Estacionamento. Dois dólares para o funcionário do estacionamento. Caso o local tenha manobrista, dê a gorjeta para quem lhe trouxer o carro, não para quem o estacionou.

Guincho. Depende do serviço prestado. Se ele ajudá-lo a dar tranco no motor ou trocar seu pneu, dê 4 dólares de gorjeta. Se guinchar o seu carro, 5 dólares é uma boa bonificação. Se estiver guinchando o seu carro de uma área onde é proibido estacionar, mostre-lhe o dedo.

Massagista. 10 a 20% do valor total.

Enfermeira. No geral, é proibido dar gorjeta a enfermeiras em hospitais. Só não o diga à vovozinha italiana da Kate. Enfermeira aposentada, a senhorinha sempre acreditou que a gente deve, sim, dar gorjetas a enfermeiras e a outros assistentes de saúde. Sempre que estava internada num hospital, você pode ter certeza de que tinha o melhor atendimento possível. Tudo porque dava "aquele agrado" à sua enfermeira.

Tatuagens/*piercings*. 15% do custo total da tatuagem. Se o tatuador fizer um trabalho incrível e lhe copiar no braço exatamente a foto da sua mãe, dê uma grana a mais.

Serviços de Entrega

Entrega de jornal. Durante feriados, dê aos entregadores 20 dólares de gorjeta. Os pais da Kate faziam isso todo ano. O resultado? O jornal era sempre deixado à sua porta, em vez de apenas jogado no jardim da frente.

Entrega de pizza/comidas em geral. O costume aqui é dar 15%. Se o tempo não estiver aquelas coisas (isto é dizer: caso haja borrasca ou um tsunami, e você esteja arriscando a vida do entregador para safar a sua), dê uma grana a mais.

Entrega de móveis/eletrodomésticos grandes. Cinco dólares por pessoa. Caso eles fiquem para ajudá-lo a pôr os itens no lugar, dê uma grana extra.

Quando estiver saindo

Garçom. A quantia de praxe varia de 15 a 20%. Se o garçom fizer um trabalho excepcional, pague mais. Caso esteja com um grupo cheio de gente, pergunte se a gratificação já vem inclusa na conta, para que você não pague duas vezes (é claro que eu, na condição de ex-garçom, sempre gostava de receber um pequeno adicional além da gratificação costumeira). Seja especialmente generoso quando estiver no primeiro encontro com uma garota — ela com certeza vai dar uma espiada no valor da sua gorjeta para ver se você é um *mão de vaca* ou um verdadeiro cavalheiro.

Barman. Dê uma gorjeta de 15 a 20%. Assim como no caso do garçom, se o trabalho for excepcional dê um pouco mais. Se você aparecer no bar no *happy hour* e pedir uns vinte *shots* de cachaça de 99 centavos, não deixe só os 15% de gorjeta. O barman precisa se matar de trabalhar para servir-lhe estes drinques, e merece mais do que umas poucas moedinhas furadas.

Funcionário de cassino. Existem várias pessoas que podem receber gorjetas num cassino. Em primeiro lugar, as garçonetes que servem coquetéis. O costume é deixar-lhes 15%. Dá-se também gorjeta ao crupiê após uma rodada ganha; sabe como é, para segurar a boa sorte.

Motorista de táxi. A gorjeta padrão é de 15%. Se o levarem rápido até onde quer ir, dê uma grana extra.

Feriados

Durante feriados, costuma-se dar gorjetas maiores para os serviços costumeiros. Abaixo, vai uma listinha de pessoas às quais você quase com certeza fará bem em dar aquele agrado num feriado.

Carteiro. É contra a lei dar gorjeta para funcionários públicos, mas eles podem aceitar presentes que não cheguem a 20 dólares. Quase todos provavelmente vão fingir que nada aconteceu se você quiser dar mais.

Lixeiro. Esses sujeitos fazem o trabalho sujo. Reconheça o trabalho deles nos feriados dando-lhes uma polpuda gorjeta. Dez dólares por pessoa é uma boa quantia.

Professor. Se você tem filhos em idade escolar, sabe que é costume dar um presentinho ao professor deles em época de Natal. Aqui vai uma dica: professores ganham montanhas de loção corporal, velas natalinas e um sem-número de adornos com formato de fruta (não, você não é a primeira pessoa que teve a idéia de lhes dar um peso de papel com formato de maçã). Em vez disso, dê-lhes algo de que realmente gostem, como um cartão-presente de uma loja *online*.

Babá. Um presente em adição à paga já combinada é um belo gesto. Cartões-presente são uma ótima pedida.

Empregada doméstica. Uma semana extra de pagamento ou um belo presente.

A TECNOLOGIA MODERNA E AS REGRAS DE ETIQUETA

A tecnologia moderna apresenta ao cavalheiro contemporâneo algumas armadilhas de etiqueta que jamais teriam passado pela cabeça de Emily Post. Assim como aconteceu na I Guerra Mundial, particularmente sangrenta porque a artilharia se havia desenvolvido mais rapidamente do que as novas táticas militares, a tecnologia de hoje é um horrendo campo minado: a etiqueta não lhe consegue acompanhar o ritmo. Você pode ajudar a trazer um pouco de civilidade a esta época moderna aderindo às diretrizes a seguir.

Telefone celular

As boas maneiras são feitas de pequenos sacrifícios.

— Ralph Waldo Emerson

Não fale no celular quando à sua volta houver uma platéia cativa. Ninguém no avião, trem, restaurante, academia ou supermercado quer ficar escutando sua conversa.

Figura 1.20. Não perca o respeito dos outros ao ficar andando por aí de fones de ouvido o tempo todo. Mantenha-os no carro, onde é o lugar deles.

Não use seu telefone em qualquer local no qual se espera certa atmosfera. Há determinadas situações nas quais se supõe que há de prevalecer uma quietude respeitosa. Um celular não deve servir de alfinete a tais bolhas de ambiente. Portanto, nunca use o celular em enterros, casamentos, aulas, serviços religiosos, filmes, peças, museus, etc. Nestes casos, o simples ato de permiti-lo tocar já é o quanto basta para informar ao mundo que a sua conversa é mais importante do que os pensamentos de todos no ambiente. Isso é o cúmulo da arrogância.

Não fale no celular ou atenda-o enquanto estiver conversando, frente a frente, com uma pessoa — QUALQUER pessoa. Não há exceções para essa regra. Não atenda o celular quando estiver conversando com alguém numa festa. Não atenda o celular quando estiver comendo num restaurante. Não atenda o celular quando estiver passando no caixa ou fazendo um pedido ao garçom. O funcionário ou atendente não é um robô; é um ser humano e merece o seu respeito.

Não use um fone *bluetooth*, a menos que esteja dirigindo. Você já deve ter visto o "povo do *headset*". Eles parecem que saíram do *Star Trek*. Fones de ouvido o distanciam e desconectam das pessoas à sua volta. Não perca o respeito alheio andando por aí de fones de ouvido o tempo todo. Mantenha-os no carro, onde é o lugar deles. (Figura 1.20)

Sim, use um toque de celular simples. Os toques personalizados estão por toda parte. Mas fique esperto com o que seus toques dizem sobre você. O gemidão será uma prova do seu mau gosto; toques com músicas pop mostram que você ainda está na sétima série. Preze pelo simples.

Não use mensagens de texto para transmitir idéias importantes. Aí inclusos estão términos de namoro, declarações de amor ou xingamentos.

Não mande texto em CAIXA ALTA ou nele enfie sei lá quantos pontos de exclamação. Se está assim alvoroçado, deveria estar ligando para a pessoa, e não lhe enviando mensagens.

Não espere uma resposta para sua mensagem logo de cara. E se não chegar a receber resposta, não envie outras mensagens perguntando se a pessoa recebeu a primeira.

Não verifique suas mensagens enquanto estiver à mesa, passando num caixa ou conversando com outra pessoa. Esse é um hábito difícil de quebrar, mas os outros merecem sua atenção integral.

A internet

A beleza da internet reside no fato de ela permitir uma comunicação tão livre como nunca antes se viu no mundo. Contudo, eufóricos pela novíssima liberdade, vira e mexe mandamos às cucuias a rotineira cortesia. Maior acessibilidade aos outros não é coisa que anule a precisão de respeito. Mesmo quando interagimos como anônimos, versões incorpóreas de nós mesmos, as regras de civilidade ainda se aplicam.

Blogs e fóruns

Nunca diga algo a um estranho na internet que você não diria a um estranho em pessoa. Sob o manto de anonimato internético, as pessoas se sentem livres para dizer o que lhes der na telha. Contudo, tanto as palavras que proferimos quanto as que escrevemos são criação nossa. Precisamos nos responsabilizar por elas. Jamais escreva algo que não lhe dê orgulho de ter sido atrelado ao seu nome. Antes de com sofreguidão apertar o "enter" a torto e a direito, pare e se pergunte: "Eu usaria essas palavras se esta pessoa estivesse aqui, bem na minha frente?". Se não, reformule suas frases.

Nunca ataque os outros ao nível pessoal. *Blogs* e *websites* são locais onde se podem discutir idéias respeitosamente. Portanto, não descambe nunca a ataques a quem estiver por trás das idéias. Às vezes, alguns usuários de *blogs* hão de fazer um comentário válido só para no final soltar um "você é uma anta". Outros simplesmente vão pular a parte do argumento válido. Ao se valer de ataques pessoais numa conversa, você só faz mostrar que não tem nada perspicaz ou inteligente para oferecer.

Não saia criticando tudo à toa. Grande parte da energia de um usuário de internet é gasta criticando cada idéia que lhe passa pela frente. Mas ser cínico é fácil. Apontadores crônicos de dedos não participam do trabalho árduo necessário para se criar algo, e então mal levantam um dedo para pôr tudo abaixo. Não há nada errado com críticas, mas faça comentários construtivos. Se não tiver nada de substancial para acrescentar à conversa, então o melhor é *cair fora*.

Não carregue nas tintas da vulgaridade. Nada revela mais uma mentalidade adolescente e a falta de *finesse* do que o abuso das vulgaridades. Embora o linguajar ácido hoje em dia esteja em voga no conversar cotidiano, é exagerada a proliferação de impropérios e palavrões na internet. Devido à abundância de informações encontráveis na *web*, alguns usam e abusam dum linguajar estrambólico para que não sejam só mais um entre incontáveis milhões. Contudo, digamos o português claro: se você precisa de coisas assim para chamar atenção, é porque não tem nada de bom ou significativo para dizer.

E-mail

O cavalheiro moderno é capaz de manejar habilmente o seu e-mail. Sabe ser ele uma ferramenta a ser usada e, portanto, não é um seu escravo, checando-o esbaforido a cada cinco segundos. Gentis-homens demonstram aos destinatários dos seus e-mails o mesmíssimo respeito que lhes devotariam se com eles estivesse face a face.

Seja conciso e objetivo. Não redija e-mails mais longos do que devem ser. As pessoas usam o e-mail para ganhar tempo, de modo que ali escrever a sua *magnus opus* vai provavelmente emputecer todos quantos o leiam. Em linhas gerais, o ideal é o seu e-mail não passar de cinco frases curtas.

Cuidado para não deslizar na ortografia e gramática. Cada informação enviada por você ao mundo ajuda a criar uma imagem sua. Um e-mail cheio de erros ortográficos e gramaticais há de causar má impressão. Quem o ler talvez não se sinta lá muito importante, pois que nem uma revisão rápida mereceu. Mostre o devido respeito aos seus leitores: revise e corrija seus e-mails antes de clicar em "enviar".

Responda em até 24 horas. Se há uma questão cuja resposta você não sabe, e há de levar um tempo pesquisando para encontrá-la, envie um e-mail dizendo ao seu destinatário que o mais cedo possível entrará em contato.

Responda todas as perguntas e antecipe questionamentos futuros. Se alguma questão ficar sem resposta em algum e-mail seu, o interlocutor é forçado a enviar-lhe outra mensagem. Não desperdice o tempo alheio fazendo-o escrever outro e-mail. Além disso, caso seja apropriado busque antecipar futuras perguntas, e já respondê-las. Poupa-se com isto o tempo de todos, e as pessoas hão de lhe agradecer a consideração.

Leve para o lado pessoal. Mostre ao seu contato que está de fato pensando nele enquanto lhe escreve o e-mail. Chame-o pelo nome e adicione informações que acrescentem à mensagem um toque pessoal.

Não escreva tudo em letra maiúscula. Escrever um e-mail EM CAIXA ALTA passa a impressão de que você está berrando feito um louco. Isso dá nos nervos, e a resposta que lhe vão dar pode não ser das melhores. Cavalheiros não berram em conversas normais. Não berre em seus e-mails.

Não abuse do recurso "responder a todos". Use-o apenas se a sua mensagem *precisa* ser vista por todas as pessoas que receberam a mensagem original. Se a usar sempre, a torto e a direito, há de acabar exasperando a todos com a enxurrada de respostas inúteis enchendo-lhes a caixa de entrada.

Não use abreviações e *emoticons*. ABS! VLW! CTZ! Se você não tem mais 15 anos de idade, pare de escrever e-mails como alguém de 15 anos de idade. Um cavalheiro vale-se de linguagem adequada quando está a falar ou escrever.

Não encaminhe correntes ou piadas imbecis. Nada prova com tamanha clareza e irrefutabilidade que é você um lesado quanto repassar correntes. Gentis-homens bem sabem o quanto estes referidos e-mails são idiotas, infantis e uma enorme perda de tempo para todos e quaisquer envolvidos.

Seja criterioso com o que escreve no seu e-mail. Não escreva nada que possa constrangê-lo caso o e-mail venha a público. Apenas um clique é o quanto basta para arruinar-lhe totalmente a cavalheiresca reputação.

Facebook

Cavalheiros usam apenas o Facebook. O MySpace é para patifes e malandros.

Não cutuque. Pergunta rápida: um cavalheiro sai por aí cutucando os outros na vida real? Então não o faça *online*. Cutucada não é uma forma aceitável de flerte; tampouco o são as outras ações que algumas funções do Facebook o permitem realizar. Se quiser deixar alguém a par do seu interesse, seja homem e mande uma mensagem no privado. Ou melhor ainda, ligue.

Seja discreto quando postar no mural. Não use o mural do Facebook para suas conversas. Vai ficar parecendo um palhaço se o fizer. Use o mural para felicitações e olás. Ademais, não poste nada muito particular no mural de outra pessoa. Lembre-se, murais são espaços públicos, então trate-os como tal.

Use linguajar apropriado quando estiver escrevendo no mural de outra pessoa. Evite comentários dúbios e mexericos. E verifique se não há erros de ortografia. Pare e pense, "que tipo de impressão eu quero passar para os outros?".

Fotos suas, poucas. Especialmente aquelas fotos suas tiradas por você mesmo, segurando o celular na frente do rosto. Um cavalheiro é modesto e discreto. Centenas de fotos suas só fazem trair uma vaidade oca.

Remova fotos suas que sejam comprometedoras. Verdadeiro gentil-homem que é, a idéia de que fotos incriminadoras de sua distinta pessoa possam surgir no Facebook é coisa que nem lhe passa pela cabeça. Contudo, se calhar de aparecer alguma foto sua em tal ou qual pose comprometedora, peça ao postador para tirá-la do ar. Ou ao menos remova-lhe a marcação do seu nome.

Não termine com uma mulher pelo Facebook. Somente uma criatura *que pertença ao culto da não-virilidade* haveria de usar o *status* de relacionamento do Facebook para terminar com a namorada. Se você não é homem o suficiente para olhar nos olhos de uma mulher e dizer-lhe que está tudo acabado, você nem com uma mulher deveria estar.

Pegue leve com os aplicativos. Não lote o seu perfil com aplicativos desnecessários como *Clash of Kings*, *8 Ball Pool*, etc. Além disso, tome tento e fique esperto com o tipo de aplicativos que você instala em seu perfil. Um cavalheiro evita aplicativos que demonstram falta de bom senso ou maturidade. Ou seja, nada de *Sex Position* ou *Beer Wars*.

Seja criterioso com os grupos dos quais participa. Os grupos dos quais você escolhe participar, ainda que por tiração de sarro, dizem muito sobre você. Seja criterioso. De mais a mais, de quanto menos grupos você participar, melhor.

Não adicione alguém que você não conhece ou mal conhece. O Facebook deturpou o sentido da palavra *amigo*. Um cavalheiro respeita a semântica e inclui em seu Facebook apenas quem são seus amigos de verdade. Não tenha medo de dizer não a pessoas aleatórias que lhe enviarem solicitações de amizade.

Seus favoritos são os favoritos, e ponto. Listar seus favoritos significa enumerar as coisas das quais você mais gosta, não toda e qualquer coisa que na vida você já tenha escutado, visto ou lido. Ter uma lista inabarcável de favoritos só faz revelar ao mundo que você não tem convicção suficiente para escolher as coisas que mais o atraem. Ser ultra-inclusivo não o torna mais culto... Torna-o mais inseguro.

Responda às mensagens e aos posts das pessoas. Responda em até 24 horas. Caso sinta-se sobrecarregado pelas mensagens do Facebook, peça que o contatem por e-mail.

CAPÍTULO II

O amigo

> *Meu pai sempre dizia: se quando morrer você tiver cinco amigos de verdade, sua vida foi o máximo.*
>
> — Lee Iacocca

As amizades são parte significativa da vida de um homem. Amigos são aqueles homens com os quais podemos contar quando estamos em maus lençóis. Os que hão de ficar ao seu lado mesmo quando o mundo inteiro estiver contra você. Aqueles que lhe comprarão uma cerveja quando você for posto no olho da rua ou levar um pé na bunda. Contudo, desgraçadamente, estes nossos tempos modernos muito têm enfraquecido e desgastado os possantes laços de amizade masculina.

A HISTÓRIA DAS AMIZADES MASCULINAS

Homens sem parâmetro supõem ser inevitável o estado em que ora se encontram as amizades masculinas. Contudo, uma olhadela na história das amizades entre homens é o quanto basta para desmenti-lo e apontar o caminho para o retorno da glória dos laços fraternais.

A AMIZADE HERÓICA

Nos tempos antigos, tinha-se a amizade masculina na conta do relacionamento mais significativo e recompensador de que poderia gozar um ser humano. Como fossem tidas por inferiores as mulheres, punha-se as amizades em plano mais elevado e nobre do que o amor matrimonial. Aristóteles e outros filósofos enalteceram as virtudes de relacionamentos platônicos — relação de conexão emocional, sem qualquer intimidade sexual. Segundo Aristóteles, as amizades platônicas eram o ideal a ser buscado.

Foi a estas tantas que surgiu a noção de amizade heróica. Tratava-se de uma intensa amizade entre dois homens, tanto emocional quanto intelectualmente. Amigos heróicos sentiam-se obrigados à interproteção contra o perigo. Exemplos seus podem-se encontrar em muitos textos antigos da Bíblia (Davi e Jônatas) e escritos gregos arcaicos (Aquiles e Pátroclo).

AMIZADES MASCULINAS NAS AMÉRICAS COLONIAL E DO SÉCULO XIX

Amizades masculinas durante o período colonial e o século XIX eram marcadas por um vínculo fortíssimo, e repletas de simpatia e sentimentalismo. Muitas vezes, as referidas amizades não eram menos intensas do que os relacionamentos românticos entre homens e mulheres. Em essência, continuavam as amizades heróicas do Mundo Antigo, acrescidas da ênfase emocional comum à Era Romântica. O vínculo fervoroso não implicava, forçosamente, alguma relação sexual; é demasiado moderna a noção de que tais laços cálidos de alguma forma lhes comprometessem a heterossexualidade.

De modo perfeitamente desembaraçado, os homens durante esta época usavam entre si um linguajar afetuoso nas suas interações diárias e correspondências. E tampouco ficavam cheios de não-me-toque uns com os outros; muitos não pensariam duas vezes para enlaçar um seu confrade, sentar-lhe no colo ou até ficar com ele de mãos dadas. Também era bastante comum dividir uma cama com outro homem para se poupar dinheiro. Os homens eram livres para ter amizades afetuosas sem medo de que alguém os chamasse de *maricas*, pois o conceito moderno de homossexualidade e a rígida dicotomia hétero/gay ainda não existia. Foi apenas na virada do século XX que os psicólogos começaram a analisar a homossexualidade. A partir daí, os homens da América foram se tornando bem mais autoconscientes quanto às suas amizades, e puseram no lugar de abraços calorosos o famoso tapinha nas costas. Nascia o "abraço masculino".

AMIZADES MASCULINAS NA AMÉRICA DO SÉCULO XX

O melhor quinhão de uma vida consiste em suas amizades.
— Abraham Lincoln

Ao longo do século XX, a amizade masculina sofreu grandes transformações. Os homens deixaram de trocar com prodigalidade palavras afetuosas entre si e dar as mãos para evitar muito vínculo emocional ou quaisquer tipos de contatos físicos. Um dos maiores responsáveis foi o medo de que os taxassem de gays. Ministros e políticos desaprovaram a homossexualidade, afirmando ser incompatível com a verdadeira masculinidade. (Figura 2.1)

Figura 2.1. Durante o século XX os homens mudaram sua forma de interagir; de uma postura com linguagem extravagante, encantadora e mãos dadas, eles passaram a evitar muito vínculo emocional ou quaisquer tipos de contatos físicos.

Além disso, a Revolução Industrial e a transição duma economia agrária para o livre mercado acabaram por afetar a dinâmica de todas as relações sociais. A cultura capitalista daí resultante, achegada ao darwinismo social e crente na sobrevivência apenas do mais forte, influenciou como os homens se enxergavam uns aos outros. Em vez de ser um amigo em potencial, o homem ao seu lado a partir de agora era um competidor. Neste mundo cão, é difícil sair na frente quando os tapetes que a gente tem de puxar calham de ser dos nossos camaradas do peito.

A maior mobilidade do século XX também contribuiu para o declínio das amizades masculinas. Como os homens cada vez mais mudam de cidade para seguir o trabalho, criar raízes e fazer amigos de verdade tornou-se mais e mais difícil. Não é que tenham acabado de todo, claro; contudo a sua base mudou desde um laço firmado em conexões emocionais profundas para, agora, objetivos em comum. À medida que se alargava o tempo ocioso disponível e os homens se mudavam para os subúrbios, suas amizades iam se formando nos campos de golfe, condomínios e ambientes corporativos.

O FUTURO DAS AMIZADES MASCULINAS

É lastimável que a "homofobia" enraizada nesta sociedade impeça que os homens se conectem uns aos outros com maior riqueza emocional e física. Os homens americanos estão perdendo os benefícios provenientes das amizades íntimas. Segundo estudos, homens com vários amigos próximos são no geral mais felizes e vivem mais do que os demais homens. Contudo, segundo pesquisas, vem caindo há décadas o número de amigos e confidentes de um homem, cada vez mais empurrado ao isolamento e à solidão.

Já passou a hora de o homem moderno tomar o lugar que lhe cabe na gloriosa história das amizades masculinas. Não é outro o fim por nós visado com este capítulo.

BANDO DE IRMÃOS: FAZENDO E MANTENDO AMIZADES DURADOURAS[1]

Ainda na escola ou faculdade, fazer amigos é coisa natural e espontânea para o jovem. Porém, acabada esta fase, e sobretudo quando o

---

1 Alusão à peça histórica de Shakespeare, *Henrique V*, em que o rei, no prelúdio da Batalha de Azincourt, faz um discurso para inspirar as tropas. Eis o trecho em questão: "*Nós, estes poucos; nós, um punhado de sortudos; nós, um bando de irmãos... Pois quem hoje derrama o seu sangue junto comigo passa a ser meu irmão*".

já homem toma para si uma mulher e sai de casa, fazer novos amigos e manter contato com os velhos companheiros já não é tão fácil. A esta altura da vida, cultivar suas amizades há de exigir-lhe um pouco mais de esforço e trabalho. Mas o resultado é infinitamente recompensador.

RECRUTANDO SEU BANDO DE IRMÃOS

Confraternize no trabalho. Você passa mais tempo com a gente do seu trabalho do que com a sua família, em casa. E é bastante provável haver ali alguns sujeitos com os quais você se dá bastante bem. Em vez de mantê-los na categoria de amigos *do trabalho*, promova-os a amigos *amigos*. Vão beber uma depois do trabalho. Chame-os para assistir o jogo na sua casa no sábado. Se você for casado, saiam para jantar vocês e suas esposas.

Conheça seus vizinhos. Os *serial killers* não são os únicos que podem com precisão ser descritos como "homens quietos e reservados". É triste, mas podemos viver em uma vizinhança por dez anos a fio e não conhecermos um só vizinho. Mas entre eles pode estar o seu novo amigo do peito. Então não seja um Dahmer[2] da vida. Um ótimo jeito de conhecer seus vizinhos é fazer um churrasco ou participar de eventos na vizinhança, como talvez duma festa na rua de cima. Caso esteja se sentindo particularmente corajoso, simplesmente vá à casa de seu vizinho e apresente-se.

Filie-se a uma organização. Boa parte das dificuldades que os homens de hoje em dia têm para fazer amigos dá-se pelo caráter isolado de suas vidas sociais. Para eles existe trabalho, casa... E pronto. Filiar-se a uma organização é, provavelmente, a melhor forma para você criar um círculo social.

---

2 Jeffrey Lionel Dahmer foi um *serial killer* americano. Dahmer assassinou 17 homens e garotos entre 1978 e 1991.

CONSELHO DE MACHO

Potenciais organizações das quais fazer parte

Fraternidades. Não é coisa só de vovô. As fraternidades são o canal perfeito para se fazer amizades, pois que ali se fornecem todos os ingredientes necessários para uma união fraternal: ideais em comum; um senso de tradição e responsabilidade; foco no serviço. Embora por aí as haja aos montes, é difícil negar que a Maçonaria é a melhor.

Igrejas/Organizações religiosas. Assim como as fraternidades, as igrejas são um local frutífero para se fazer amizades, pois que ali se podem encontrar homens com valores e objetivos parecidos com os seus. Muitas igrejas têm grupos apenas de homens, visando tanto à irmandade quanto ao crescimento espiritual.

Ligas esportivas. Se você ama esportes, em vez de passar a semana toda sozinho vendo jogos na TV, junte-se a uma liga interna e volte pro campo. Do futebol ao *frisbee*, com certeza sua cidade tem clubes nos quais você há de encontrar um pouco de competição masculina à moda antiga. Você vai entrar em forma, alimentar o seu espírito masculino e criar o tipo de laço entre homens que só se encontra num campo ou quadra.

Toastmasters.[1] Os toastmasters matam dois coelhos modernos com uma só cajadada: a carência tanto de amigos quanto de falar bem em público. Além de aprender a ser um melhor orador, você há de encontrar homens às pencas com os quais fazer amizade.

1 Toastmasters é uma organização internacional sem fins lucrativos dedicada à melhoria das competências da comunicação, do discurso público e da liderança, e isto por meio de clubes espalhados mundialmente — NT.

> **Clubes de leitura.** Por alguma razão (leia-se: Oprah), os clubes de leitura ficaram associados com mulheres descabelando-se de chorar com suas almas desnudas e dilaceradas. Contudo em livros não há maricagem alguma; discutir a boa literatura era o passatempo de muitos grandes homens da história. Algumas bibliotecas têm clubes de leitura exclusivamente masculinos, nas quais se lêem livros de que os homens gostam. Se por aí não existe algo assim, que tal começá-lo na sua casa?

MANTENDO VIVAS SUAS AMIZADES

> *A boa amizade e as camaradagens são prazeres perduráveis, racionais e viris.*
>
> — William Wycherley

Defina um objetivo em comum. Cria-se entre os homens um vínculo mais forte quando estão eles trabalhando juntos em prol de um propósito comum — isto é dizer, quando se tornam um bando de irmãos. O princípio é o mesmo, quer você esteja assaltando as praias de Omaha, quer esteja apenas vivendo no subúrbio. De modo que: defina um objetivo a ser atingido com seu amigo ou grupo de amigos. Pode ser ele correr uma maratona, parar de fumar ou perder peso. E não se esqueça de bolar um sistema de prestação de contas.

Crie competição. Na vida, a competição pode afastar as pessoas umas das outras; porém uma competição amigável entre homens é algo que pode aproximá-los. Crie um ambiente de competição com seus amigos e estipule uma prenda para o perdedor; algo um pouco constrangedor, de dar vergonha alheia, há de ser divertido, além de manter o grupo motivado. (Figura 2.2)

Faça uma viagem só de homens. Viagens só de homens são ocasiões de puro e ininterrupto vínculo viril. Podem ser tão curtas quanto um fim de semana ou tão longas quanto uma semana inteira. O destino pode ser qualquer lugar, desde que envolva atividades de homens. O pulo do gato aqui é transformá-la em uma tradição imutável. Defina um período e a repita todos os anos. Planeje o resto de sua vida ao largo dessa data não negociável.

Noitada dos *brothers*. O clichê da "noitada dos *brothers*" consiste num sujeito que larga sua esposa infeliz em casa e escapa aos afazeres domésticos para tomar uma com os camaradas. Então, sejamos claros aqui: sua esposa e as necessidades dela estão em primeiro lugar, *sempre*. Entretanto, se vocês passam bastante tempo juntos, uma noitada com os parceiros é apropriadíssima. Encoraje-a a ter uma "noitada das garotas" também. Com amizades saudáveis o seu relacionamento há de ficar muito melhor.

Figura 2.2. Uma competição saudável entre homens é algo capaz de aproximá-los.

MANTENDO CONTATO COM SEUS CAMARADAS

Qualquer relacionamento, e não menos uma amizade entre homens, precisa de comunicação para sobreviver. A maioria dos sujeitos por aí não é muito fã de ter conversas íntimas. Passar algum tempo juntos, ainda que não haja muita conversa, é já o quanto basta. Contudo, caso você se mude, por exemplo, o esforço necessário para não deixar a peteca cair será maior. Em geral, homens não gostam de ficar com o telefone pendurado no ouvido, e tampouco somos uns Machados de Assis no que toca à escrita de e-mails. Mas há uma tradição, vetusta e já antiqüíssima, que ao longo dos séculos manteve os homens conectados por vidas inteiras: as cartas.

O correio tradicional pode não ser usado mais por quase toda a sociedade, mas é um dos segredos para se manter amizades saudáveis. Claro: um e-mail é facílimo de enviar. É também facílimo de *ignorar*. Nós o deixamos lá, quietinho e fechado na caixa de entrada, até que suma noutra página e de nossos pensamentos. Ora, já uma carta escrita à mão é coisa completamente diversa: real e tangível, sai-lhe fisicamente de suas mãos e se vai plantar na vida do seu amigo. É uma parte sua, posta sobre a bancada da cozinha. Ninguém consegue jogar algo assim fora. Uma carta praticamente exige uma réplica. Comprometa-se a escrever para o seu amigo uma vez por mês: isto há de deixar vivo o vínculo entre vocês, a despeito de onde a vida os leve.

APRENDA O APERTO DE MÃO SECRETO: JUNTE-SE A UMA FRATERNIDADE

Nos EUA, vê-se os seus emblemas ao lado da placa de boas-vindas de qualquer cidade imaginável. São reconhecíveis por meio de um distintivo de lapela ou adesivo no carro. Sem eles, que andam por aí de *kart* e triciclos, os desfiles de 4 de julho como os conhecemos hoje cessariam de existir.

São eles os milhares de homens que pertencem às fraternidades. Embora sociedades como a Maçonaria e os Oddfellows sejam muitas vezes motivo de chacota e fontes para teorias conspiratórias, as sociedades fraternais foram instituições que tiveram um papel importantíssimo na história da socialização masculina na América. Tornar-se um membro duma tal sociedade já foi um rito de passagem para homens americanos. Por meio delas se faziam novos amigos, mantinham-se contatos profissionais e o sentido mesmo da vida a alguns se revelava. Seu avô provavelmente fez parte de alguma, se é que ainda não o faz. Contudo, esta tradição de tamanho viço e macheza está em declínio há várias décadas. Em declínio, mas prestes a reviver.

A HISTÓRIA DAS FRATERNIDADES

A amizade é do mundo a única coisa cuja utilidade é universalmente aceita pelos homens.

— Cícero

Durante o século XIX, houve na América uma profusão inabarcável tanto de sociedades fraternais quanto de novos membros de lojas maçônicas. O lar, alterado pelo chamado "culto da domesticidade" daquele período, havia se tornado afeminado, abarrotado de rendas e *frufrus*, e toda sorte de homens afluíram às sociedades à cata de bastiões de desimpedida e genuína macheza. As sociedades serviam-lhes de descontração; ali podiam eles socializar, jogar sinuca, tomar umas e conversar sem papas na língua sobre as questões cotidianas.

A adesão às fraternidades continuou a crescer durante o início do século XX e, na década de 30, atingiu o seu auge. Depois, entrou a declinar. Seus elaborados rituais estavam a enfadar os homens, que vinham encontrando novas fontes de entretenimento no rádio, na televisão e nos filmes, e começavam a ficar de olho nos esportes organizados e na emergente cultura corporativa à cata de oportunidades sociais. Além de quê, a pressão e o desejo crescentes de que os homens passassem mais tempo com suas famílias fez com que muitos abrissem mão do círculo das sociedades fraternais.

Hoje em dia, muitas fraternidades estão à beira da extinção. Seus membros estão envelhecendo, e os mais jovens têm pouco ou nenhum interesse em substituí-los. Não seria surpresa se, daqui a umas poucas décadas, as fraternidades desaparecessem por completo.

POR QUE OS HOMENS MODERNOS PRECISAM JUNTAR-SE A UMA FRATERNIDADE

Não precisamos deixá-las morrer. Não se vá pensar que as sociedades fraternais são coisa de velhos gagás. Você também pode fazer parte dessas instituições másculas. Eis aqui cinco motivos para você fazer vista grossa aos chapelões ridículos e se tornar membro de uma delas:

- **Você estará fazendo parte de uma tradição histórica,** de que fizeram parte alguns dos maiores homens da história. George Washington, Isaac Newton, Ben Franklin e Theodore Roosevelt eram todos maçons. Não seria espetacular se juntar às fileiras desses grandes e nobres homens?
- **O ritual.** Infelizmente, escasseiam os rituais neste nosso mundo moderno. Até igrejas se estão livrando dos seus rituais para que se mantenham em voga e modernosas. Contudo, os rituais são uma parte importante da experiência humana. Com eles podemos aprender verdades importantes, explorar os mistérios do universo e aquietarmos nossas cabeças, sempre cheias e efervescentes. Ademais, se você achar que faltou um rito de passagem para a vida adulta na sua vida, os rituais das sociedades fraternais podem te providenciar isso;
- **Você há de fazer novos amigos.** Claro, os tais amigos vão estar lá com seus 70 anos, mas quem melhor para lhe dar alguns conselhos sobre macheza? O que há de melhor nas fraternidades é elas atraírem homens

que, se bem sejam de todos os tipos, possuem em comum o objetivo de ser homens melhores. Portanto, você tem a chance de interagir com todo o tipo imaginável de gente. Irmãos de sociedade são extremamente leais uns para com os outros e nunca irão deixar de ajudá-lo;

- **Você há de se tornar um homem melhor.** Enquanto a maior parte das fraternidades exige a crença em um Ser Supremo (algo aberto à interpretação), pouquíssimas exigem aderência a quaisquer doutrinas, igrejas ou sistemas políticos. Antes, as fraternidades existem para promover e inspirar valores abertos a qualquer homem, a despeito de sua fé: a irmandade, a caridade e a lealdade;
- **Você terá a oportunidade de servir à sua comunidade.** A maior parte dos homens quer realizar algo de bom, mas não sabe onde ou como fazê-lo. As sociedades fraternais hão de lhe prover a motivação e o guiamento necessários para você levantar a bunda do sofá e começar a ajudar seus camaradas. Embora as sociedades ainda ofereçam atividades sociais como ligas esportivas e festas, sua principal função nos dias de hoje é planejar e executar projetos que vão desde a Habitat for Humanity até campanhas de arrecadação de fundos para almoços beneficentes. Dar algo de bom como paga à sua comunidade é, definitivamente, uma coisa máscula a se fazer. E, de quebra, você ainda vai ter a chance de empinar sua moto no desfile do bairro.[3]

COMO AJUDAR UM AMIGO COM UM PROBLEMA

Se o seu amigo estiver passando por maus bocados na vida, é normal que você queira dar-lhe uns conselhos. Mas ajudar um camarada

---

3 Cá entre nós, de homem para homem: a chacota e as teorias conspiratórias que se fazem com as fraternidades e sociedades secretas têm lá a sua razão de ser. Não é mentira que tiveram um papel relevante na história, que sejam tradicionais e que tenham rituais, mas isso, meu irmão, o tinhoso também tem. Embarcar numa onda dessas pode não ser assim tão "espetacular" e sua aversão aos "chapelões ridículos" pode, neste caso, livrar você de uma fria. Além do mais, no Brasil, é mais provável que seu avô tenha sido vicentino do que maçom. Como cavalheiro e amigo, achei melhor dizer — NE.

pode revelar-se uma questão delicada; homens não gostam de muita intimidade, quase sempre são orgulhosos demais para pedir ajuda e uma maratona de *Sex and the City* enquanto enchem o rabo de sorvete dificilmente os acalma. De modo que, quando for ajudar o seu amigo, vá no sapatinho, comendo pelas beiradas.

Saiam para fazer alguma coisa juntos. Homens tendem a ficar desconfortáveis quando falam de assuntos particulares. Portanto, em vez de sentar-se à frente do seu amigo e nele cravar o seu olhar, saia para correr com o sujeito, leve-o para pescar ou jogar boliche e sinuca. Mais fácil se abre a alma de alguém que esteja olhando para o nada em vez de para os olhos de quem quer que seja. Entre um lançamento e outro durante a pescaria, introduza na conversa o problema do seu amigo. (Figura 2.3)

Esteja a par dos fatos. Antes que você possa ajudar alguém de verdade, é preciso estar a par de todos os fatos acerca do problema. Convoque seu repórter interior e pergunte quem, o quê, quando e onde. E certifique-se de escutar com atenção tudo o que seu amigo disser.

Permita que seu amigo descubra a solução por si só. É mais provável que os homens levem algo a cabo se lhes parecer que eles próprios tiveram a idéia. E muitas vezes o sujeito só precisa pensar em voz alta para encontrar a sua resposta. Portanto, seu trabalho como amigo é agir como um "facilitador". Após ouvir-lhe o problema, como quem não quer nada lhe pergunte: "Então como você acha que consegue resolver a situação?". No geral, ele há de começar a listar alguns pontos. Quando disser algo que se lhe afigure particularmente eficaz, faça-o saber e ponha-se a explorar a idéia mais a fundo.

Pergunte se ele quer o seu conselho. Se a estratégia de ajudá-lo a descobrir uma solução por si não está dando em nada, *pergunte* ao seu amigo se ele gostaria de receber alguns conselhos. Ao fazê-lo, antes de sair metendo o bedelho em questões pessoais, você estará respeitando o orgulho masculino de seu amigo. Se ele disser não, tudo bem. Apenas continue a pescaria ou a sinuca e deixe o seu amigo saber que ele sempre poderá conversar com você no futuro. Só não lhe encha o saco; eis o código dos homens.

Figura 2.3. Mais fácil se abre a alma de alguém que esteja olhando para o nada em vez de para os olhos de quem quer que seja. Saia para correr com o seu amigo, leve-o para pescar, jogar boliche ou sinuca.

Não dê sermão. Homens detestam ouvir sermão. Não dê uma de babaca, fazendo seu amigo sentir que você se julga o bonzão por não estar naquela enrascada. Esqueça os sermões paternalistas cheios de "devia" e "precisa"; antes, ofereça sugestões. Diga: "É isso que eu faria se estivesse na sua situação", "você pode tentar x" ou "eu já tive um problema parecido, e foi assim que o resolvi".

Seja franco. Embora não curtam levar sermões, homens respeitam e apreciam um bom e justificado "tapa na cara". Se o seu amigo estiver sendo especialmente imbecil, será preciso dar-lhe uma dura. Converse com o sujeito respeitosa e honestamente, de homem para homem. Às vezes é preciso acabar com o sujeito para fazê-lo ressurgir melhor e mais forte.

Óbvio: é a situação específica o que ditará sua abordagem. Se o problema for mais delicado — como, por exemplo, a namorada pondo-lhe um chifre — seja mais solidário.

A MECÂNICA DO ABRAÇO MASCULINO

A transição dos dias de abraços calorosos e mãos dadas do século XIX para os tempos modernos, avessos à afeição masculina, foi um bocado turbulenta, e deixou os homens mais perdidos do que surdo em bingo no que toca a como demonstrar sua afeição. Um aperto de mão firme e caloroso, invariavelmente adequado para conhecidos e parceiros de negócios, é um tanto insatisfatório quando se trata de amigos do peito. Não obstante, tampouco estão os homens lá com muita vontade de carregar nas tintas da afeição. De modo que ao homem cabe-lhe conhecer o meio-termo: o abraço masculino.

CONSELHO DE MACHO

Quando abraçar

Mulheres se abraçam até quando a amiga volta do banheiro. Já os homens costumam economizar nos abraços, administrando-os apenas aqui e acolá, em certas ocasiões. Estão aí inclusas:

- Quando você não vê um amigo já faz muito tempo. E estamos falando de meses, não de dias ou semanas;
- Quando um amigo compartilha alguma notícia boa, como o anúncio de que ficou noivo ou vai ser pai (se ele engravidar alguém que não é sua esposa, dê tapinhas nas costas no lugar de um abraço masculino);

- Ao comemorar a vitória do seu time. Abraços de homens dessa categoria podem ser muito mais longos e vigorosos do que o normal.

COMO EXECUTAR O ABRAÇO MASCULINO INTERNACIONAL (FIGURA 2.4)

1. Fique cara a cara. O abraço de lado, em que um braço ou (pelo amor de Deus, não) ambos enlaçam o pescoço ou cintura alheios, e tocam-se as cabeças e bochechas, nunca é apropriado;
2. Abra bem os seus braços para fazê-lo saber que lhe quer dar um abraço. Assim, o seu amigo pode se preparar e por sua vez também levantar os braços. Pegá-lo de surpresa e grudar-lhe os braços ao lado do corpo não é legal;

Figura 2.4. O abraço masculino internacional.

3. Inicie o abraço. Mas não demore demais; uns dois segundos já bastam. Não vá me inclinar sua cabeça em direção à cabeça ou ao pescoço de seu amigo; a coisa há de parecer uma carícia;

4. Bata nas costas de seu amigo com a mão aberta ou fechada. Ao contrário do apertãozinho do abraço feminino à guisa de ênfase, o tapinha é a marca que distingue o abraço masculino;

5. Saia do abraço. Com pujança e rapidez puxe seus braços para longe, a fim de evitar a impressão de carícias suas na saída do abraço.

COMO EXECUTAR O ABRAÇO MASCULINO AMERICANO (FIGURA 2.5)

Alguns americanos não ficam lá muito confortáveis com um abraço completo, mesmo que executado à perfeição. Para homens incapazes de usar ambos os braços neste ato, o abraço masculino americano é o meio-termo perfeito.

Figura 2.5. O abraço masculino internacional.

1. Comece com um tradicional e firme aperto de mão;
2. Mantendo a mão apertada à de seu amigo, com seu braço esquerdo envolva-lhe o ombro;
3. Dê-lhe dois tapinhas nas costas. Assim como no abraço internacional, o pulo do gato está no referido tapinha;
4. Saia do abraço.

ENTRE CALCINHAS FIO-DENTAL E BARRIS DE CERVEJA: DANDO UMA DESPEDIDA DE SOLTEIRO CLASSUDA

Uma das maiores tradições da amizade masculina é a despedida de solteiro às vésperas do casório. Se bem feita, a despedida de solteiro pode tornar-se um marco memorável na vida do sujeito que está a mudar seu *status* de desimpedido para marido.

A HISTÓRIA DAS DESPEDIDAS DE SOLTEIRO

Talvez alguns homens fiquem surpresos ao descobrir que as despedidas de solteiro remontam aos tempos antigos. Os espartanos, responsáveis pelo surgimento da idéia já no século v a.C., davam um jantar para o noivo na véspera de seu casamento, em que se festejava e tomavam-se todas em honra ao noivo.

A tradição do "jantar para o noivo" continuou nos tempos modernos. Nos anos 40 e 50, chamava-se-lhe "jantar de cavalheiros". O seu responsável era o pai do noivo, e como no caso dos espartanos envolvia comes e bebes à farta. O objetivo de tais jantares era estreitar os laços entre os homens e celebrar o mui importante ritual de passagem da solteirice para a vida de casado.

A alguma altura nas últimas décadas, no lugar do jantar pôs-se uma festa, e a refeição e os brindes ao noivo foram trocados (ou suplementados) por *strippers*, jogos de azar e diluvianas quantidades de álcool.

Felizmente, estas desabridas festanças têm saído de moda nos últimos tempos. São coisas que tanto desonram a noiva — que há de ficar justamente furibunda com as tentações às quais seu noivo pode sucumbir — quanto o seu amigo, que se está casando porque provavelmente já está maduro o suficiente para delas não gostar. Então, em vez de enxergar a despedida de solteiro como uma última chance de o seu amigo cair em desenfreada esbórnia, deve-se tê-la na conta duma oportunidade de ouro para que se estreitem os laços de amizade masculinos, e uma chance de se realizar atividades que, provavelmente, serão menos freqüentes após o casamento; em suma, de momento para descontrair e despreocupar um pouco o seu amigo pré-nupcial.

PLANEJANDO E EXECUTANDO UMA DESPEDIDA DE SOLTEIRO DE CAVALHEIROS

Se você foi escolhido como padrinho no casamento de seu amigo, repousa em seus ombros o planejamento dessa ancestral tradição. Seguindo os passos que vão abaixo, você há de garantir a honra do seu melhor amigo com uma despedida de solteiro classuda e agradável.

Escolha uma atividade

O primeiro passo ao planejar uma despedida de solteiro é a escolha de uma atividade que seja o centro da festa. Só porque na sua festa não se há de pôr verdinhas em fios-dentais não quer dizer que ela tenha de ser morta e insípida. Há por aí uma penca de outras atividades que hão de desencadear sua testosterona e lhe deixar o coração acelerado. Aqui vão algumas idéias:

- Faça um aluguel de *jet skis* para um dia na água;
- Vá esquiar ou andar de *snowboard*;

- Compareça a um evento esportivo universitário ou profissional;
- Compareça a uma luta de boxe ou MMA;
- Passe o dia a jogar golfe; (Figura 2.6)

Figura 2.6. O primeiro passo ao planejar uma despedida de solteiro é a escolha de uma atividade que seja o centro da festa. Por exemplo, vocês podem passar o dia jogando golfe.

- Faça uma viagem de pesca em alto mar, alugue um barco de pesca ou faça uma aula de pescaria;
- Planeje uma partida de futebol, basquete ou boliche;
- Participe de um torneio de pôquer;
- Vá jogar *paintball*;
- Vá acampar ou fazer um mochilão.

Enquanto estiver a escolher o que fazer, não se esqueça de alguns pontos-chave:

- Não vá fazer algo insanamente perigoso. O intuito aqui é se divertir, sem correr o risco de quebrar um braço do noivo ou deixá-lo paraplégico. Como ele vai conseguir fazer aquele mergulho de *snorkel* na lua-de-mel com a perna engessada?

- É uma coisa boa surpreender o seu amigo com algo a se fazer durante a festa, mas não se esqueça de planejá-lo em vista dos interesses e da personalidade dele;
- Leve em conta a situação financeira da galera. Imagina que legal se alguns dos amigos do noivo não conseguirem ir à festa por não conseguirem pagá-la?
- Após escolher uma atividade para a despedida de solteiro, planeje um jantar que virá a seguir. Se o tempo estiver bom, um churrascão no quintal é boníssima idéia. Caso esteja mais frio ou você simplesmente deseje algo mais formal, alugue o salão do restaurante favorito do seu amigo;
- Durante o jantar, encoraje seus amigos à tiração de sarro e aos brindes comoventes. Talvez queiram também transmitir ao noivo algumas palavras de sabedoria. Caso você queira dar-lhe algum conselho ou simplesmente dizer algo que não há de ser incluso no seu discurso de padrinho, faça-os durante o brinde.

Escolha uma data

Há muita coisa a se considerar no momento de planejar a data da despedida. Embora seja tentador realizá-la na noite de véspera do casamento, com todos os convivas já na cidade, a idéia não é das melhores. Para a cerimônia do grande dia o noivo precisa estar em forma, e não de ressaca. Ademais, o jantar de ensaio da festa é no geral feito na véspera. Portanto, escolha algum dia várias semanas antes do casório. Se vários amigos do noivo morarem fora da cidade, talvez seja melhor antecipá-la, para que não precisem fazer a mesma viagem duas vezes num período curto de tempo.

Envie os convites

Convide todos os homens que hão de estar na cerimônia, bem como os padrinhos e parentes do noivo. Tradicionalmente, é considerado indelicado convidar para eventos pré-casamento pessoas que não estejam convidadas para o casamento em si. Esta regra, contudo, faz-se ambígua quando estamos a falar de despedidas de solteiro. Se o noivo estiver realizando uma cerimônia pequena ou se casando nalgum longínquo local, talvez não seja má idéia convidar à despedida amigos que não foram convidados para a cerimônia. Consulte o noivo enquanto estiver criando a lista de convidados.

Envie os convites cerca de três semanas antes da despedida. Os convites devem combinar com o nível de formalidade da festa. Caso a festa seja formal, despache pelo correio convites finos, escritos à mão. Se a festa for mais casual, um telefonema ou e-mail hão de estar de bom tamanho. Caso na despedida haja alguma atividade como as supracitadas, inclua-lhes informações como o custo, o local e o horário de encontro, mapas, etc.

Cada convidado deve ser responsável tanto pelos seus gastos quanto por dar uma contribuição a fim de cobrir os gastos do noivo. De forma respeitosa, inclua no convite mesmo um pedido para que se lhe envie um cheque com o valor acertado.

DÊ UM DISCURSO DE PADRINHO QUE NÃO VAI DEIXAR NINGUÉM COM VERGONHA ALHEIA

Em algum ponto de sua vida, um de seus amigos ou seu irmão provavelmente há de lhe pedir que você seja padrinho. Essa é uma grande honra. Um dos deveres do padrinho é dar um discurso em que se dizem algumas palavras gentis sobre seu amigo/irmão e a sua nova esposa. Se você já foi a muitos casamentos, bem sabe que às vezes discursos de padrinho podem rapidamente degringolar-se num espetáculo bêbado e bizarro. O resultado de drinques vários aliados à falta de preparação é um padrinho a balbuciar histórias inapropriadas e embaraçosas sobre o noivo em frente a sabe-se lá quantos amigos e parentes.

Se você quiser ser um padrinho de verdade e não ficar com cara de tacho, soando apalermado por só dizer besteiras, aqui vão alguns pontos para se ter em mente durante a preparação do discurso:

Prepare-se. Não apareça na recepção do casamento achando que sabe exatamente o que dizer quando chegar a hora. Se tiver alguns meses de tempo disponíveis antes do casório, comece a refletir sobre idéias para o discurso. Pense bem e tome notas sobre lembranças, histórias, piadas e frases para se usar. Caso você não saiba muito sobre como o seu amigo e a noiva se conheceram, pergunte. Pense em histórias do passado que demonstrem o quanto seu amigo é um sujeito bacana. O objetivo do discurso é a celebração do casal; faça--os brilhar.

Fique sóbrio. Sim, é claro que você quer se divertir; sim, é bem verdade que o álcool talvez o ajude a criar bagos e falar a centenas de estranhos, mas certifique-se de não entornar o caneco quando for fazê-lo. Se, na hora h, o álcool lhe tiver arrancado todas as inibições, talvez você acabe dizendo algo de que depois vá se arrepender. Além do mais, um homem de verdade não precisa dessas "muletas" para que consiga superar um desafio. Honre as calças que veste e adie sua gratificação até depois de o discurso estar já acabado.

Conte uma história que faça uma ligação. O modo ideal de se dar um discurso é encontrar uma ligação entre uma história sobre o seu amigo e o seu apoio ao casal. Compartilhe alguma história de como o seu amigo sempre se queixava de nunca encontrar uma mulher com as qualidades x, y e z até finalmente surgir-lhe na vida a noiva. Ou conte uma história sobre o momento em que você, ao sair com os dois, percebeu que ele tinha encontrado sua futura esposa. Outra boa perspectiva é falar sobre como noiva e noivo se complementam. Conte uma anedota legal (não embaraçosa; leia no tópico seguinte) em que a personalidade do seu amigo passou-lhe a perna. A história poderia ser, por exemplo, sobre como seu amigo é tímido à beça, e como esta timidez levou a algum incidente engraçado. Depois entre a falar sobre a noiva ser vivaz e extrovertidíssima, e como, portanto, são um time perfeito os dois.

Figura 2.7. Evite tópicos controversos, ofensivos ou embaraçosos no seu discurso de padrinho.

Evite tópicos controversos, ofensivos ou embaraçosos. "Mas isso é questão de bom senso", dirá você. Ocorre que, por algum insondável motivo, com um microfone na mão e perante centenas de pessoas, nós muitas vezes mandamos às cucuias o bom senso. O que nos põe na saia justa é tentarmos ser engraçados com alguma historinha constrangedora ou uma piada ruim qualquer. Isto é quase sempre um tiro no pé. Nota mental, portanto: não há problema algum em narrar uma anedota. O que não se pode é contar algo que vá fazer os outros tirarem sarro dos noivos. (Figura 2.7)

Evite piadas internas. Se quiser prender a atenção das pessoas, guarde as piadas internas para você e o seu amigo.

Seja sucinto. Nada irrita mais as pessoas do que um bêbado a balbuciar interminavelmente coisas sem sentido. À altura do seu discurso, é quase certo que os convidados já tenham ouvido as tagarelices da dama de honra e do pai da noiva, e, portanto, já estejam prontos para comer o bolo e fazer a coisa andar. Cinco minutos de discurso, no máximo.

Outros nãos. Não fale sobre as ex do noivo; não diga aos outros o que você realmente achou da noiva quando esta lhe foi apresentada pela primeira vez; não brinque com a comida; não diga como está ansioso para a lua-de-mel enquanto dá uma piscadela para a noiva — em resumo, tenha só um pouquinho de tato e classe.

Lembre-se de ser você mesmo. Não há necessidade de muitas formalidades ou de tentar ser alguém que você não é. E também não é preciso seguir à risca as regras acima. Use-as apenas como um guia para ser você mesmo. Deixe que tudo flua naturalmente. Use sua voz e maneirismos naturais. Torne a coisa pessoal e sincera, agindo de coração, e tudo há de sair às mil maravilhas.

CONSELHO DE MACHO

Bloco de notas do padrinho

- Abra o discurso agradecendo àqueles que tornaram o dia possível. Refira-se aos pais dos noivos pelo nome, e lhes ofereça um brinde tanto pela participação no casamento quanto por terem criado duas excelentes pessoas. Agradeça aos convidados a presença;
- Faça a transição para o seu discurso: "Eu sou especialmente grato por estar aqui, nessa ocasião, para celebrar este dia maravilhoso com meu amigo/irmão";
- Fale sobre como conheceu o noivo, o quanto você é grato por tê-lo como amigo e como ele é um sujeito honrado;

- Compartilhe uma história de seu amigo e conecte-a ao casal;
- Levante sua taça e diga algo do tipo: "Um brinde a uma vida de felicidade e amor para ___ e ___!";
- Deixe escapar um suspiro de alívio.

CAPÍTULO III

O herói

A diferença entre um herói e um covarde é um passo para o lado.

— Gene Hackman

Quando éramos meninos, todos sonhávamos em crescer e virar super-heróis como os dos quadrinhos. Queríamos ter engenhocas bacaníssimas, uma roupa maneira e os extraordinários poderes necessários para salvar o dia. Em algum ponto da vida tivemos sonhos de pular do telhado com um lençol à guisa de capa, ou torcemos (em vão) para que a picada daquela aranha se tornasse algo mais do que um calombo que, no fim das contas, só nos causou coceira. Então crescemos e nos demos conta de que nunca seríamos o próximo Super-Homem, ou desenvolveríamos um sentido aranha.

Contudo, qualquer homem, até o maior zé da esquina, pode ser um herói. Os anais da história estão repletos de contos sobre homens comuns que puseram suas vidas em risco para salvar outras pessoas. Hoje em dia, temos as histórias de Todd Beamer[1] e o seu plano para derrotar os terroristas do vôo 93, e Wesley Autrey,[2] que se lançou em cima duma pessoa que estava em convulsão para protegê-la da chegada de um trem no metrô. E todas as comunidades locais têm suas histórias, menos conhecidas, como, por exemplo, a de William Kirby, que para salvar a vizinha arrombou-lhe a porta da casa, que ardia em chamas, e entrou naquele inferno para resgatá-la.[3] Toda a gente ama ouvir falar de tais atos heróicos, e não só porque são inspiradores; mas sim porque cada vez mais raros em uma sociedade que se vai tornando mais anônima e isolada a cada dia — mundo no qual é muito mais fácil ignorar o próximo carente de ajuda do que arriscar a própria vida para salvá-lo.

Não obstante, é o sacrifício uma das qualidades cruciais num homem. Todo homem tem de estar pronto a pôr de lado seu bem-estar ou compromissos urgentes e se dispor a ajudar os necessitados. Homem algum sabe ao certo como haverá de agir num momento de

---

1 Todd Morgan Beamer (24 de novembro de 1968–11 de setembro de 2001) foi um passageiro americano a bordo do vôo 93 da United Airlines, aeronave seqüestrada como parte dos ataques de 11 de setembro. Foi ele um dos passageiros que tentou retomar o controle do avião — NT.

2 Wesley Autrey (nascido em 6 de fevereiro de 1956), construtor civil e veterano da marinha norte-americana, também conhecido, à força do causo contado aqui no livro, como o "Samaritano do metrô", o "Super-Homem do metrô" e o "Herói de Harlem" — NT.

3 À guisa de exemplo nacional de herói anônimo, não poderia deixar de aqui citar o Senhor Francisco Lima, alcoólatra e morador de rua, que com ímpar valentia e a custo da própria vida salvou Elenilza Mariana de Oliveira do seqüestrador Luiz Antônio da Silva, levando dois tiros na escadaria da Catedral da Sé, em São Paulo — NT.

crise. Contudo, pode ele se preparar para fazer a escolha certa caso o dia chegue, cultivando diariamente uma atitude generosa e solidária, e aprendendo as habilidades necessárias para que possa, sem vacilo e hesitação, ajudar quem quer que seja. Não é no caos de uma emergência que você tem de pensar no que fazer; aprenda agora o conhecimento necessário para se tornar um herói de verdade.

LUTE COMO UM CAVALHEIRO

Sempre acredito estar preparado, ainda que esteja metido num smoking.
— George Smith Patton Jr.

Digamos que você esteja na rua com seus camaradas (ou, quem sabe, com uma airosa moça), tirando uma onda e se divertindo, quando de súbito um patife folgado lhe dá uma trombada. Você não fez nada para instigar o sujeito, mas não importa. Há uma raça específica de homem que, uma vez embriagado, há de sair na mão com pessoas aleatórias. Quando encontrada em seu habitat natural, é quase certo que a referida espécie há de estar acompanhada de amigos seus igualmente desmiolados e imbecis.

Ou talvez você e o seu bando acabem se engalfinhando com os *socs* porque um de seus camaradas matou um *soc* enquanto tentava salvar o Ponyboy de ser afogado por quem? Um *soc*. Cara, eu odeio os *socs*.[4]

O que fazer nessas situações? Se possível, o melhor é seguir o conselho que deram ao Ponyboy — ficar frio. Sempre tente evitar qualquer tipo de briga. Busque aliviar a situação simplesmente con-

---

4 Ponyboy Curtis é a personagem principal de *The Outsiders*, romance escrito por Susan Eloise Hinton e publicado pela primeira vez em 1967 pela *Viking Press*. Susan tinha 15 anos quando começou a escrevê-lo, e levou um ano para terminá-lo. Os *socs* são uma das duas gangues rivais no livro. A outra são os *greasers* — NT.

versando com o sujeito. Procure fazê-lo se acalmar. Se você fez algo que inconscientemente o deixou emputecido (como um olhar atravessado), peça-lhe desculpas. Não deixe que o seu ego fique no caminho de um pedido de desculpas por algo que você não fez.

Se conversar com o esquentadinho não der certo, comece a se retirar. Mas mantenha-se alerta e dele se afaste andando de costas, sem lhe descravar os olhos. Se ele for um sujeitinho traiçoeiro, pode atacá-lo pelas costas.

Se o rufião ainda estiver a ameaçá-lo e você não tiver por onde sair, chegou a hora de ir às vias de fato. Você poderia sacar da manga alguns golpes de rua feijão-com-arroz, já conhecidos porque muito testados e aprovados no que toca a nocautear: a boa e velha cabeçada, por exemplo. Ou valer-se dum "acessório", como uma garrafa quebrada. Contudo, agora que você está todo na estica, dos pés à cabeça trajado feito gentil-homem, chapéu e tudo o mais, é bom que comece também a lutar como um cavalheiro. Portanto, será preciso que voltemos no tempo e façamos um passeio pelas ruas da Londres cada-um-por-si-Deus-por-todos do século XIX, e adentrar os ecoantes salões do Clube Bartitsu.

> **CONSELHO DE MACHO**
>
> ### A história do bartitsu
>
> Antes de Randy Couture e do *Ultimate Fighting Championship*, houve Edward William Barton-Wright e o bartitsu. Nascido na virada do século, o bartitsu é, provavelmente, o primeiro exemplo do que hoje chamamos de artes marciais mistas. O Senhor Barton, um condutor ferroviário britânico, tornou-se instrutor de artes marciais ao combinar elementos do boxe, jiu-jitsu, luta com bastão e *kickboxing* francês para criar um sistema de defesa pessoal que pudesse ser empregado

> por distintos cavalheiros nas ruas cruéis da Londres Eduardiana. Tamanha popularidade logrou o bartitsu que até mesmo Sherlock Holmes o empregou numa de suas aventuras detetivescas.
>
> Barton ensinou o bartitsu até os anos 20, quando sua popularidade e prática começaram a definhar até que, enfim, desaparecerem quase por completo. Entretanto, o seu legado consiste num sistema de técnicas e movimentos ainda capazes de malograr os planos dos marginais e perniciosos peitos de pombo que lhe cruzarem o caminho.

AS ARTES MARCIAIS DO BARTITSU

O bartitsu era uma mistura de várias artes marciais diferentes. Cada uma delas acrescentava ao bartitsu táticas distintas, tornando-o um sistema versatilíssimo tanto para a defesa pessoal quanto para o contra-ataque. Abaixo, pode-se ler uma rápida descrição de cada uma delas.

Boxe. O estilo de boxe empregado por Barton é o de seu tempo — a saber, o boxe sem luvas. Diversamente do que ocorre no boxe moderno, os boxeadores do século XIX e começo do século XX mantinham uma postura rija, com o tronco aprumado em posição vertical. Em geral, o braço frontal ficava estendido, com o antebraço do braço traseiro protegendo a linha da cintura ou cobrindo a área peitoral.

Jiu-jitsu. O bartitsu pegou emprestado metade do seu nome e muitos de seus movimentos do jiu-jitsu, um estilo de luta japonês. Durante o final do século XIX, o jiu-jitsu tornou-se um esporte popular entre os ocidentais. A bem dizer, até o presidente Teddy Roosevelt era jiujiteiro. Barton trouxe desde a Ásia mestres de jiu-jitsu ou jujutsukas japoneses famosos, como K. Tani, S. Yamamonto e Yukio Tani para ensinar em sua escola, o Clube Bartitsu. Numa edição de março de 1899 da *Pearson's Magazine*, Barton resumiu o jiu-jitsu em três princípios:

1. Atrapalhar o equilíbrio do seu agressor;
2. Surpreendê-lo antes que ele tenha tempo de recuperar o equilíbrio e usar sua força;
3. Se necessário, sujeitar as juntas ou quaisquer partes de seu corpo como pescoço, ombros, cotovelos, pulsos, costas, joelhos, calcanhares, etc., a níveis de tensão anatômica e mecanicamente impossíveis de suportar.

La savate. O *la savate* (pronunciado *savat*) é um sistema de *kickboxing* concebido por marinheiros lutadores de rua do porto de Marselha durante o século XIX. Os marujos tinham de encontrar uma forma de luta que não envolvesse o uso de punhos fechados, pois eram considerados armas letais e podiam levar a penalidades, se usados. Conseqüentemente, o *savate* valia-se de chutes, tapas de mão aberta e luta corpo a corpo.

Luta de bastões. Também conhecida como *"la canne"*, a luta de bastões era ainda outra arte marcial francesa. Barton contratou Pierre Vigny, um mestre d'armas suíço, para ensiná-lo. Como muitos ingleses de classe alta traziam sempre consigo bengalas e guarda-chuvas, Vigny modificou a forma tradicional da luta de bastões para incorporá-los. Seu sistema era simples e eficaz, usado como autodefesa para uma briga de rua. Aplicavam-se golpes no rosto, cabeça, pescoço, pulsos, joelhos e canelas para eliminar a ameaça de um atacante. (Figura 3.1)

O HERÓI

Figura 3.1. Como muitos ingleses de classe alta traziam sempre consigo bengalas e guarda-chuvas, Vigny modificou a forma tradicional da luta de bastões para incorporá-los.

USANDO O BARTITSU NUMA BRIGA DE RUA

O crime imperdoável é bater fraco. Não bata em absoluto se o seu ataque puder ser evitado; mas nunca bata fraco.

— Theodore Roosevelt

Se você for acossado por algum valentão tira-onda e ele não voltar atrás, eis que chegou a hora de pôr os punhos em riste e sair na mão. Comece assumindo uma postura de luta firme. Abra as pernas até mais ou menos a largura de seus ombros e dobre ligeiramente os joelhos. O objetivo aqui é manter o equilíbrio para que você não dê com a cara na lona do asfalto. Mantenha as mãos erguidas para proteger o seu rosto e cerre os dentes. Um soco forte numa boca aberta pode levar a um maxilar quebrado. A partir daqui há de estar pronto para dar uma de Sherlock Holmes no boçal.

Movimentos ofensivos do bartitsu

Eis aqui como executar alguns dos movimentos mais eficazes que Barton tomou emprestado das artes marciais supracitadas e incorporou ao bartitsu.

Técnicas básicas do boxe

O *jab*. Embora não seja lá o soco mais possante, o *jab* é uma ferramenta importante em seu arsenal pugilístico. Seu objetivo principal é desgastar o oponente e criar uma abertura para um soco mais forte. Para executá-lo, estenda rapidamente o braço frontal. Gire seu braço num movimento de saca-rolhas antes do impacto. O giro há de conferir ao *jab* um quê especial. (Figura 3.2)

Figura 3.2. O *jab* é usado principalmente para desgastar o oponente e criar uma abertura para um soco mais forte.

O gancho. Assim como o *jab*, o gancho é aplicado com sua mão frontal. Contudo, a força do gancho lhe vem do tronco, e não do braço. Curve seu braço frontal, como se estivesse a segurar um escudo. Gire seu pé frontal, como se a esmagar um inseto. Ao mesmo tempo, torça o tronco. Direcione o punho para o queixo do oponente. Se levado a cabo com acerto, um gancho bem colocado é capaz de um nocaute. (Figura 3.3)

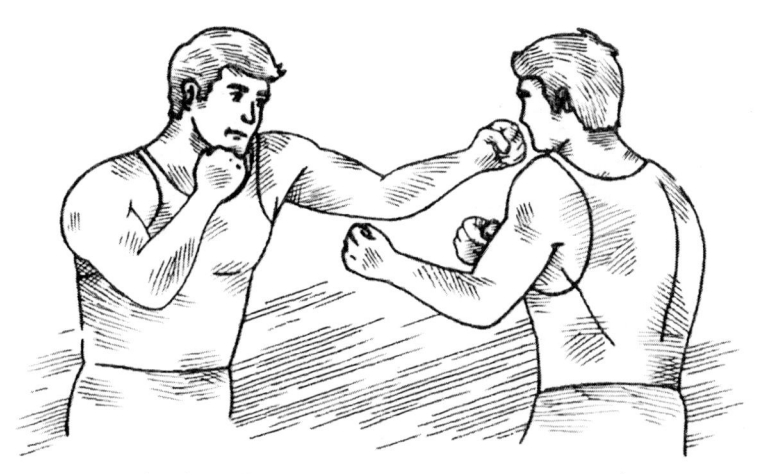

Figura 3.3. Se levado a cabo com acerto, um gancho bem colocado é capaz de um nocaute.

O soco *overhand*. Você vai ter algum trabalho para criar uma abertura que lhe possibilite encaixar alguma dessas pancadas decisivas. Tente dar alguns *jabs* na direção da cabeça do adversário e umas tantas fintas. Quando o seu opositor baixar a guarda, aplique-lhe o soco mais forte do seu arsenal. Finalize com um direto para que sua mão primária possa desferir o *overhand*.

Recue o *jab* e ao mesmo tempo desfira o *overhand*. Aumente a potência do seu soco, levantando o calcanhar do pé traseiro e girando os quadris, quase como se estivesse a dar uma tacada de beisebol. Não lhe mire no rosto, e sim nalguns centímetros atrás do rosto. Com isto você há de obter o máximo de força quando seu punho acertar a cara feia do seu oponente. Um *overhand* bem executado apagará por completo quem seja.

Contudo, após usado, o soco *overhand* pode deixá-lo vulnerável. Portanto, mantenha a mão do *jab* levantada para proteger o seu rosto de um contra-ataque. Girar o corpo de modo a afastá-lo de seu oponente, depois de desferido o soco, também é uma boa estratégia. (Figura 3.4)

Figura 3.4. Um *overhand* bem executado apagará por completo quem seja.

Técnicas básicas do jiu-jitsu

Chave de ombro. Se o seu oponente lhe der um soco, recue e desvie o golpe, empurrando-lhe o braço para baixo. Acerte rapidamente o ombro dele com a palma da sua mão direita. Com sua mão direita agora sobre o ombro do sujeito, puxe-o para baixo enquanto coloca seu braço esquerdo sob o braço direito dele. Agora, ponha a sua mão esquerda sobre a direita. A estas tantas deve o seu oponente estar com o corpo dobrado e o braço sobre o seu ombro esquerdo. Nessa posição, dê-lhe uma joelhada no rosto.

"Varrida" de tornozelo. Esse movimento vai tirar os pés de seu oponente do chão. Agarre-o pela lapela do casaco. Se ele não estiver usando um casaco, agarre-o pela camisa ou camiseta no local onde ficariam as lapelas. Puxe-o rapidamente para a frente enquanto, com o pé direito, aplica-lhe uma rasteira da direita para a esquerda. Se bem executado, o golpe há de resultar no seu oponente estatelado no chão, onde será mais fácil controlá-lo.

Técnicas básicas da luta de bastões

O *jab*. Pode-se executar o *jab* com qualquer uma das extremidades da bengala. Entretanto, sua ponta de baixo costuma ser mais eficaz e causar mais dor. Execute o *jab* estocando e recuando rapidamente, logo em seguida. Sua velocidade torna-o difícil de ser defendido.

A investida. A investida é similar ao *jab* pois se vale também ela duma estocada. Contudo, difere do *jab* por ser executada a uma distância maior e exigir a extensão completa do braço. Já em posição de ataque, arremeta veloz contra o seu atacante estocando-o com a ponta do seu bastão. A fim de lhe emprestar maior impacto, ponha o quanto de peso corporal seu seja possível por trás da investida.

Cortes. Os cortes podem ser altos ou baixos, e em qualquer direção. São aplicados com um movimento de "corte" — daí o seu nome. Cortes de cima para baixo são, provavelmente, os mais poderosos, e também os mais difíceis de se defender.

Técnicas básicas do savate

Chute *chasse crossie*. Para aplicar um chute *chasse* lateral, cruze um pé em frente ao outro, e, depois, levante o joelho da perna que estiver aplicando o chute na direção de seu ombro oposto. Dê um pulo antes do ataque. Aí você há de conseguir mirar-lhe a cabeça, o tronco ou as coxas.

***Coup de pied bas*.** Rasteira, que visa a parte de baixo das pernas dum oponente. Aplique-a com movimento de pêndulo usando a articulação do quadril. Sua perna deve permanecer totalmente estendida. Você pode tentar derrubar seu adversário ou simplesmente mirar em seus joelhos ou tornozelos a fim de causar algum estrago. (Figura 3.5)

Figura 3.5. O *coup de pied bas* é uma rasteira que visa a parte de baixo das pernas do oponente.

Movimentos defensivos do bartitsu

Ademais, Barton incluiu no seu sistema algumas técnicas de autodefesa criativas e eficazes, que se valiam de armas e ardis improvisados e bem cabiam ao cavalheiro pelejador.

Usando um casaco ou sobretudo para se defender

Seu casaco ou sobretudo são armas de defesa eficazes, mesmo quando o atacante estiver com uma faca. Enquanto a andar na rua, ponha o seu sobretudo sobre os ombros, mas não lhe passe os braços pelas mangas. Se o agressor fizer um ataque, pegue o colarinho esquerdo do sobretudo com a mão direita e, num movimento de varredura, cubra-lhe com ele a cabeça. Seu agressor, surpreso e atarantado, além do mais há de ficar temporariamente cego. Tempo de sobra para você aplicar-lhe um soco na boca do estômago ou uma pancada na cabeça. (Figura 3.6)

Figura 3.6. Pegue o colarinho esquerdo do sobretudo com a mão direita e, num movimento de varredura, cubra a cabeça do agressor.

Pode você também escolher posicionar-se atrás de seu oponente, enquanto o sobretudo lhe estiver cobrindo a cabeça, e agarrar o seu tornozelo com a mão esquerda enquanto com a direita dá-lhe um violento empurrão, fazendo-o esborrachar o nariz no chão. Daí em diante será possível imobilizá-lo com uma finalização de jiu-jitsu até que a polícia chegue. (Figura 3.7)

Figura 3.7. Posicione-se atrás de seu oponente, enquanto o sobretudo lhe estiver cobrindo a cabeça, e agarre o seu tornozelo com a mão esquerda enquanto com a direita dá-lhe um violento empurrão.

Usando um chapéu para se defender

Pode-se também usar um chapéu para distrair e temporariamente pôr às cegas um atacante. Quando um agressor se aproximar de você, qual um raio tire o seu chapéu e enterre-o na cara do sujeito. Você pode tanto dar-lhe um murro no estômago quanto pô-lo no chão, aplicando-lhe uma submissão.

Um chapéu também pode ser usado à guisa de escudo, defendendo-o de socos e facadas. Agarre com firmeza a aba do chapéu com a mão esquerda e deixe-a levantada ao lado do corpo. Se o atacante investir com a faca, apare o golpe com seu chapéu e lhe contra-ataque a cara com a mão livre.

ARROMBANDO UMA PORTA

Digamos que você esteja numa casa em chamas, de lá precise escapar e a porta esteja pegando fogo. Ou que seus entes queridos estão numa casa em chamas e você do lado de fora. Ou, talvez, que um ente querido esteja passando por uma emergência médica enquanto trancado num quarto dentro da própria casa. O que fazer? Seja homem, cacete! Arrombe a porcaria da porta! Você sabe que sempre quis fazê-lo.

Caso tenha visto muitos filmes de ação, você há de fazer algo perfeitamente estúpido... Jogar-se de ombro contra a porta. Certo? Errado. Conquanto técnica indiscutivelmente viril, o quase certo é que ela há de lhe render um ombro deslocado. É melhor empregar um bem colocado e contundente pontapé.

Verifique o sentido da rotação da porta pela posição das dobradiças. O pontapé funciona melhor quando aplicado a uma porta que se abre para longe de você. Se a porta se abrir na sua direção, dar-lhe um pontapé será como dar cabeçada em pedra.

Aplique uma bicuda no lado da porta em que estiver a fechadura (perto do seu buraco). No geral, é a parte mais fraca da porta.

Valendo-se de um chute frontal, direcione o calcanhar do seu sapato contra a porta. Dê impulso ao pontapé e mantenha o equilíbrio no pé de apoio. Não chute a fechadura em si; isso pode quebrar seu pé.

A esta altura, já a madeira deve estar começando a lascar-se. Hoje em dia muitas portas são feitas de madeira macia e oca. Cedem com facilidade considerável, muito por conta da lingüeta, que não se estica por mais de uma polegada moldura da porta adentro. Agora, portas mais velhas, de madeira maciça, hão de se mostrar mais resistentes. Apenas continue dando-lhe bicas até que a porta ceda e você possa salvar o dia.

Evite voadoras. Embora possam acossá-lo uns ímpetos de *Karatê Kid*, nesta situação algo assim irá diminuir sua estabilidade e fazer com que o chute perca força.

CARREGUE ALGUÉM COMO UM BOMBEIRO

Um herói é um homem que faz o que pode.

— Romain Rolland

Carregar como um bombeiro é, sem dúvida, o jeito mais másculo de levar alguém à segurança. E não é apenas bonito de se ver — calha de ser também um modo eficaz para distribuir o peso de alguém sobre os ombros, permitindo um transporte por longas distâncias a custo do mínimo de cansaço. (Figura 3.8)

1. Coloque a vítima em pé. A tarefa não é simples caso se trate de alguém completamente apagado. Comece por rolar a pessoa de barriga para baixo e ajoelhar-se perto de sua cabeça. Coloque-lhe os braços sob as axilas e em volta das costas. Depois, ponha-a de pé. Levante-a usando as pernas, não as costas;
2. Mude o peso do seu corpo para a perna direita e coloque-a entre as pernas da vítima. Pegue a mão direita da vítima com a sua mão esquerda e passe-a sobre o ombro. Com sua cabeça sob a axila direita da vítima, envolva-lhe a parte posterior do joelho direito com seu braço. Fique agachado e posicione o corpo da vítima sobre seus ombros. Tente distribuir igualmente o peso do corpo de cada lado;
3. Pegue a mão direita da vítima com a sua mão direita. A partir daí, sua mão esquerda há de estar livre para distribuir bordoadas e golpes de judô em quem se meter a engraçadinho;
4. Transporte sua vítima.

Figura 3.8. A forma como o bombeiro carrega alguém é um modo eficaz de distribuir o peso do corpo da vítima, permitindo um transporte por longas distâncias a custo do mínimo esforço.

SALVE UMA PESSOA DO AFOGAMENTO

Você está à beira do lago com seus amigos e família, com alguns hambúrgueres na churrasqueira, gozando um belo dia de sol. Eis que relanceia a água e vê um homem a bater os braços, lutando desesperado por ar. É hora de convocar seu David Hasselhoff[5] interior e salvar o banhista. Eis aí para quê se fez o seu peito cabeludo. Você começa a correr para o lago.

Infelizmente, como está num lago e não no mar, sua fantasia de tornar-se Hasselhoff acaba aqui. Contrariando o que você já viu na televisão e nos filmes, a melhor forma de salvá-lo não é se lançar

---

5 Se você nunca assistiu a sos *Malibu*, feche este livro e não o abra de novo até se emendar por tal sacrilégio — NT.

n'água feito um golfinho, e buscar heroicamente o sujeito. Pessoas que estão se afogando não são apenas um perigo para si mesmas; são um perigo para quem as está resgatando. Em pânico e se debatendo, podem puxá-lo para baixo d'água quando você as estiver tentando ajudar.

Se a pessoa estiver próxima à margem e você num bote, tente primeiro estes dois métodos:

1. Puxe a pessoa para a segurança com uma vara ou graveto. Pegue um galho de árvore comprido ou qualquer tipo de haste e estenda-o para a vítima. Diga a ela que o agarre. Puxe-a para a segurança;
2. Jogue-lhe um objeto atado a uma corda. Se estiver num local com água profunda, é sempre bom ter por perto uma bóia salva-vidas. Caso não a tenha, improvise: amarre a corda a algum outro objeto e jogue-o para a pessoa. (Figura 3.9)

Figura 3.9. Salve uma pessoa a se afogar jogando-lhe um objeto amarrado a uma corda.

Se a pessoa estiver longe demais para que se tente um resgate por algum desses métodos, então será preciso entrar na água para salvá-la. Neste caso, tome as seguintes precauções para não se afogar você também.

1. Acalme a pessoa. Conforme se aproxima, converse com ela e assegure-lhe de que tudo vai acabar bem. Assim, tirá-la d'água fica bem mais fácil;
2. Caso possua um dispositivo flutuante e a vítima esteja longe demais para que se lhe possa lançá-lo desde a margem, nade a uma distância suficiente para que você possa arremessá-lo. Caso esteja ele atado a uma corda, puxe ambos, objeto e vítima, para a margem. Se não, simplesmente faça com que a vítima agarre o objeto;
3. Aproxime-se da pessoa por trás. Assim, você lhe evita os braços e pernas. Como já dito, o quase certo é que a vítima há de se agarrar em você, donde resultará não mais uma e sim duas pessoas submergindo às sombrias funduras aquáticas. Portanto, aproxime-se da pessoa pelas costas e lhe envolva o peito com os braços. Mantenha a cabeça da vítima fora d'água;
4. Se a vítima tentar te puxar para baixo, ignore o instinto de resistir e se deixe afundar, ou mergulhe de propósito. O instinto da vítima de permanecer com a cabeça fora d'água há de entrar em ação, e ela irá soltá-lo;
5. Nade de volta para a segurança. Faça isso usando seu braço livre. Diga à vítima que permaneça calma e arraste-a de volta junto de si.

TRATE UMA PICADA DE COBRA

Você e seus amigos estão acampando, religando-se à natureza e à macheza interior. Você tirou o dia para fazer uma caminhada e conhecer alguns hieróglifos indígenas antigos, quando seu amigo dá um berro de dor no momento em que dois dentes afiados como navalhas lhe picam o calcanhar. Ele acaba de ser picado por uma cobra. Você sabe o que fazer?

É bom que saiba. Uma picada de cobra peçonhenta não é brincadeira. Embora as reações variem de cobra para cobra, todo veneno é essencialmente concebido para imobilizar a vítima e dar o pontapé inicial ao processo de digestão. O veneno é, basicamente, saliva tóxica de cobra, pronta a transformar o seu amigo em jantar. Procure um médico imediatamente, mesmo que a cobra não lhe pareça ser peçonhenta. Eis o que você deve fazer enquanto espera pela chegada dos médicos, caso esteja num local remoto, longe da civilização:

Os sins

Lave a região da picada com sabão e água assim que possível. A intenção é remover da ferida quanta saliva de cobra você consiga.

Mantenha a região da picada abaixo da altura do coração da vítima. Retarda-se assim o fluxo do veneno na circulação sangüínea.

Tire os seus anéis ou relógios. O veneno irá fazer seu amigo inchar. Tais acessórios podem cortar a sua circulação.

Amarre com força uma bandagem de 5 a 10 centímetros sobre os orifícios da picada. Caso não encontre assistência médica dentro de trinta minutos, enrole mais bandagem acima do local da picada. Com isso você irá reduzir a circulação do veneno. Certifique-se de apertar a bandagem. Só não a aperte demais e acabe cortando totalmente a circulação. Só o que isto fará é danificar os tecidos da área da picada.

Tente remover o veneno da ferida. Caso possua um *kit* para picadas de cobra, posicione o dispositivo de sucção sobre a picada a fim de retirar o veneno. Deixe-o lá por no máximo dez minutos. Se usado corretamente, o dispositivo de sucção é capaz de remover até 30% do veneno.

Os nãos

Não corte a região da picada. Você já deve ter visto, enquanto assistia a algum filme de faroeste, um caubói fazer um corte acima de uma picada de cobra, com a intenção de "drenar" o veneno. Idéia nada inteligente: um corte aumenta a probabilidade de haver alguma infecção na área.

Não sugue o veneno. Outro remédio que todos nós vimos nos filmes são pessoas sugando veneno com a boca. Uma só gota de veneno que lhe entre na boca pode, daí, cair em sua corrente sangüínea. Melhor não arriscar.

Não aplique gelo na ferida. O gelo pode causar dano à pele e inibir a remoção do veneno caso se vá usar um dispositivo de sucção.

Não entre em pânico. Tente manter o seu amigo calmo. Quanto mais rápido ele se mover — e, conseqüentemente, seu coração bater — mais rapidamente o veneno irá circular pelo seu corpo. Então mantenha-o sossegado e conte aquela história de quando você encheu a cara, saiu na mão com dois trombadinhas e acordou no hospital, com soro na veia e sem saber se continuava virgem.

SEJA UM HERÓI NA ESTRADA

Um garoto não precisa ir à guerra para ser um herói; ele pode dizer que não gosta de torta ao ver que não há para todo mundo.

— Edgar Watson Howe

Uma visão familiar a todos que viajaram pelas ruas e estradas desta nação: um motorista desesperado, encalhado na beira da estrada sem as ferramentas ou o conhecimento necessários para consertar seu carro. Você vai passar direto, já que também lhe faltam as ferramentas e o conhecimento? Ou será o bom samaritano, parando para dar-lhe uma força? Todo homem deveria saber como realizar, com confiança, dois consertos básicos num carro: fazer uma chupeta e trocar um pneu. Podem não ser tão dramáticos e façanhudos quanto pular do topo de um prédio para outro num só impulso, mas pode apostar: sempre há de haver alguém grato por sua chegada e salvamento.

COMO TROCAR UM PNEU FURADO

Ferramentas necessárias: estepe, macaco, chave de roda.

1. Estacione o carro numa superfície plana. Não se esqueça de puxar o freio de mão. É também recomendado colocar uma pedra ou bloco no pneu oposto ao pneu furado. Aqui vai um exemplo: se o pneu direito traseiro está furado, coloque o bloco no pneu dianteiro esquerdo;
2. Remova a calota. Caso o carro possua calota, remova-a para que você tenha acesso aos parafusos da roda. Coloque os parafusos removidos na calota, assim como fez o papai em *Uma história de Natal*. Só não vá deixar seu filho brincar com a coisa, se não ele vai perder todos os parafusos. E aí, lascou-se;
3. Afrouxe os parafusos. Pegue sua chave de roda e posicione-a sobre os parafusos do pneu furado. Afrouxe-os girando a chave no sentido anti-horário. Hão de estar um bocado tanto apertados, então será preciso você usar toda sua força de macho. Afrouxe os parafusos dando algumas voltas na chave, mas não os remova ainda! (Figura 3.10)
4. Coloque o macaco sob o carro. Verifique o manual do proprietário para saber onde posicionar o macaco. Ative o mecanismo do macaco até que a ponta de seu braço entre em contato com o assoalho do carro. Verifique se a área escolhida do assoalho é resistente;
5. *Manda bala*! Suba mais o macaco até que a roda esteja alta o suficiente para o pneu ser removido;
6. Remova o pneu. Tire os parafusos da roda. Você provavelmente conseguirá fazer isso com a mão, pois já os afrouxou com a chave de roda. Remova o pneu e coloque-o deitado no chão. Não vai ser legal se

o seu pneu sair rolando por aí na hora do *rush* e criar um engavetamento de trinta carros;
7. Pegue o estepe. Posicione o aro da roda do estepe sobre as cavidades dos parafusos. Depois, pegue os parafusos e aperte-os com a mão até que fiquem firmes na posição;
8. Baixe o carro. Desça o macaco até que a roda do veículo esteja firmemente plantada no chão;
9. Termine de apertar os parafusos. Essas belezinhas precisam estar muitíssimo bem apertadas, para que a roda do carro não saia voando enquanto o carro estiver sendo levado ao borracheiro para conserto. Portanto, precipite sobre os parafusos todo o magno poder do aperto em padrão de estrela, para que fiquem tão presos quanto carrapato na pele. Comece por qualquer porca, e siga esse padrão; (Figuras 3.11, 3.12)
10. Sugira que a pessoa vá à uma borracharia. Estepes não são feitos para percorrer longas distâncias, então será preciso consertar o pneu furado o quanto antes.

Figura 3.10. Afrouxe as porcas girando-as no sentido anti-horário. Faça isso dando algumas voltas na chave de roda, mas não as remova ainda!

Figura 3.11. Use esse padrão de aperto caso tenha uma roda com cinco parafusos.

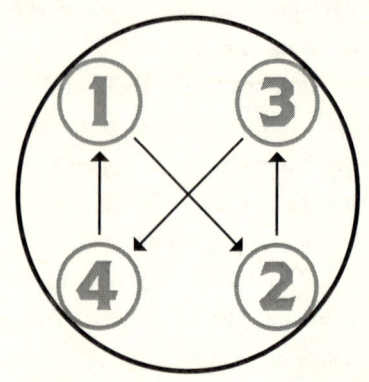

Figura 3.12. Caso seu carro tenha rodas com quatro parafusos, use esse padrão.

COMO FAZER UMA CHUPETA

Ferramentas necessárias: outro carro, cabo auxiliar de partida.

1. Certifique-se de que ambos os carros estejam desligados;
2. Conecte uma das pontas do cabo vermelho (positivo) ao terminal positivo da bateria descarregada;
3. Então conecte a outra ponta do cabo vermelho (positivo) ao terminal positivo da bateria carregada;
4. Conecte uma das pontas do cabo auxiliar preto (negativo) ao terminal negativo da bateria carregada;
5. Então conecte a outra ponta do cabo preto (negativo) a uma superfície de metal limpa e sem tinta sob o capô do carro. Qualquer parte do bloco do motor serve. A menos que você queira ver faíscas voando e um possível *show* pirotécnico às custas do seu carro explodido, não conecte o cabo preto ao terminal negativo da bateria descarregada;
6. Dê partida no carro cuja bateria está carregada e deixe o seu motor funcionando por dois a três minutos antes de dar a partida no carro onde a bateria está descarregada;

7. Remova os cabos na ordem inversa em que os havia conectado;
8. Mantenha o carro que recebeu a carga funcionando por pelo menos trinta minutos a fim de que, dali para frente, a bateria recém carregada possa funcionar sozinha;
9. Dê-se em si próprio um tapinha nas costas por um trabalho de homem bem feito.

COMO FAZER UM CARRO PEGAR NO TRANCO SEM USAR CABOS

Se o carro tiver câmbio manual, você pode dar a partida nele sem usar cabos. Eis aqui como fazê-lo.
Ferramentas necessárias: muito esforço físico, uma descida ou amigos bacanas.

1. Encontre um trecho de descida que esteja desimpedido;
2. Aperte a embreagem até o final e engate a segunda marcha;
3. Vire a chave na ignição;
4. Tire o pé do freio e deixe o carro começar a descer a rua, mantendo a embreagem totalmente pressionada;
5. Continue descendo até atingir de 8 a 12 quilômetros por hora;
6. Tire rapidamente o pé da embreagem. Com isso, você deverá sentir o motor começando a pegar. Se isso não acontecer da primeira vez, pise novamente na embreagem e tente de novo;
7. Caso não haja nenhuma descida por perto, chame alguns amigos para te ajudarem a empurrar o carro e siga os passos acima.

MAYDAY! MAYDAY! ATERRISSE UM AVIÃO NUMA EMERGÊNCIA

A autoconfiança é a essência do heroísmo.
— Ralph Waldo Emerson

Todos nós já pensamos algo assim enquanto estávamos num avião: "E se o piloto, de alguma forma, ficar incapacitado e eu tiver que pousar essa coisa? O que eu faria?". Ou talvez algo mais próximo de nosso panorama atual, como: "E se um terrorista tomar o avião e eu tiver que salvar o dia com um nocaute *à la* Chuck Norris?".

Você é um herói, urra! Mas se o piloto estiver inconsciente, talvez seja preciso pôr o avião no chão. Relaxa, pô. Não é assim tão difícil quanto parece. Basta seguir alguns passos simples e você logo, logo há de estar no solo, são e salvo, para sua coletiva de imprensa e fotografias heróicas.

MANTENHA O CONTROLE DA AERONAVE (ESTABILIDADE E NÍVEL)

Quando chegar ao *cockpit*, se possível sente-se na cadeira da esquerda. Via de regra, é deste lado que se senta o capitão ou comandante da aeronave, e ali você há de ter acesso mais fácil a alguns dos instrumentos necessários à sua pilotagem. Contudo, a maior parte dos aviões de *cockpit* com assentos duplos podem ser pilotados de ambos os lados.

Assim que se sentar, respire fundo e olhe para fora a fim de ver se o avião está em mergulho, se subindo ou fazendo uma curva, etc. Se lhe aparentar estável e nivelado, não toque nos controles de vôo; muito provavelmente o piloto automático já está ativado, e não há por que intervir. Se, contudo, o avião estiver em direção ao solo ou fazendo uma curva acentuada, você terá de usar o manche ou *yoke* (como os pilotos costumam chamá-lo) para forçá-lo de volta a um vôo nivelado. Assim como faria no videogame, puxe o manche a si para que o avião suba, empurre-o para que o avião desça e mova-o para direita ou esquerda a fim de fazer uma curva.

Caso esteja voando em meio a nuvens e não consiga precisar sua altitude, será preciso usar o indicador de altitude, também conhecido como horizonte artificial. Com ele se tem uma representação da posição da aeronave em relação ao solo e ao céu. Se estiver voando em qualquer tipo de jato, é bem provável que a informação lhe esteja sendo mostrada numa tela diretamente à sua frente. O símbolo com formato de w no meio do *display* representa as asas do avião, a parte marrom representa o solo e a azul, o céu. Portanto, um *display* metade marrom e metade azul é a representação gráfica dum vôo nivelado, coisa bastante desejável. Se a informação mostrada no painel é outra, faça as correções necessárias com o manche para alinhar as asas do avião com a linha do horizonte.

FAÇA UMA CHAMADA NO RÁDIO

Após pôr o avião sob controle, o próximo passo é contatar o Controle de Tráfego Aéreo por meio do rádio para explicar a situação e lhes solicitar ajuda. A maior parte das aeronaves possui um botão para ativar o microfone do rádio no manche, geralmente na parte de trás, onde fica o seu dedo indicador ao segurar o manche. O problema é que, no geral, o botão para se desligar o piloto automático também fica no manche. Sem o conhecimento adequado do sistema, desativá-lo inadvertidamente pode levar a um desastre terrível. A alternativa mais segura seria usar o rádio de mão, geralmente posicionado à esquerda do assento do piloto, abaixo da janela lateral. Use-o da mesma forma que você faria com um rádio CB: aperte para falar e solte para escutar.

Tente chamar na freqüência já selecionada e veja se consegue alguma resposta. Diga "*Mayday*" e relate quem é e o que aconteceu. Não se preocupe com a etiqueta da comunicação por rádio; trata-se de uma emergência, então faça uso do bom e velho português, e diga para quem estiver ouvindo que você não sabe o que está fazendo e precisa de ajuda. Mas não soe como quem está em pânico. Afinal de contas, você é um homem e tem o controle total da situação. (Figura 3.13)

Figura 3.13. Tente chamar na freqüência já selecionada e veja se consegue alguma resposta. Diga "Mayday" e relate quem é e o que aconteceu.

Depois de falar, lembre-se de soltar o botão do microfone para escutar. Se ninguém responder, tente mudar a freqüência vhf do rádio para 121.5 mhz (também conhecida como "Guard" e monitorada por qualquer um). A unidade de rádio fica localizada, em geral, no console central, posicionado entre os assentos do piloto e co-piloto ou diretamente à sua frente, no painel central.

FAÇA O QUE LHE DISSEREM

Assim como nos filmes, em seguida várias agências diferentes serão notificadas de sua emergência e especialistas hão de guiá-lo no processo de aterrissar o avião. Eles conhecem a disposição do *cockpit* e poderão dizer-lhe onde está tal botão ou qual alavanca e o que será preciso fazer com eles. Além disso, os especialistas hão de estar trabalhando em conjunto com o CTA para levá-lo a um aeroporto no qual seja possível aterrissar. Desde que você siga as instruções à risca, tudo deve correr bem. A aterrisagem talvez não há de sair aquelas coisas, com elegância e fluidez, mas... Você vai sobreviver.

PONHA-O NO SOLO

Embora muitos dos jatos de hoje em dia sejam completamente automatizados, não se podem aterrissar a si próprios completamente sozinhos. Mas veja só que sorte: de si e por si, conseguem alinhar-se com a pista de pouso, para que você assuma o manche de 15 a 30 metros do solo. O que vai lhe restar para fazer é isto aqui:

1. Levante o nariz da aeronave pouco antes de tocar o solo (puxando o manche na sua direção), para que as rodas traseiras toquem o solo primeiro;
2. Baixe o nariz da aeronave (empurre o manche para frente até que as rodas dianteiras toquem o solo);
3. Ative o reverso até o final;
4. Acione os freios, localizados no topo dos pedais do leme, a seus pés.

Caso perceba que a aeronave está dando uma guinada para fora da pista, manobre com delicadeza o avião pelos pedais do leme, a fim de colocá-lo de volta no centro da pista.

Você aterrissou! Isso é incrível; você agora é o herói do dia! Próxima parada: desfile no carro de bombeiros.

CAPÍTULO IV

O amante

Não é verdadeiro amante aquele que não ama para sempre.

— Eurípides

Nos tempos antigos, supunha-se um trabalho duro por parte do homem quando se tratava de conquistar o amor de uma mulher. Longe de simples objetos sexuais, tinham-se as mulheres na conta de pessoas dignas do melhor que o homem pode oferecer. Estes direcionavam toda sua libido e paixões sexuais ao melhoramento de si mesmos, para que pudessem ganhar o coração de suas amadas. Na Idade Média, viviam os cavaleiros sob o código da cavalaria — vagavam pelos campos, com galanteria protegendo e ganhando os corações de donzelas em perigo. Na Era Vitoriana, os homens buscavam conquistar o afeto das senhoras à força de elaborados rituais como a troca de correspondências, as visitas sociais, os bailes e passeios de carruagem. Quando foram pelejar os homens na Grande Guerra, a lembrança de alguma airosa moça lá na terrinha deu-lhes a muitos a força para suportar as longas e escuras noites nas entranhas de um submarino. Nos anos 50, pedia-se a mão de uma garota em namoro e se lhe dava prova do afeto dando-lhe uma insígnia de fraternidade.

Pulemos cá para os dias atuais. As mulheres não desejam mais ser resgatadas por um homem. O "ficar" suplantou o namorar e o "compromisso sério" foi jogado no latão malcheiroso dos vocábulos embaraçosos, como "amassos e pegação". É claro: não se deve olhar para o passado com nostalgia acrítica. A história pode estar repleta de exemplos de amor romântico, e nem por isto menos maculada pelo pressuposto de que as mulheres eram inferiores. Contudo, ao tentarmos equilibrar por completo as relações entre os sexos acabamos jogando pelo ralo a arte da corte cavalheiresca.

Pergunte a qualquer mulher hoje em dia qual é a sua maior reclamação sobre os homens e sua resposta provável há de ser: não há mais homens de verdade. Só vêem um bando de moleques andando por aí em corpos de homens. Ocorre que estão à procura de um homem que delas cuide; homem que saiba como tratar uma mulher. Estão à cata de homens que tomem a iniciativa num relacionamento e estejam prontos para um compromisso real.

Infelizmente para as mulheres, essas qualidades andam cada vez mais raras. Os homens já não sabem o que é a arte do romance, e ignoram quais sejam as responsabilidades do amor. Sob o disfarce da igualdade, já não fazem qualquer esforço pelo amor de uma mulher. Querem todos os benefícios dos relacionamentos e nenhuma das responsabilidades.

Pode estar a mulher em perfeito pé de igualdade com o homem e, ainda assim, ser tratada com honra, respeito e um romantismo de arrancar suspiros e arroubos. Ainda deveria haver nos relacionamentos hábitos como o cortejar, as tradições românticas e um pouquinho de mistério. Claro: isto pode até soar antiquado e esquisito. Mas com todos os males que assolam os relacionamentos modernos, talvez possamos aprender uma ou duas coisas com nossos antepassados. Lendo cartas e ouvindo histórias de nossos avós, percebemos o quanto eram felizes juntos e quanta afeição tinham uns pelos outros. Quem sabe nós, também, possamos experimentar a felicidade e alegria que resultam de sermos um amante cavalheiresco.

A ARTE DA CAVALARIA

O lema da cavalaria é também o lema da sabedoria; servir a todos, amar apenas um.

— Honore de Balzac

Felizmente, a sociedade deu largos passos em direção à igualdade de gêneros. Já se foram os dias em que as mulheres eram julgadas como propriedades, incapazes do que seja, exceto dos cuidados do lar. Contudo, a referida igualdade veio confundir alguns homens no que toca ao modo educado de se interagir com mulheres. Sujeitos às pencas por aí confundem igualdade com paridade absoluta e tratam as mulheres como se fossem qualquer outro cara.

As mulheres ainda desejam ser tratadas com classe. Portanto, sobressaia-se da multidão dos patifes mulherengos ao praticar a arte — simples, porém eficacíssima — do cavalheirismo.

Aviso: fique atento aos desejos das mulheres. Embora muitas apreciem tais gestos, algumas sentem-se desconfortáveis. Respeite uma mulher que não queira ser tratada com cavalheirismo.

Abra-lhe a porta. Um cavalheiro sempre abre e segura a porta para uma dama. Evidentemente, a regra aplica-se também a portas de carro. Abra-lhe a porta do carro, espere ela se sentar e depois feche a porta. (Figura 4.1)

Carregue um lenço consigo. Um lenço limpo é algo que deve fazer parte do arsenal de todo homem, pronto a ser entregue a uma donzela comovida. Vêm a calhar sobretudo em funerais e filmes tristes.

Recolha itens caídos. Seja um cavalheiro e pegue do chão algo que a senhora porventura deixe cair. Dê uma mãozinha aos camaradas também.

Ande ao lado de uma dama nas escadas. Jamais ande atrás de uma mulher numa escada.

Fique entre ela e a rua. Isso permite que sua dama fique mais longe do tráfego. Ou seja, se alguém tiver que levar uma enxurrada de água da sarjeta, que seja você, não ela.

Figura 4.1. Um cavalheiro sempre abre e segura a porta para uma dama.

Ceda seu assento. Se uma dona chegar à mesa ou entrar no ônibus ou trem e ali não houver assento disponível, levante-se e ofereça-lhe o seu lugar. Igual regra aplica-se aos mais velhos e deficientes físicos de ambos os sexos.

Desça do carro. Quando for buscá-la em casa para um encontro, desça do carro e vá até a porta. Uma buzinada ou ligação de aviso são demonstrações perfeitas de falta de classe.

Apresente-a às pessoas. Sempre que encontrar algum conhecido, faça as devidas apresentações. Assim pode ela participar da conversa, e não ficar com soberba cara de tacho, sem saber o que fazer ou ter o que falar.

Ajude-a a colocar o casaco. Sempre ajude uma dama a pôr o casaco ou sobretudo. É um gesto simples que há de marcá-lo a ferro e fogo como um verdadeiro cavalheiro.

Certifique-se de que ela chegue em casa em segurança. Sempre se ofereça para acompanhá-la até em casa, seja a pé, seja de carro. Caso ela não se sinta confortável, chame-lhe um carro e pague a corrida.

Acompanhe-a até a porta. Quando o encontro chegar ao fim, desça do carro e se ofereça para acompanhá-la até a porta. Não dê por certo que ela o queira. Talvez fique desconfortável. Mesmo que o encontro não tenha sido lá aquelas coisas, desça do carro, abra-lhe a porta e dê boa-noite à senhorita.

Preste atenção ao clima. Se ela estiver com frio, ofereça-lhe seu casaco. Se estiver chovendo, segure o guarda-chuva. Se estiver nevando ou caindo o mundo de tanto chover, faça as vezes de manobrista e vá buscar o carro para que ela não tenha de bater-se contra a fúria elemental.

PARE DE SAIR COM MULHERES E COMECE A CHAMÁ-LAS PARA UM ENCONTRO

Quando solteiro, nem de perto o homem tem o valor que poderia ter se casado. É um animal incompleto. Feito uma tesoura com apenas uma das metades.

— Benjamin Franklin

Ao longo dos últimos anos, muitos observadores sociais notaram que os jovens estão indo menos a encontros. O encontro está sendo substituído simplesmente por "sair" com membros do sexo oposto. Mas encontros são encontros; e saídas, saídas. Não troquemos alhos por bugalhos.

Sair é coisa que consiste em pessoas que se juntam em grupo e fazem coisas juntas. A atmosfera é descontraída e as relações no grupo só de raro em raro vão se alçar para algo além da amizade (ou amizade colorida).

O encontro, por sua vez, consiste em duas pessoas que se comprometem, temporariamente, a se conhecer melhor, e, quem sabe, a engatar um relacionamento sério.

Não há nada de errado em sair, desde que não se pense que as saídas substituam os encontros. O encontro é o caminho para se alcançar o amor verdadeiro. Ora, sendo o amor uma relação entre duas pessoas e só, o bom é você começar a sair a sós com mulheres. Em suma: pare de dar rolês e vá para encontros. Não é nenhum bicho de sete cabeças conseguir um encontro com uma mulher. Abaixo, vão algumas instruções que lhe cairão bem na hora de transformar suas saídas em encontros.

Ela quer que você a convide. A despeito de toda a retórica sobre a emancipação e empoderamento femininos, a verdade é uma só: as mulheres ainda gostam quando um cara as chama para um encontro. Gostam quando o homem toma a iniciativa. Já vi não sei quantas mulheres jovens e bem-sucedidas a lamuriar-se porque nenhum homem as convida para um encontro. São lindas, inteligentes e charmosas — mas não têm um homem. Seja você um homem, honre essas calças e as convide para um encontro.

Convidar é fácil. Não é preciso ser um PhD para chamar uma mulher para um encontro. Contudo, que a coisa seja feita ou pessoalmente, ou pelo telefone. Não seja um fracote bunda-mole, daqueles que cutucam a morena pelo Facebook. Pelo amor. A não ser que queira perder toda a credibilidade logo de cara.

Que o encontro seja simples. Encontros não precisam ser caríssimos ou elaborados demais. Seja simples. Se quiser manter as coisas numa pegada informal, convide-a para um jantar ou café. Caso deseje um encontro mais romântico, prepare um piquenique no parque. O propósito do encontro é ter um tempo a sós com a mulher para descobrir se ela é uma namorada em potencial. Para tanto, prefira sempre os encontros simples e freqüentes.

Esteja preparado para a rejeição. Seja sincero. Nem toda mulher há de aceitar o seu convite. Esteja preparado. O mundo continua girando depois do não. Pense bem: com o seu "não" você não está pior agora do que estava antes de convidá-la. Você não tinha um encontro com ela antes, e não tem agora. Sua situação não mudou.

CONSELHO DE MACHO

A Regra Brad Pitt

Então você decidiu parar de sair com mulheres e começar a chamá-las para um encontro. Meus parabéns. Contudo, os meandros e mecanismos do flerte podem ser traiçoeiros. Uma rejeição aqui e ali fazem parte do jogo, mas nenhum homem quer que isso seja algo habitual. Por sorte, existe uma forma quase infalível de saber se aquela loira da academia está na sua ou não — a Regra Brad Pitt. Funciona assim:

Chame a mulher de que você gosta para um encontro. Ela disse sim? Ótimo, a afeição provavelmente é mútua. Mas e se ela inventar uma desculpa para não ir? Eis a hora de implementar a Regra Brad Pitt.

Imagine que, em vez de você, o próprio Brad Pitt a tivesse convidado para um encontro. Ela daria ao velho Brad a mesma desculpa? Diria ainda que precisa estudar, ou que já tinha marcado um cineminha com os amigos naquele dia? Nem a pau, juvenal. Cancelaria qualquer compromisso e chutaria qualquer bunda para conseguir aceitar o convite do Brad.

Ora, já sabemos que você não é o Brad Pitt. Contudo, uma mulher interessada há de cancelar outros planos de modo a ficar livre para você.

É lógico que existem exceções; ela pode realmente ter um motivo legítimo para não ir ao encontro. Talvez tenha que trabalhar, ou ir a um funeral. Mas se for este o caso — e aqui está o pulo do gato — é bem provável que ela sugira alguma outra hora ou data. Há de ser algo assim: "Neste sábado agora está ruim pra mim; você consegue na semana que vem?".

Se ela soltar uma desculpa e não sugerir um plano alternativo... Meu amigo, você levou um chute na bunda. Ela não está interessada. Não a convide de novo. Se o fizer, o único resultado será muito constrangimento e um duradouro e pungente sentimento de humilhação.

Mas não se preocupe. Como ela não curte o seu charme, não deve ser aquelas coisas todas que você imaginava. Dê seus pulos e cace outra mulher, que seja mais sensível e tenha melhor juízo.

CARAS LEGAIS NÃO PRECISAM FICAR PARA TRÁS

Muitas vezes, quando vê o homem a milésima beldade nos braços do milésimo cafajeste, sente ele uns ímpetos de brandir os punhos contra os céus e se perguntar, em alto, bom e ribombante som, se há neste mundo alguma justiça. "O que raios ela viu nele?", exasperado, rosna nosso herói.

Nosso amigo aí pensa que a raiz do problema são os seus bons modos, como se o bom trato repelisse as mulheres que inexplicavelmente preferem namorar os tranqueiras. Contudo, seu problema não é ser ele um cara legal. O problema é ele ter permitido o seu bom-mocismo descambar em pura e simples esquisitice.

Muito sujeito por aí se vale do seu bom-mocismo como disfarce e acobertamento à sua insegurança. É esta falta de confiança e brios que lhe mata o apelo às fêmeas, e não sua personalidade amigável. Não raro, criam os homens uma falsa dicotomia: ou você é um babacão peito de pombo, ou um bom moço recatado e poltrão. Contudo, existe um meio termo. A combinação realmente desejada pelas mulheres: o cavalheiro extremamente confiante.

BIOLOGIA BÁSICA

Ao longo dos séculos e perpassando as espécies, as diferenças reprodutivas entre homens e mulheres tornaram estas últimas um bocado exigentes quando se trata de escolher um parceiro. O macho precisa sobressair-se do bando para conseguir a atenção da fêmea. Seja um alce a desfilar seu belo par de galhadas, seja um homem das cavernas provando-se um façanhudo caçador, o macho precisa mostrar à fêmea que não é só mais outro zé da esquina na multidão.

Felizmente, para atrair as damas, o homem moderno não precisa pôr como chapéu um penacho de penas de pavão. Cultivar seus talentos, sua confiança e um punhado de habilidades úteis há de surtir o mesmo efeito.

TORNE-SE UM CAVALHEIRO ABSOLUTAMENTE CONFIANTE

Seja um líder que toma decisões, e não um sujeito passivo. Sim, casais são parceiros igualitários em nossa sociedade atual. Sim, com toda a certeza os homens têm de respeitar o ponto de vista das mulheres e um casal deve se empenhar para tomar decisões em conjunto. Contudo, seja sua parceira emancipada o quanto queira: mulher alguma quer ter de "vestir as calças" o tempo todo. Mulher nenhuma quer tomar conta de toda e cada coisinha de nada no relacionamento. Você tem de tomar a frente às vezes. Às vezes, as mulheres escolhem os babacas completos porque estes são no geral o tipo de sujeito que toma a frente das situações.

Seja ambicioso. As mulheres primitivas queriam como parceiro o macho alfa, pois que tinham eles mais probabilidade de lhes prover o necessário. Hoje em dia, talvez você não precise mais provar à sua garota que é capaz de matar a flechadas e lançadas um mamute gigante, mas ainda é preciso mostrar-lhe que você é um macho alfa — ou, ao menos, que está trabalhando para sê-lo. Se você trabalha num escritório, mostre-lhe que está trabalhando para chegar à diretoria da empresa. Se for um bombeiro, diga-lhe que um dia há de ser você o comandante.

Tenha uma habilidade ou *hobby* masculino bacana. Os homens costumam ter um *hobby* ou interesse pelo qual nutrem uma quase obsessão. Tais paixões masculinas são atrativas e intrigantes às mulheres. E não me refiro a ser apaixonado por sua coleção de bonequinhos do *Star Wars*. Refiro-me a você realmente gostar de um estilo musical, a ponto de fazer sua namorada começar a ouvir as bandas que você curte. Estou falando de coisas como marcenaria, gastronomia e tocar guitarra (numa guitarra de verdade, não no *Guitar Hero*). (Figura 4.2)

E não apenas isto: ser louco por algo e fazê-lo bem não só lhe dá ares de um ser único e interessante, como há de fazer sua mulher usá-lo para contar vantagem pra cima das amigas. Lembre-se: as mulheres gostam de sentir que fisgaram um bom partido; homem respeitado pelos seus pares e cobiçado pelas mulheres. Napoleon Dynamite[6] estava certo: as garotas curtem caras com habilidades.

---

6 Personagem principal do filme de comédia de 2004 que leva o mesmo nome — NT.

Figura 4.2. Os homens costumam ter um *hobby* ou interesse pelo qual nutrem quase que uma fixação, e essas paixões masculinas são atrativas e intrigantes para as mulheres.

Tenha confiança completa e inabalável quanto ao seu relacionamento. Uma mulher quer se sentir como se você pudesse ter chegado em qualquer outra do ambiente, mas escolheu ela. Portanto, não me vá ficar pasmado e perplexo porque — ó milagre! — ela acabou saindo *mesmo* com você, ou embasbacado se ela topar algo como um segundo encontro ou um beijo. Não fique o tempo inteiro mostrando-se preocupado quanto a perdê-la.

Aja sempre como se soubesse que ela diria sim e que se apaixonaria por você desde o começo. Você nunca duvidou de nada disso. Ora, você é *o cara* — por que ela não se apaixonaria por você? Não se trata de ser arrogante; trata-se de ser totalmente confiante acerca do que você é capaz de oferecer a uma mulher.

Confie supremamente no seu taco — seja quem você é. Se você for um sujeito mais puxado para o feio, nunca dê a entender que se acha um mal-apessoado. Se for meio excêntrico, aja como se fossem fascinantes suas esquisitices. À guisa de exemplo, contemple o curiosíssimo caso do artista pobretão, feio que dói, esquisito e magro de tanto passar fome. Faltam-lhe a beleza, os músculos e o dinheiro. No entanto, a mulherada não lhe sai do pé porque a) ele tem uma habilidade masculina bacana; b) é misterioso; e c) está completamente confortável sendo quem é e está cagando e andando para o que os outros possam dele pensar. Irradie o fato de você ser completa e totalmente senhor de si.

DÊ FLORES COMO UM CAVALHEIRO VITORIANO

Dar flores a uma mulher é um gesto romântico padrão, utilíssimo para cortejá-las. Contudo, infelizmente a prática tornou-se um clichê meio brega. Em vez de dar flores à sua mulher como qualquer outro zé mané por aí, que tal ressuscitar a tradição vitoriana do dar flores? Isto por certo haverá de infundir uma nova vida ao gesto, ressuscitando algumas das sutilezas, mistérios e divertimentos da corte. (Figura 4.3)

No decorrer da Era Vitoriana, desenvolveu-se toda uma linguagem romântica em torno da entrega e recebimento de flores. Tudo — desde o tipo e tamanho da flor até a forma de segurá-la ou presenteá-la — estava repleto de camadas de significado e era capaz de transmitir as intenções e sentimentos de um cavalheiro. Cada buquê trazia consigo uma mensagem secreta, à qual se aplicava sôfrega a senhora, buscando interpretá-la e interminavelmente dissecá-la.

Sua mulher vai ficar em polvorosa por você ter se aplicado à escolha das flores em vez de simplesmente catar a esmo um buquê na floricultura. A partir daí, há de estar você já no patamar de verdadeiro cavalheiro e romântico inveterado. É claro, hoje em dia a linguagem das flores está enterrada ao lado do latim no cemitério dos discursos mortos. Mesmo na Era Vitoriana, o significado das diversas flores sempre variou de acordo com o tempo e espaço. Portanto, a fim de que funcione a tradição, você e o seu amor têm de estar falando a mesma língua, por assim dizer (imagina só você lhe mandar um buquê como declaração de amor e ela interpretá-lo como um pé na bunda!). Portanto, use a lista de flores abaixo como um guia, e escreva um cartão para colocar junto de suas flores quando for mandá-las à sua dama.

Figura 4.3. Em vez de dar flores à sua mulher como qualquer outro zé mané por aí, que tal ressuscitar a tradição vitoriana do dar flores?

CONSELHO DE MACHO

Significados das flores

Aqui está uma lista com significados parciais para ajudá-lo a começar. Ao segui-la, prepare-se já para ter de reavivar sua dama após o seu nocaute de amor.

Ambrósia — Seu amor é recíproco
Gipsofila (mosquitinho) — Nosso amor é inocente
Camélia, cor-de-rosa — Eu te desejo
Camélia, vermelha — Você é uma chama em meu coração
Camélia, branca — Você é encantadora
Cravo, cor-de-rosa — Eu jamais te esquecerei
Cravo, vermelho — Meu coração dói por você
Cravo, branco — Meu amor é puro
Crisântemo, vermelho — Eu te amo
Narciso — Seu amor não é correspondido
Margarida — O amor tudo pode
Miosótis (não-me-esqueças) — Lembre-se de mim para sempre
Forsítia (sino dourado) — Mal posso esperar para te ver de novo
Gerânio — Eu pisei na bola
Gloxinia — Foi amor à primeira vista
Jacinto, roxo — Eu sinto muito; me perdoe, por favor
Lilás, malva — Você ainda me ama?
Lilás, branca — Você é meu primeiro amor
Lírio de Calla — Você é linda
Prímula — Não posso viver sem você
Rosa, laranja — Penso em você a todo instante
Rosa, cor-de-rosa — Por favor, acredite em mim
Rosa, vermelha — Estou ardentemente apaixonado por você
Rosa, vermelhas e brancas juntas — Estamos unidos em nosso amor um pelo outro
Rosa, branca — Você é divina
Rosa, amarela — Podemos ser amigos?
Ervilha-de-cheiro — Preciso ir; adeus
Tulipa, vermelha — Apaixonei-me por você
Tulipa, amarela — O seu sorriso é como a luz do sol

> Violeta, azul — Hei de ser fiel para sempre
> Violeta, branca — Vamos tentar

QUANDO DAR FLORES

Uma vez já versado na linguagem das flores, você conseguirá criar buquês que hão de trazer significado e propósito a qualquer ocasião. Eis aqui alguns momentos em que você poderá usar flores para aquecer o coração de seu amor:

No aniversário dela. É o dia dela. Torne-o ainda mais especial comprando-lhe um buquê de flores. Não precisa ser nada elaborado demais.

No seu aniversário. Dar um buquê para sua esposa com as mesmas flores que vocês usaram no casamento é uma ótima pedida. A mera visão das flores vai trazer de volta à memória uma enxurrada de ternas e boas lembranças. E você, por ter se lembrado das flores certas, vai fazer o coração dela disparar de felicidade, fazendo-o ganhar muitos pontos no relacionamento.

Dia dos namorados. Muitas mulheres dizem que não querem nada no dia dos namorados. A dizer a verdade, "não quero nada" é um código secreto para "não quero nada acima ou abaixo de flores". Flores são um presente tão óbvio para essa data que elas sequer o mencionam; simplesmente esperam ganhá-lo.

Bebê chegando/Dia das mães. Sua esposa acabou de passar por nove meses de dor e desconforto para dar à luz sua prole. O mínimo que você pode fazer é comprar-lhe flores. Representam elas vida nova, coisa que você vai carregar por aí nos braços. Depois, mostre à esposa o quanto você aprecia seus esforços maternos comprando-lhe flores em todos os dias das mães.

Pedido de desculpas. Se você quiser sair do sofá, junto com o seu pedido de desculpas leve flores. O esforço a mais é uma forma de mostrar à patroa que você realmente está arrependido. Mas o pedido deve ser sincero. Um *buquezão* de flores junto com um *pedidinho* de desculpas fraco ou inexistente é tiro que lhe sairá pela culatra; sua mulher não quer ser comprada com gestos baratos.

Nota: nem se dê ao trabalho de comprar flores se você foi pego traindo. Não há flores suficientes no mundo para disfarçar o mau cheiro de um mulherengo canalha.

Uma data especial. Esteja você namorando ou casado já faz anos, separar um tempo para datas especiais é algo essencial para que o seu amor continue brilhando. Quando for planejar uma saída romântica, coloque flores na sua lista de preparativos. Não existe forma melhor de criar um clima perfeito para uma noite juntos do que chegar na porta dela com um lindo buquê. Não há mulher que não se derreta inteira.

Faça uma surpresa. Quem falou que você precisa de algum motivo para comprar flores para a mulher da sua vida? Faça-lhe uma surpresa! Crie o hábito de dar uma passada na floricultura no caminho de casa, de vez em quando.

TERMINE COM UMA MULHER COMO UM CAVALHEIRO

No mais das vezes, é mais fácil a entrada do que a saída de um relacionamento. Antes de encontrar o amor da sua vida, é provável que você se envolva em alguns relacionamentos que não dêem certo. Talvez descubra que a moça tem valores e objetivos diferentes dos seus. Talvez seus santos não se batam. Você sabe que o melhor para ambos é terminar o relacionamento. Porém: como fazê-lo sem ser um babaca? Ainda que não vá se tornar sua esposa, a garota ainda merece ser tratada com respeito. Portanto, aqui vão algumas sugestões para que você termine com ela como um cavalheiro.

Tome a decisão. Antes de agendar a data para deixá-la a par do término, tenha certeza absoluta de que quer terminar. Uma vez terminado, não tem mais volta. Além disso, certifique-se de contar-lhe o motivo exato do término. Ela merece saber o porquê da separação.
Converse com ela pessoalmente, e antes de qualquer outra pessoa sabê-lo. Um cavalheiro diz a uma mulher que tudo acabou cara a cara. Não o faça por e-mail, não lhe envie um WhatsApp ou use o Facebook. Só um sujeito sacana faria algo assim. Ela merece escutá-lo de você, pessoalmente. Vai ser difícil? Pode apostar que sim. Mas você é um homem, e homens não se esquivam de desafios. Além disso, não diga a seus amigos ou familiares que você vai terminar com a moça antes de falar com ela. Os boatos voam. A última coisa que você quer é a ligação duma namorada confusa e espumante perguntando-lhe por que você a está dispensando.
Escolha um local neutro. Não termine em ambientes familiares, como sua casa, a casa dela ou algum local favorito de ambos. É preciso encontrar um lugar em que os dois possam conversar francamente. A maioria dos homens escolhe restaurantes, mas essa nem sempre é uma boa idéia. Num restaurante, você pode dar a notícia ao início ou ao final da refeição. Qualquer uma das duas escolhas pode trazer desfechos indesejados. Se você optar pelo primeiro cenário, vai acabar sentado em frente a uma mulher irada — o que é compreensível, nesse caso — enquanto come seu bife. Se deixar para o final, é capaz que você mude de idéia. Portanto: vá a uma praça ou cafeteria.
Escolha um dia neutro. Tenha o bom senso de não terminar com ela em datas, ou perto de datas, que sejam emocionalmente significativas. O aniversário de qualquer um dos dois, feriados e — faça-me o favor — o dia dos namorados são datas péssimas para se terminar com uma mulher. Muitas, aliás, vão julgar a coisa um golpe baixo.
Seja honesto e não complique. Não entre a dar uma explicação gigantesca e minuciosa de cada um dos porquês do término. Isto só fará realçar sua imagem de babaca. Conte-lhe, pura e simplesmente, da forma mais diplomática e respeitável que lhe seja possível, o motivo real do término. Como a estas tantas você já saberá a causa

do término, isso não lhe será difícil. A mulher precisa saber o motivo específico da separação. Caso contrário, há de ficar obcecada e por um longo tempo há de sair à cata sôfrega de por que você foi tão vago e covarde quando terminou com ela. Além disso, diga-lhe que a decisão não foi fácil. Isso deve suavizar um pouco a pancada; nenhuma mulher quer sentir que foi simplesmente descartada.

Fique calmo. É bastante provável que sua agora ex-namorada comece a chorar após receber a notícia. Não fique aflito. Seja uma pedra; mas uma pedra simpática. Não há por que perder as estribeiras ou lhe dizer para não fazer um barraco. Isso só vai piorar as coisas. (Figura 4.4)

Figura 4.4. É bastante provável que sua agora ex-namorada comece a chorar após receber a notícia. Não fique aflito. Seja uma pedra; mas uma pedra simpática.

Siga em frente. Uma vez que você lhe der a notícia, feche a porta. Não diga coisas que deixem aberta a oportunidade para o namoro continuar. Por exemplo, não diga "espero que ainda possamos ser amigos". Primeiro, pode ela dar à mulher a falsa esperança de que o relacionamento talvez seja reatado. Segundo, a maioria das pessoas sabe que essa frase é uma baita de uma mentira. É quase tão porcaria quanto dizer, "não é você; sou eu".

COMO SABER SE ELA É A MULHER DA SUA VIDA?

Não há coisa mais nobre ou admirável do que marido e mulher governarem a casa em perfeita concordância de intenções; confundem-se os inimigos, exultam de prazer os amigos.

— Homero

Ora, como saber se você escolheu a mulher certa para se casar? Alguns homens ficam agoniados com a decisão, receosos de que a escolha errada os enfie num casamento sem amor e, conseqüentemente, num divórcio terrível. Contudo, saber se você encontrou a mulher da sua vida não é nenhum mistério. Pode ser ela uma das decisões mais tranqüilas da sua vida. Eis aqui quatro diretrizes que lhe mostrarão se a sua mulher é para casar.

O relacionamento vai bem desde o começo. Os melhores relacionamentos se desenvolvem de forma completamente natural do começo ao fim. O casal se conhece, dá-se bem logo de cara e começa a namorar e se casa. Pronto. O processo de cortejo não é assolado por DRs, quebra-paus freqüentes e um sem fim de términos e reconciliações. Isto não é dizer que o sujeito não se deve casar se tem uma relação algo volátil. Ocorre que a tal volatilidade provavelmente há de perdurar durante o casamento. Se é aceitável ou não, depende de cada homem e de em qual pé julga ele estar o seu relacionamento em termos de solidez.

Ela se dá bem com sua família e amigos. Há exceções a esta regra: sua namorada e um de seus amigos ou familiares podem, simplesmente, ter personalidades muito diferentes. Contudo, se no geral sua namorada não se dá bem com a maior parte de seu círculo social, eis aí um sinal vermelho. Pense nisso: sua família o criou e você se tornou o que é hoje graças a eles. Você escolheu seus amigos baseando-se em interesses e valores em comum. Se ela não gosta deles e eles não gostam dela, pode ser que algo importante sobre a sua namorada lhe esteja passando em branco. O amor não raro nos enuvia a visão e o julgamento. Seus amigos e parentes conseguem observar o seu relacionamento desde fora. Isso não quer dizer que deva terminar tudo só porque seus amigos e família não gostam da moça. Caso tenha certeza do que está fazendo, seja confiante e bola para frente. Mas seria sábio buscar a opinião honesta de outros.

Não há nada de muito sério que você queira mudar nela. Sempre haverá diferenças e conflitos num relacionamento. Agora, se existe algo realmente significativo que você deseja mudar em sua namorada, isso é um alerta. Nos estágios iniciais do relacionamento, com o cérebro mergulhado nas substâncias químicas da paixão, talvez você esteja disposto a ignorar determinada falha ou até achá-la cativante que só. Contudo, após vários anos, quando já apaziguada a chama da paixão, a referida característica pode começar a aguilhoar sua alma. Lembre-se: as pessoas raramente mudam, e o casamento não vai resolver seus problemas como num passe de mágica.

Ela é sua melhor amiga. Atração física e química são, obviamente, essenciais em qualquer relacionamento. Mas no cerne da relação deve existir uma amizade forte e com raízes profundas. Daqui a quarenta anos, vocês dois hão de estar flácidos, enrugados e com a libido lá embaixo. Portanto, quando estiverem velhos e grisalhos o que lhes vai manter de pé o relacionamento será a amizade. Portanto, se você sente que sua namorada é também sua melhor amiga... Olha, há uma boa chance de que ela foi feita para você. Você quer passar o tempo inteiro com ela? Ela torna qualquer programa, desde um jogo de futebol até calcular o imposto de renda, mais prazeroso? Você sente que pode contar-lhe tudo e que ela o conhece melhor do que qualquer pessoa no mundo? Sim? Bem, rapaz, então case com ela!

Figura 4.5. Se você sente que sua namorada é também sua melhor amiga, olha... Há uma boa chance de que ela foi feita para você.

PARE DE ENROLAR E ASSUMA UM COMPROMISSO

Nos últimos tempos, o casamento pegou má fama. Muito marmanjo por aí acredita ser o casamento um arranjo arcaico que lhe rouba a chance de pôr em prática todo o seu potencial. Ainda que não sejam particularmente anti-casamento, os homens de hoje adiam o quanto é humanamente possível amarrar seus burrinhos.

Em geral, os homens esquivam-se do casamento pois acreditam que namorar ou juntar as escovas oferecem todas as vantagens (especialmente o sexo) do casamento sem seus compromissos e responsabilidades. Pois estão enganando a si mesmos. Quase todas as verdadeiras vantagens do casamento (sim, até o sexo) se aplicam somente a casais de fato casados, e não àqueles que simplesmente moram juntos — e certamente não aos que só namoram.

Embora correr precipitadamente a um casamento não seja lá uma atitude muito sábia (é péssima), se você achou seu verdadeiro amor e sabe ser ela a mulher da sua vida, não há por que adiar a noite de núpcias. Por quê? Ora, o casamento oferece benefícios verdadeiramente significativos, que não se encontram em mais lugar algum. Aqui vão seis motivos pelos quais você deve crescer, virar macho e parar de ter medo de entrar na igreja.

OS BENEFÍCIOS DO CASAMENTO

O casamento é nossa última e melhor chance de crescer.

— Joseph Barth

Sexo em maior quantidade e melhor qualidade. Reza a lenda popular que o casamento engessa e sufoca a satisfação sexual. Mas a verdade é que os homens casados estão fazendo mais sexo — e fazendo mais e melhor — que suas contrapartes solteiras: os solteirões que batem cartão todo final de semana na balada, à cata de um rala-e-rola sem compromisso. O sexo entre casados é também melhor do que o sexo entre casais que apenas moram juntos; 50% dos homens casados acham que sua vida sexual é física e emocionalmente satisfatória, comparados aos 38% de casais "ajuntados". O sexo no casamento produz um ambiente de confiança e transparência, permitindo que os cônjuges honestamente expressem uns aos outros suas necessidades e desejos sexuais. O resultado: diversão (se é que você me entende) melhor e mais prazerosa.

Mais dinheiro. Homens casados são homens mais ricos. Eles ganham entre 10 e 40% a mais que homens solteiros. Também recebem promoções com mais freqüência e são mais elogiados por seu desempenho que seus colegas não casados. Os empregadores geralmente vêem homens casados como figuras melhor resolvidas e mais responsáveis do que suas contrapartes solteiras.

Mais saúde. Homens casados são homens mais saudáveis. Mantêm-se saudáveis e vivem mais que seus pares "ajuntados" ou solteiros. Quão mais saudáveis são de fato? Dê uma olhada nestas estatísticas:

- Homens casados contraem menos infecções e sofrem menor risco de ter problemas cardíacos e determinados tipos de câncer;
- É menos provável que homens casados fumem, bebam em demasia e sejam sedentários;
- É menos provável que homens casados sofram de males como dores nas costas, dores de cabeça e problemas psicológicos;
- Os solteiros passam mais tempo em hospitais e sofrem maior risco de morte após passarem por cirurgias;
- Nove entre cada 10 homens casados que estão vivos aos 48 anos, estarão vivos aos 65. Apenas 6 entre cada 10 homens solteiros vivos aos 48 estarão vivos aos 65;
- Via de regra, homens casados vivem 10 anos a mais que homens solteiros. Isso é uma década inteira!

Um sorriso mais largo. Homens casados são mais felizes que seus equivalentes solteiros. Um estudo mostra que 40% das pessoas casadas alegam que estão felizes com suas vidas, contra apenas 25% dos solteiros. O sorriso mais largo talvez em parte se dê porque homens casados fazem mais sexo. Porém, o casamento oferece também companheirismo ímpar e força as pessoas a se comprometerem com algo maior que elas mesmas. Ambos os fatores contribuem à felicidade.

Companheirismo verdadeiro. Existe um velho ditado sueco que diz: "Alegria partilhada é alegria em dobro. Tristeza partilhada é tristeza pela metade". Nada é mais verdadeiro. O casamento significa ter sempre sua melhor amiga por perto. Tudo, desde sua ida à academia até as compras do mês no supermercado, fica dez vezes melhor com a esposa ao lado.

Lá está sua esposa, no meio da madrugada, quando suas preocupações não o deixam pregar o olho; lá está ela quando você sai do trabalho e precisa desabafar sobre as frustrações do dia; lá está para encorajá-lo durante aquele café da manhã antes de sua grande apresentação. Não importa o quão leal seja um amigo, ele não é família. Amigos se mudam, dão-lhe o bolo quando têm um encontro com uma gostosa ou de você se afastam quando a coisa aperta. Você e sua esposa fizeram o voto de permanecerem juntos para sempre; é maravilhoso saber que existe alguém que há de estar a seu lado, não importa o que aconteça.

E, finalmente, saiba que o seu casamento há de ser tão feliz quanto você quiser que ele seja.

Com a taxa de divórcios na casa dos 50%, muitos homens julgam ser o casamento uma escolha de alto risco. Mas o casamento não é uma loteria, nem um jogo de roleta russa. Você não se casa e depois cruza os dedos, esperando não virar estatística. O divórcio não é uma doença que alguns pegam e à qual outros são imunes. Não existe idéia mais errada do que o tal "se desapaixonar". Ninguém se desapaixona. Um ou ambos os parceiros pararam de trabalhar em prol do relacionamento, e no fim desistiram de vez. Tenha certeza absoluta de que escolheu a mulher certa para se casar, alguém que seja tão apaixonadamente comprometida quanto você a fazer o casamento dar certo, e suas chances de ter uma vida feliz a dois serão de quase 100%.

PEDINDO A MÃO DELA EM CASAMENTO

Percebeu que sua garota é a mulher da sua vida e está pronto para o próximo passo? Antes, há um dever que você deve levar a cabo antes de fazer o pedido: pedir ao seu futuro sogro a mão de sua filha. Infelizmente, esta é uma tradição que aos poucos vem morrendo no mundo ocidental. Muitos alegam que o conceito inteiro está mergulhado no sexismo e chauvinismo; idéia que remonta aos tempos nos quais se tratavam as mulheres como mercadorias.

Não, em absoluto. Não se trata de uma transação comercial; trata-se de com humildade pedir a bênção do pai da moça. Quando amarrar o seu burrinho, o casamento há de ser tanto com sua amada quanto com a família da amada. Pedir a bênção de sua família há de fazer esta nova relação começar com o pé direito. Eis aí um gesto profundamente respeitoso, que vai deixá-los a par de suas intenções sinceras e do seu genuíno cavalheirismo.

Contudo, a tarefa definitivamente não é simples; a experiência pode deixar em frangalhos os nervos de qualquer homem. Siga as dicas abaixo, diminua esse bendito *stress*, e talvez o rito de passagem lhe seja suportável, se não agradável.

1. Antes de tudo, converse com sua namorada. Antes de tomar qualquer atitude, certifique-se de que você e sua namorada estejam de acordo em relação a certas coisas. Primeiro, ela está pronta para um compromisso? Ela quer mesmo se casar? Não adianta nada conseguir a bênção do pai e levar um pé na bunda da filha. Segundo, pergunte à sua namorada como ela se sente a respeito de você pedir a bênção do seu pai. Embora tradicionalmente a conversa seja entre homens — o potencial marido e o futuro sogro —, uma mulher moderna talvez queira que você fale tanto com a mãe quanto com o pai. Ou o pai da moça pode já ter falecido, ser um pai ausente ou mesmo abusivo, e ela lhe peça para falar apenas com sua mãe. Se for o caso, honre-lhe o pedido;

2. Tente conhecer o pai dela antes de perguntar. Se possível, tente visitar os pais de sua namorada algumas vezes antes de lhes pedir a bênção. Ter estabelecido já uma relação há de tornar mil vezes mais fácil sentar-se com o pai na sala e lhe pedir a aprovação para você tirar sua filha de casa para todo o sempre. Claro que isso não será possível em todos os casos. Se o for, faça;

3. Converse com ele de homem para homem. Formas de fazê-lo as há tantas quanto há homens, e tudo depende de qual é o tipo de sujeito

com que você estará lidando. Você pode convidá-lo para um restaurante, um bar ou uma cafeteria. Partir o pão juntos pode tornar um pouco mais confortável a situação. Caso isto seja inviável, durante uma visita apenas peça para que troquem umas palavras em particular. Se ele morar muito longe, tente programar a conversa para uma viagem de visita. Quem sabe durante um feriado, por exemplo. Caso isso não seja possível, não há problema em conduzir a conversa pelo telefone;

4. Comece deixando bem claro o que sente pela sua filha. Fale o quanto você a ama e admira. Diga-lhe o quanto ela significa para você. Mencione algumas qualidades específicas que você mais gosta nela. Como ele a criou, os elogios hão de transbordar também para ele;

5. Explique que você quer se casar com a filha dele. Hora de ir ao ponto, direto e reto. Assegure-lhe que você entende qual é o peso do compromisso, e que passar o resto de sua vida com a filha dele fará de você o homem mais feliz do mundo;

6. Prometa cuidar-lhe da filha pelo resto da sua vida. Coloque-se no lugar desse homem. Desde o nascimento da filha, fora ele sua referência masculina. Desde quando era ela um bebezinho de fraldas, lá estava ele. Seu futuro sogro só quer o melhor para sua futura esposa. Quer certificar-se de que está entregando sua garotinha a alguém que vai cuidar dela tão bem quanto ele. Comprometa-se a nunca lhe deixar faltar nada; a sempre honrá-la, respeitá-la e valorizá-la;

7. Peça-lhe a bênção respeitosamente. É o momento de pedir a sua bênção e a mão da moça.

SEU CASAMENTO À PROVA DE TRAIÇÕES

Não é a falta de amor, e sim a falta de amizade que faz casamentos infelizes.
— Friedrich Nietzsche

Todo o seu cavalheirismo, cortejo e romance hão de valer um belo nada se você trair sua esposa e permitir que a vida e o amor que criou lhe escapem pelos dedos: 25% de todos os homens americanos (e alguns estudos apontam números ainda maiores) hão de ter em algum ponto da vida casos extraconjugais. Este um a cada quatro será você? Ou você continuará fiel?

Muitos julgam ser a infidelidade mero acidente de percurso. Que não dá para prever coisas assim; que elas apenas acontecem, inexplicavelmente. Mas a verdade é que os homens tanto conseguem notar a aproximação duma traição quanto podem se prevenir contra ela.

É possível criar um casamento à prova de traições. Vai dar um baita trabalho? Vai. Mas não foi para outra coisa que você se alistou quando decidiu se casar com seu docinho de coco, amigão.

Continue namorando com sua esposa. Estabeleça uma "noite para sair" semanal com sua esposa e torne a coisa uma rotina sagrada. Os encontros não precisam ser extravagantes, mas você vai ter algum trabalho para mantê-los bacanas. Um estudo recente mostrou que uma injeção de novidade nos seus encontros depois de casado pode trazer de volta aquele friozinho na barriga que você sentia lá atrás. Portanto, visite um restaurante novo, tente um *hobby* diferente ou faça uma aula de qualquer coisa com ela.

Foque no romantismo. Toda e qualquer mulher lhe dirá que não é preciso muita coisa para ser romântico. Uns poucos minutinhos são o quanto basta para se escrever uma carta ou e-mail romântico. Flores são fáceis de comprar. Esses pequenos gestos mostram à sua esposa que você pensa nela durante o dia e ajudam a reforçar seu senso de comprometimento.

Seja afetuoso. Estudos apontam que casais afetuosos entre si permanecem juntos. Faça um esforço e comece a ser afetuoso de forma espontânea com sua esposa. Dê-lhe um abraço ou a surpreenda dizendo o quanto a ama. Fique de mãos dadas com ela quando estiverem saindo. Abrace-a de conchinha sem necessariamente convidá-la para o sexo. Esses pequenos gestos ajudam a fortalecer a conexão física da qual toda relação precisa.

Faça sexo regularmente. Muitos homens se afastam de suas mulheres pois ficam entediados com o sexo com suas esposas. É muito fácil cair nisto quando se é casado. A correria e as preocupações são tantas que, no fim do dia, os dois simplesmente estão cansados demais. Mas o sexo com sua esposa é uma prioridade. Não precisa sair praticando o *kama sutra* ou fazendo-a usar calcinhas comestíveis. Apenas faça sexo. Relações sexuais freqüentes com sua esposa irão fortalecer sua atração física e emocional por ela.

Passe um tempo conversando. Encontre um momento do dia para ter uma conversa bacana com sua esposa. Se vocês tiverem filhos, conversem depois de colocá-los na cama. Fale sobre o que fez durante o dia, sobre o que você tem pensado ultimamente e quais são suas esperanças para o futuro. Essas conversas irão aprofundar o vínculo entre vocês dois.

Tenham um interesse em comum. Um dos grandes motivos pelos quais os homens se distanciam de suas esposas é o fato de começarem a encontrar cada vez menos aspectos em comum com elas. Quando o trabalho e os filhos passam a intervir no convívio simples de outrora, menos áreas das suas vidas entrarão em contato.

Evite isso mantendo um *hobby* ou interesse em comum com sua esposa. Faça aulas de dança, treine para uma maratona com ela ou leiam os dois os mesmos livros. Apenas ache algo do qual ambos possam participar juntos e se divertir.

Tenha senso de honra e dever. Lembre-se de que quando casou você fez um voto sagrado de ser fiel à sua esposa. Houve um tempo em que se julgava um cavalheiro pela sua palavra. É uma pena que as pessoas hoje em dia não levem mais essas coisas a sério. Muitas se sentem justificadas quando quebram suas promessas porque as coisas deixaram de ser fáceis e prazerosas. Seja diferente. Seja um homem de honra e integridade.

CAPÍTULO V

O pai

Ser pai é fingir que o presente de que você mais gosta é sabonete de corda.

— Bill Cosby

Ser pai é talvez o trabalho mais másculo que você terá na vida. É um papel que lhe fará recrutar centenas de habilidades e atributos viris. É preciso mostrar liderança, compaixão masculina e força. É preciso saber pescar, construir fortes e até mesmo fazer tranças no cabelo de uma garotinha (fazer tranças é como dar nós de caminhoneiro. É coisa de macho).

O mundo está precisando de bons pais. Estudos mostram que crianças com pais presentes se dão melhor nos estudos, são mais autoconfiantes e têm uma melhor ligação social com seus pares. Meninos que possuem bons relacionamentos com seus pais apresentam menos problemas comportamentais. Infelizmente, nos últimos quarenta anos os homens vêm negligenciando seus deveres paternos. Muitos abandonam suas famílias e deixam as mulheres para criar os filhos sozinhas. Outros, se não as abandonam fisicamente o fazem emocionalmente. Preferem passar o tempo no escritório ou na casa de amigos jogando pôquer do que com seus filhos, envolvendo-se na vida deles. Eis aí, aliás, um dos motivos pelos quais quisemos escrever este livro: com demasiada freqüência, os pais já não transmitem à próxima geração a arte de ser homem.

Não existe manual sobre como ser pai. E é óbvio que não seria possível colocar num livro tudo o que um homem precisa saber para sê-lo. Antes de tudo, este aprendizado são tentativas e erros. Não obstante, aqui incluímos alguns conselhos sobre como começar a jornada, além de outras coisinhas um tanto pertinentes a todos os pais e futuros pais. Que você possa almejar ouvir seus filhos dizerem de você o que Theodore Roosevelt disse de seu pai: "Meu pai foi o maior homem que conheci. Combinava força e coragem com gentileza, ternura e um grande altruísmo. Não tolerava em nós, quando crianças, o egoísmo, a crueldade, o ócio, a covardia ou a mentira". Na qualidade de pai, você é o elo crucial que haverá de transmitir a arte de ser homem aos seus filhos.

CUIDE DE SUA ESPOSA GRÁVIDA

Apesar dos grandes avanços no que toca à igualdade de gêneros, há uma coisa que as mulheres podem fazer e que você nunca poderá replicar: criar um bebê na barriga. Você jamais saberá o que é estar grávido ou dar à luz a sua preciosa prole. Mas isso não quer dizer que você não tenha de ter um papel ativo no processo gestacional. Você e sua esposa são um time, e há muitas coisas que você pode fazer para ser um futuro papai prestativo e solidário.

Responda de forma positiva à notícia da gravidez. Se um bebê não estiver nos seus planos, certifique-se de não receber a notícia de maneira que traia falta de empolgação. Respostas inapropriadas incluem: surtar e derramar lágrimas de agonia, fazer cara de nojo ou perguntar por que ela não tomou anticoncepcional. Sua esposa precisa se sentir confiante e segura de que você há de estar ali, apoiando-a ao longo destes nove meses desafiadores, e que você está disposto a fazer de tudo para ser um grande pai.

Leia livros sobre gravidez. Conhecimento é poder. Quanto mais você sabe a respeito do que se está passando com ela, melhor preparado há de estar para ajudá-la e ter-lhe empatia. Existem centenas de livros sobre esse assunto: escolha o seu. *O que esperar quando você está esperando*[1] é um clássico que pode guiá-lo ao longo de cada uma das etapas da gravidez. (Figura 5.1)

Vá com ela às consultas no médico. Isto serve a três propósitos. O primeiro e mais importante é você mostrar à sua esposa que há de estar ao seu lado durante toda a gravidez. Em segundo lugar, serve para colocá-lo a par de tudo o que se passa na sua gravidez, coisa que o tornará mais apto a ajudá-la. E, finalmente: ver a imagem do seu filho, ainda que sob a forma de um borrão indistinguível numa tela, e ouvir-lhe as batidas do coraçãozinho, farão mil maravilhas para criar desde já um vínculo entre pai e filho. Mesmo que esteja muitíssimo ocupado com o trabalho ou os estudos, tire um tempinho para a consulta no médico.

Ajude-a durante os períodos de enjôo matinal. Os enjôos matinais são, muito provavelmente, a pior parte da gravidez (bem, talvez só não pior do que o trabalho de parto). Atingem cerca de 75% de todas as mulheres grávidas. Sintomas de enjôo matinal podem in-

---

[1] *What to Expect When You're Expecting*, publicado pela Workman Publishing Company, de Heidi Murkoff e Sharon Mazel.

cluir dores de cabeça, sono excessivo e, é claro, sensação de náusea e às vezes vômito. A maioria das mulheres começa a sentir os referidos sintomas cerca de um mês após a concepção, e a coisa persiste até a décima segunda ou décima quarta semana de gestação. Algumas sofrem com enjôos durante toda a gestação. Apesar do nome, não é apenas pela manhã que ocorrem os enjôos. A maior parte das mulheres sente os sintomas ao longo de todo o dia. Para ajudá-la a passar por esse período difícil, tente experimentar diferentes remédios. Introduza novos tratamentos todos os dias e veja o que dá e o que não dá certo. Esteja pronto para sair muitas vezes, aqui e acolá de madrugada, em busca de algo para aliviar os seus males. Aqui vão alguns remédios que lhe poderão ser úteis:

Figura 5.1. Leia livros sobre gravidez. Quanto mais você sabe a respeito do que se está passando com ela, melhor preparado há de estar para ajudá-la e ter-lhe empatia.

- **Suplementos de vitamina B6.** Estudos mostram que suplementos de vitamina B6 podem aliviar os sintomas do enjôo matinal;

- **Pulseiras anti-enjôo.** Consistem elas num elástico com protuberâncias de plástico que aplicam pressão em determinados pontos do pulso. Diz-se que a pressão reduz a sensação de náusea;
- **Refrigerante de gengibre.** O gás do refrigerante pode ajudar com a náusea. E o gengibre já se provou um apaziguador dos sintomas do enjôo matinal. Portanto, o refrigerante de gengibre é um "combo" matinal. A maior parte das marcas não possui nenhum gengibre em sua composição; procure por marcas menos conhecidas ou independentes que usam o ingrediente real;
- **Bolachas.** O problema do enjôo matinal é que a sua esposa não vai sentir muita vontade de comer, mas um estômago vazio só fará piorar-lhe a sensação de mal-estar. Bolachas de água e sal são fáceis de comer e podem afastar a sensação de náusea que ataca pela manhã. Faça com que ela coma algumas bolachas antes mesmo de sair da cama;
- **Chá de gengibre ou hortelã.** Assim como se dá com o gengibre, a hortelã ajuda a reduzir a sensação de náusea associada ao enjôo matinal;
- **Seja flexível.** Alguns alimentos num dia serão intragáveis à sua esposa e, no dia seguinte, a única coisa no mundo que lhes é comestível. Seja flexível e lhe dê apenas o que seu estômago pedir. Esteja pronto a sair e comprar o que ela quiser comer;
- **Mantenha-se limpo.** Mulheres gestantes tornam-se hipersensíveis a odores. Mesmo os cheiros que ela antes apreciava podem agora fazer seu estômago revirar. Então escove os dentes e tome banho todos os dias, pois se não pode ser que ela não agüente tê-lo por perto.

Reduza-lhe o *stress*. A gravidez é um processo física e emocionalmente desgastante. Portanto, não vá perturbar desnecessariamente sua esposa. Faça mais coisas em casa — como limpar, cozinhar e fazer compras — para que ela possa descansar. Contudo, se for fazê-las as faça direito. Arruinar a blusa favorita da sua mulher na máquina de lavar não há de torná-la mais plácida e de bem com a vida.

Seja paciente. A gestação embaralha pavorosamente os hormônios da mulher. Em alguns dias ela vai se sentir fantástica, pisando nas nuvens; noutros, mal você abriu a boca e ela há de querer arrancar-lhe a cabeça fora, e noutros ainda irá chorar horrores sem motivo algum. Seja paciente e entenda serem os hormônios os responsáveis. Mais: seja compreensivo no que toca à sua vida amorosa. Os impulsos sexuais de sua esposa vão ficar completamente desordenados durante a gravidez. Em geral, despencam no primeiro trimestre, elevam-se no segundo e caem novamente no terceiro. Paciência, meu amigo, paciência.

Diga-lhe que ela é linda e que você a ama. Durante a gestação, o corpo de sua mulher há de passar por transformações drásticas. Faça-a saber sempre que você a acha linda e a ama de todo o coração. Afirme sua dedicação inabalável a ela todos os dias.

REALIZE UM PARTO DE EMERGÊNCIA

A chegada do seu rebento ao mundo talvez não espere pelo sujeito de jaleco branco, ou quem sabe as condições climáticas o impeçam de levar sua senhora ao hospital. Homem que você é, esteja pronto para uma tal situação sabendo como realizar um parto. Eis aqui como fazê-lo.

1. Não entre em pânico. Sua mulher está uma pilha de nervos. Ficar olhando para ela com cara de idiota ou sair correndo pela casa feito uma criança não são atitudes que irão ajudá-la. Alivie o seu estresse permanecendo completamente calmo;

2. Avalie a situação. Durante o trabalho de parto sua esposa haverá de sentir, a intervalos espaçados, contrações apertando e relaxando-lhe o músculo uterino. Você saberá ser isto pela expressão de desconforto da sua esposa. Se as contrações estiverem acontecendo a intervalos menores do que dois minutos, o bebê já está a caminho, e é quase certo que você não conseguirá chegar a tempo ao médico. Caso esteja vendo já o cocuruto do bebê, tire o "quase" e fique só com o certo;

3. Chame ajuda. Ter lido algo num livro qualquer ou assistido ao parto da sua cadelinha quando tinha 8 anos de idade não o tornam um especialista em partos. Chame uma ambulância. Mesmo que o bebê nasça antes de a ajuda chegar, ao menos você terá alguém guiando-o pelo telefone; (Figura 5.2)

Figura 5.2. Chame uma ambulância. Mesmo que o bebê nasça antes de a ajuda chegar, ao menos você terá alguém guiando-o pelo telefone.

4. Deixe a mamãe confortável. Por já ter visto incontáveis partos em filmes ou séries de TV, sua primeira reação provavelmente será pôr a mamãe para se deitar de costas. Contudo, essa posição não é a mais confortável ou eficaz para o parto. Caso haja espaço, faça com que ela coloque as mãos nos joelhos. Isto aliviará parte da pressão nas suas costas. Algumas mulheres acham confortável, também, ficar em pé ou agachadas no momento de dar à luz, pois que assim a gravidade vem acrescentar a sua força às contrações. Apenas deixe a natureza ditar o que ela fará. Se a mamãe estiver numa dessas posições verticais, fique de olho para que o bebê não saia e caia em queda livre. Caso não haja espaço (digamos, no banco traseiro de táxi), a tradicional posição de costas há de ser suficiente;

5. Limpe-se e prepare a área do parto. Não vá correr o risco de causar uma infecção na mãe ou no bebê porque fez o parto com as mãos sujas. Lave as mãos e os braços com água quente e muito sabão antibacteriano. Com o parto criam-se sujeiras; certifique-se de pôr lençóis limpos ou a cortina da sua banheira embaixo da mãe. Você também vai precisar de toalhas limpas à mão para limpar e embalar o novo membro da família. Se estiver num táxi, use sua camisa;

6. Observe e acompanhe. A natureza é fantástica. Por boa parte do tempo, o bebê não precisa lá de muita ajuda para chegar ao mundo. Evite ficar a cada dois segundos dizendo à sua esposa para empurrar e respirar. Isso só vai estressá-la e fazer com que ela empurre quando não deveria. Deixe que ela empurre quando estiver à vontade para fazê-lo. Quando a cabeça do bebê sair da vagina, ele vai se virar para um dos lados. Isso é totalmente normal. Ele ou ela está apenas tentando ficar na melhor posição para sair. Somente coloque sua mão sob a cabeça do bebê e guie-o gentilmente para fora. Não tente apressar a coisa e puxar o bebê. Apenas guie, de forma gentil, os ombros para fora, um por vez. Prepare-se para receber o bebê; eles são escorregadios!

7. Limpe o bebê. Pegue uma daquelas toalhas de que já falei e com delicadeza limpe o bebê, tirando-lhe do corpo todos os fluidos e sangue. A limpeza também serve como estímulo para ele começar a respirar. Limpe quaisquer fluidos de seu nariz e boca. Caso tenha um canudo, use-o para sugar os fluidos do seu narizinho; basta inserir-lhe a coisa nas narinas e pôr o dedo sobre sua outra ponta. Não é preciso segurar o bebê de cabeça para baixo e bater no seu traseiro. Já não se faz mais isso. Apenas ponha o bebê sobre a barriga da mamãe, pele com pele, e cubra-o com uma toalha ou camisa;

8. Não corte ou amarre o cordão umbilical. Deixe que um profissional treinado faça isso;

9. Retire a placenta. Cerca de quinze a trinta minutos após o nascimento do bebê, a mãe há de expelir a placenta, o invólucro em que o bebê ficou mergulhado pelos cinco meses anteriores. Quando vir a placenta começando a sair, não a puxe ou tente fazê-la sair mais rápido; apenas deixe-a escorregar para fora naturalmente. Caso isso não aconteça, você pode massagear o abdome da mãe para ajudar no processo;

10. Procure ajuda médica imediatamente. A essa altura a ambulância já deverá ter chegado. Caso contrário, leve a mãe e o bebê para o hospital assim que possível para que os médicos cuidem do cordão umbilical e examinem tudo;

11. Parabéns! Você é pai. E nem teve que ferver água!

TROQUE UMA FRALDA

Um bebezinho recém-nascido é uma máquina de cagar e mijar. Você há de ficar assombrado com a prodigalidade evacuatória de uma coisinha daquele tamanho. Já se prepare para ter de trocar as fraldas do seu recém-nascido a cada duas horas. São doze trocas num único dia de 24 horas! Cacetada! Conforme o bebê fica mais velho, vão se escasseando as trocas — mas você ainda estará rodeado de fraldas por todos os lados. Infelizmente, a ciência ainda não criou um bebê autolimpante, de modo que cabe a você e à patroa a tarefa de limpar o seu pequeno campeão/princesa e manter sob controle a linha de produção fecal e urinária. Se você estiver no trabalho enquanto sua esposa fica em casa, ela provavelmente será sobrecarregada no quesito troca-fralda; uma fralda suja não espera por ninguém. Contudo, sempre que você estiver em casa será preciso pôr um prendedor no nariz e botar as mãos à obra.

1. Avalie o estrago. Caso sinta um cheiro estranho, saiba que é hora de trocar a fralda de seu pequeno fazedor de cocô. Quando for verificar os danos, esteja preparado para tudo. Pode ser que você encontre tanto uma pepitazinha de nada quanto uma tragédia homérica transbordando para fora da fralda. No caso da última, a melhor coisa a se fazer é colocar o bebê na banheira, para que você possa limpá-lo mais facilmente;

2. Esteja com tudo à mão. Pegue uma fralda limpa e cinco ou seis lenços umedecidos. Deposite-os ao lado do bebê;

3. Coloque sua máscara de gás e se aprume. Se o seu bebê for alimentado com fórmula, esteja pronto para enfrentar um cheiro nauseabundo de arrepiar os cabelos e enuviar as faculdades d'alma. Caso seja amamentado no peito, o cheiro não é tão insuportável. Se o rebento for um menino, é sempre uma boa idéia virá-lo de lado, a menos que queira ser batizado pela sua mangueirinha na Igreja da Correnteza Amarela;

4. Solte a fralda suja e levante o bumbum do seu bebê. Para levantar-lhe o bumbum, segure-o pelos tornozelos e delicadamente levante os seus pés para o alto. Use alguma parte limpa da fralda suja para limpar o excesso de cocô do seu traseirinho;

5. Limpe. Com o bumbum de seu bebê para o alto, pegue um lenço umedecido e comece a limpar da frente para trás. O movimento de limpeza executado nesse sentido reduz a chance de que alguma bactéria se aloje na genitália do bebê, o que pode causar uma infecção em seu trato urinário. Certifique-se de não deixar nada sem ser limpo. Então, com os pés de seu bebê ainda para o alto, remova a fralda suja;

6. Feche a fralda suja e jogue-a fora. Enrole bem a fralda que carrega o lixo tóxico e os lenços umedecidos usados. Use-lhe as abas a fim de prender o pacote. Jogue a fralda suja na lixeira;

7. Coloque a fralda nova embaixo de seu rebento. Para que uma fralda funcione corretamente, há que se posicioná-la corretamente. Caso esteja ao contrário, a sujeira para você limpar será maior da próxima vez. A parte traseira da fralda é a que possui as abas adesivas. Deite sobre ela o seu bebê;

8. Procure por assaduras e trate-as, caso haja. Se o seu bebê fica assado com as fraldas, aplique-lhe uma pomada;

9. **Deixe seco.** A fim de evitar assaduras, certifique-se de que o bumbum do seu bebê esteja sempre sequinho. Talvez você pense que uma boa dose de talco seja o ideal para a situação, mas não é. O talco pode causar problemas no pulmão de seu bebê caso ele o inale. Em vez disso, tente maisena;
10. **Traga a parte frontal da fralda para cima e grude as abas.** Aperte as abas o suficiente para que a fralda não escorregue, mas não aperte demais para não cortar a circulação de sangue das pernas de seu bebê. A maior parte das fraldas descartáveis possui uma espécie de franja em volta da abertura para as pernas. Certifique-se de deixá-las para fora, ou sofra com problemas de vazamento;
11. **Cumprimente o seu bebê.**

AQUIETE UM BEBÊ QUE ESTÁ CHORANDO

Ser um grande pai é como se barbear. Não importa o quão bem você se barbeou hoje, vai ter de fazer tudo de novo amanhã.

— Reed Markham

Antes de se tornar pai de primeira viagem, é bem provável que você ficava a imaginar a paternidade de forma idílica, com você segurando nos braços um pequerrucho sempre sorridente, fofinho e encantador. Mas, quando são 3 da manhã e o seu bebê pela milésima vez o acorda com um choro supersônico, a realidade do que é ser pai lhe dá um soco na boca do estômago. Você caminha até o berço, olha para baixo e se pergunta: "Tirando jogá-lo pela janela, de que outro jeito eu posso fazer essa criatura ficar quieta?". Com um pouco de prática e alguns conhecimentos, você será capaz de acalmar os urros estrondosos do seu bebê. Assim, você e sua esposa poderão dormir um pouco mais à noite e, durante o dia, conseguirão manter-se mais sãos.

POR QUE ESSE BEBÊ ESTÁ CHORANDO?!

Embora muitas vezes pareça ser o caso, no geral os bebês não choram só por chorar. Choram quando precisam de algo. Eis a única forma de comunicação de que dispõem ao longo do primeiro um ano e meio. Portanto, o primeiro passo para aquietar seu bebê é decifrar-lhe a causa do chororô.

Após conhecer um pouco melhor o seu bebê, talvez você consiga notar diferenças sutis entre os choros, indicativas de causas diversas. Até alcançar este grau de familiaridade, descobrir a causa do incômodo na sua maquininha de berros é coisa que se há de dar na base da tentativa e erro.

Abaixo, incluímos algumas razões comuns pelas quais um bebê chora e o que se pode fazer para remediar o problema.

Com fome. Se seu bebê acabou de acordar e está com a fralda cheia, quase certo é que sua barriguinha está vazia. Entregue-o à mamãe ou dê-lhe a mamadeira.

Cansado. Se em meio aos choros de seu bebê há vários bocejos, o pequeno provavelmente está cansado. Deite-o para que ele tire um cochilo.

Desconfortável. Assim como você, seu bebê sente frio e calor. Diferentemente de você, seu bebê não consegue ajustar o termostato ou tirar a fralda. Ademais, ficar sentado ou deitado na própria urina e fezes não é uma coisa lá muito confortável. Caso esteja muito calor ou muito frio, ajuste a temperatura. Se seu bebê sujou a fralda, troque-a.

Doente. Quando seu bebê está doente, o choro no geral vem com uma nota de lamúria. Verifique se ele não está com febre ou outros sinais de doença, e caso os sintomas sejam sérios, ligue para o seu médico.

Muito estímulo. Às vezes, as coisas ficam por demais frenéticas para o seu bebê. O útero era um localzinho bastante sem graça, de modo que o cérebro do bebê só consegue lidar com uma quantidade limitada de estímulos. Leve o pequenino para um lugar tranqüilo e deixe-o ficar relaxado.

Solidão. O mundo é um lugar imenso e confuso para o seu bebê. Se ele acordar e não houver nenhum familiar por perto, é provável que comece a se sentir só. Ele não é capaz de buscar consolo ouvindo *The Cure*. Portanto, no começo pegue-o no colo e fique com ele. Depois, gradualmente vá ensinando-o a se acalmar indo buscá-lo com cada vez menos freqüência, para que ele se acostume a chorar um pouco, e depois dormir.

Agitação. Se o seu bebê é algo irrequieto, ponha-lhe uma chupeta na boca ou bote uma música calma para tocar. Alguns pais logram bons frutos levando seus pequenos para uma voltinha de carro. Qualquer um que já tenha pegado uma estrada sabe que o automóvel em movimento tem um quê de útero.

CONSELHO DE MACHO

E se meu o bebê sofrer com cólicas?

Se o seu bebê continua a abrir um berreiro a despeito do que você faça, é provável que esteja com cólicas. Bebês com cólica podem chorar de forma recorrente, previsível e intensa por várias horas. Podem ademais fechar as mãozinhas e balançar as pernas. Para aquietá-los, é preciso um plano de ataque. Cá está o seu:

Enrole-o como um charuto. Pegue um cobertor e com ele envolva o seu bebê, como se o pequerrucho fosse um burrito. Com isto ele se sentirá aquecido e seguro. O feijão e a salsa são opcionais. (Figura 5.3)

Figura 5.3. Pegue um cobertor e com ele envolva o seu bebê, como se o pequerrucho fosse um burrito. Com isto ele se sentirá aquecido e seguro.

Balance o bebê. Balance gentilmente o seu bebê. Caso seus braços fiquem cansados, fortaleça-os fazendo flexões. No meio tempo, deixe a tecnologia trabalhar por você e ponha-o numa daquelas cadeiras de balanço automáticas para bebês.

Crie algum ruído branco. Sim, é contra-intuitivo: contudo, muitos bebês precisam de algum barulho para dormir. O útero era um bocado barulhento, com todo aquele vaivém de fluidos balouçantes. Enquanto balança seu bebê, faça um som de "shhhhh". Se isso não funcionar, tente ligar o aspirador de pó ou coloque o bebê perto da secadora de roupas. Você também pode levá-lo a um passeio de carro à noite. Aproveite a viagem e dê uma passada no Mc Donald's.

Dê-lhe a chupeta. Chupar algo pode trazer conforto ao seu bebê. Meta uma chupeta na boca dele e deixe que esse mágico mamilo de plástico acalme-lhe o choro maníaco.

EQUILIBRE TRABALHO E FAMÍLIA

Quando se está a falar de prazer e encanto infatigáveis, uma casa cheia de crianças, desde que se conduzam razoavelmente bem as coisas, faz empalidecerem e se apequenarem todas as demais formas de sucesso e realizações.

— Theodore Roosevelt

Lá nos tempos do seu avô, o que se esperava de um homem era o pão na mesa; supunha-se sua ausência no departamento de criação dos filhos. Hoje em dia espera-se que o homem seja tanto o provedor quanto um pai enormemente participativo. As duas demandas são capazes de exaurir até o mais forte dos homens. Aqui vão algumas sugestões para ser um guerreiro corporativo e, ao mesmo tempo, um super-pai.

Faça jantares em família. Estudos mostram que crianças com famílias que fazem as refeições juntas se saem melhor na escola e têm menos probabilidade de caírem nas drogas. Esteja em casa todo fim do dia para jantar com sua família. Se para isto tiver de chegar no trabalho um pouco mais cedo pela manhã, então que seja. Durante as refeições, pergunte sobre a vida de seu filho. Se chegar em casa cedo o suficiente, prepare a janta com ele.

Leve cada um de seus filhos para sair uma vez por mês só com você. Estipule, todo mês, um dia para sair com cada um de seus filhos. Leve-os para sair individualmente e faça algo de que gostem. Aí está uma ótima forma de ter um tempo a sós com cada um deles e se assegurar de que o ciúme entre irmãos permaneça vivo.

Limite seu trabalho nos finais de semana e feriados. Tente devotar o seu tempo livre à família. Sim, você ainda tem tarefas de casa a cumprir e saídas a fazer para se preparar para a semana que bate à porta — mas pode matar dois coelhos com só uma cajadada e botar os seus filhos para realizar algumas tarefas.

Use as suas férias. Muitos americanos estão trabalhando como condenados, e usufruindo cada vez menos de suas férias. Não seja um desses caras. Use suas férias e leve a família para uma viagem de carro, ou acampe com o pessoal. Não leve o seu laptop nem o celular corporativo. Suas férias em família se tornarão uma das melhores lembranças de seus filhos. Não os prive desta experiência sendo um viciado em trabalho.

Tire um dia para levar seu filho para o trabalho com você. Com isso você terá uma bela oportunidade de reforçar seus laços com ele. Além disso, seu filho vai poder ver o que o pai faz todos os dias e entenderá melhor por que você não pode estar em casa o tempo todo.

Esteja presente em todas as atividades de seus filhos. Mesmo que isso signifique levar trabalho para fazer durante o intervalo do jogo de futebol de seu filho, pelo menos você esteve lá. Significa muito para o guri vê-lo nas arquibancadas, torcendo por ele.

Programe, todas as semanas, uma noite em família. E torne a data inegociável. Agende todo o resto de seus compromissos para outros dias da semana. Jogue jogos de tabuleiro, assista a um filme ou vá tomar um sorvete.

Coloque seus filhos na cama e leia-lhes um livro. Horário de dormir não foi feito só para as criancinhas pequenas. Mesmo quando seu filho estiver maior, transforme a leitura na cama numa tradição. Conforme ele cresce, você pode passar de *Uma lagarta muito comilona* para *A ilha do tesouro*. (Figura 5.4)

Figura 5.4. Horário de dormir não foi feito só para as criancinhas pequenas. Mesmo quando seu filho estiver maior, transforme a leitura na cama numa tradição.

CRIE FILHOS RESILIENTES

É mais fácil criar crianças fortes do que consertar homens deformados.

— Frederick Douglass

Não é difícil notar, hoje em dia, que as crianças estão se tornando menos resilientes na exata medida em que mais perdidas sobre como sobreviver no mundo real. Há uma proliferação de moleques birrentos que choram quando não conseguem o que querem e pensam que têm direito de gozar de todos os confortos do mundo sem levantar um só dedo. Como pai, cabe a você evitar que o seu filho se torne um belo de um babaca mirim. Eis aqui seis formas pelas quais os pais poderão criar filhos fortes, resilientes e independentes.

1. Dê-lhes alguma independência. As crianças não podem se afastar quinhentos metros de casa hoje em dia sem que seus pais fiquem preocupados com sua segurança. Essa cultura de superproteção obsessiva foi perpetrada pela mídia. Enquanto os noticiários vinte quatro horas e pessoas como Nancy Grace[2] regurgitam histórias de seqüestros vez após vez, o mundo fora de seu castelo suburbano começa a parecer cada vez mais ameaçador. Contudo a realidade é muito diferente do que a mídia conta. A chance de seu filho ser levado por um estranho é de mais de um em um milhão, e 90% dos casos de abuso sexual são cometidos por alguém que a vítima conhece. É muito mais provável que seu filho morra na SUV que você usa para buscá-lo na escola do que se você deixá-lo voltar a pé para casa.

Portanto: não mime os seus filhos, mantendo-os trancados dentro de casa a sete chaves e deixando-os sair apenas quando você os puder vigiar. Você há de esmagar o seu desenvolvimento e senso de independência. Ensine seus filhos a ficarem fora de encrencas e longe de estranhos, e depois solte-os no mundão para que andem de bicicleta, perambulem pela vizinhança e vão para a escola sozinhos.

2. Deixe-os fazer coisas irresponsáveis. Tudo hoje em dia é à prova de crianças — isto é dizer, à prova de diversão. Você tem ido a algum parquinho ultimamente? Percebeu algo faltando? Gangorras, carrosséis e até balanços se estão escasseando quase a ponto da extinção, substituídos por uns brinquedos de plástico colados ao chão, que fazem mais dormir do que qualquer outra coisa. Alguns parquinhos têm até placas onde se lê "não corra". E não estou brincando. Embora em grande parte se possa creditar as mudanças aos governantes, preocupados com acidentes, os pais são igualmente culpados por tentar limpar o caminho de seus filhos de qualquer perigo. O que não lhes entra na cabeça é que pôr seus filhos numa bolha protetora é protegê-los, de fato, no curto prazo, porém deixá-los vulneráveis a longo prazo. Só se aprendem algumas lições sobre segurança na marra. Se as crianças não aprendem a lidar com situações perigosas

---

2 Jornalista televisiva norte-americana — NT.

enquanto crescem, quando finalmente saírem do ninho talvez não possuam as habilidades necessárias para lidar com o mundo real.

3. Não seja o melhor amigo deles. Muitos pais hoje em dia esforçam-se o quanto podem para que sejam os melhores amigos dos seus filhos. Tome nota: não é assim que se cria uma criança. Os pais querem crer que podem ser os amigões de seus filhos, já que estes gozam de uma relação tão saudável e íntima. A verdade é que os pais querem ser amigos dos filhos porque morrem de medo que as crianças não gostem deles. Ocorre que a paternidade não é um concurso de popularidade. Ser um pai de verdade significa às vezes estipular regras; e muitas vezes o seu filho não irá ficar nem um pouco feliz. Embora o amor mais rígido possa ser algo doído para pai e filho no curto prazo, no longo prazo traz ele benefícios incontáveis. As crianças não precisam de um amigão; precisam de uma figura de autoridade. Lá no fundo, realmente *querem* que alguém lhes imponha limites e ordem. Melhores amigos são iguais; pais e filhos, não. Caso insista em ser o melhor amigo de seu filho, há de chegar o dia em que você tentará se impor e mostrar quem é que manda. Mas aí já será tarde demais. O guri vai se sentir à vontade para não dar ouvidos aos seus conselhos e ordens — assim como faria com qualquer amigo seu. (Figura 5.5)

4. Não fique do lado deles logo de cara. Ainda que seja natural que pensemos o melhor de nossos filhos, não os defenda sempre que alguém os criticar. Professores e amigos no geral não têm razões escusas quando lhe contam um caso de mal comportamento de seu filho. Observadores externos que são, quem sabe não possuam uma perspectiva valiosa sobre algum detalhe do seu filho que lhe havia passado desapercebido, e precisa ser consertado? Seu filho precisa conquistar sua confiança, assim como qualquer outra pessoa. Não lha dê de graça.

5. Se quiserem ter as coisas, ponha-os para trabalhar. Se desde cedo às crianças não lhes são dadas responsabilidades e trabalho, fica mais difícil incutir-lhes ética quando ficam mais velhas. Será um desserviço enorme você lhes comprar toda e qualquer coisinha que quiserem. Claro, é mais fácil comprar-lhes o brinquedo de cinqüenta pilas só para que eles fiquem quietos. O seu único resultado é condicioná-los à idéia de que podem ganhar o que quiserem — desde que se ponham a chorar e berrar o suficiente.

Figura 5.5. Ser um pai de verdade significa às vezes estipular regras; e muitas vezes o seu filho não irá ficar nem um pouco feliz.

Pondo-os para trabalhar a fim de conquistar o que desejam, você há de lhes estar ensinando habilidades essenciais, levadas por eles vida afora. Não só pegarão gosto pelo trabalho como aprenderão algumas lições valiosíssimas sobre educação financeira, responsabilidade e iniciativa.

No início da primeira metade do século XX, as crianças trabalhavam 60 horas semanais em fábricas e minas de carvão. Conquanto fosse deplorável a situação, vê-se por ela que as crianças são capazes de assumir tarefas bem maiores do que as que seus pais hoje estão dispostos a lhes conferir. Talvez não precisem mais quebrar pedras de ardósia, é verdade. Contudo, podem ao menos limpar o banheiro e cortar a grama do jardim.

6. Não os elogie indiscriminadamente. Para quê serve um prêmio se qualquer um pode ganhá-lo? Qual é o propósito de se esforçar para ser o melhor, se todos são recompensados igualmente? Em tais situações, esvaziam-se de sentido e peso os elogios, e isto não menos para os que de fato fizeram por merecê-los. Todo pai acredita que seu filho é especial; isso é natural. Mas se você entra a soterrá-los sob uma avalanche de encômios e elogios e glorificações despropositados, isto só fará debilitá-los. Elogios indiscriminados ensinam-lhes que elogios não se conquistam; que são eles algo de que têm o direito de usufruir, pura e simplesmente. E aí, pode dar adeus à sua competitividade. Crianças assim crescem achando que podem fazer toda e qualquer coisa imaginável — e fazê-las melhor do que todos. Na vida adulta, tornam-se indivíduos irrequietos no trabalho, sempre incertos sobre qual campo profissional seria o mais adequado para seus talentos "infinitos".

Mas a verdade é que há certas coisas que fazemos bem, e outras que fazemos mal. Se você elogiar absolutamente tudo o que seus filhos fizerem, lhes será mais difícil distinguir quais são suas verdadeiras habilidades e pontos fortes. Então, em vez de elogiá-los indiscriminadamente, restrinja e foque seus louvores a conquistas específicas. Por exemplo, diga, "você fez um ótimo trabalho em sua prova de matemática", e não "você é tão inteligente e maravilhoso!".

ENSINE O SEU FILHO A ANDAR DE BICICLETA

Aprender a andar de bicicleta é um rito de passagem pelo qual toda criança deve passar. Embora o caminho para o domínio dessa prática seja, via de regra, repleto de cotovelos machucados e joelhos ralados, essa é uma habilidade da qual eles jamais se esquecerão. Enquanto pai deles, cabe-lhe a honra de guiá-los por um dos rituais de passagem mais importantes dos subúrbios. Veja a seguir como lhe é possível deixar os seus filhos preparados para experimentar a mais espetacular sensação de liberdade que uma criança de seis anos pode sentir: pedalar para longe de seus pais.

Inicie-os na prática cedo, com um triciclo. Compre um triciclo para seu filho quando ele ainda for bem novinho. Essa máquina há de ensinar-lhe duas importantes habilidades para a pilotagem de bicicletas: condução e pedalagem. O bacana dos triciclos é que eles podem ser usados dentro de casa, o que significa que seu filho pode praticar essas habilidades na segurança de seu piso de madeira (a mamãe aprova).

Promova-o às rodinhas laterais. Uma vez que seu filho tenha dominado a condução e a pedalagem, está na hora de atualizar o seu maquinário e comprar-lhe uma bicicleta com rodinhas. As rodinhas laterais permitem que ele aprenda outras duas habilidades adicionais: equilíbrio e frenagem. Encontre uma bicicleta que lhe seja apropriada à altura e nela acople as rodinhas laterais. O segredo para o uso eficaz das rodinhas está no seu ajuste gradual de altura. Quando a criança estiver começando, coloque as rodinhas num ângulo em que elas fiquem em constante contato com o solo. Desse modo você dará estabilidade total para o seu aprendiz. Então, conforme ele fica mais confortável na bicicleta, aumente o ângulo das rodinhas em relação ao solo. Isso permitirá que a bicicleta balance de um lado para o outro, ajudando seu filho a aprender a se equilibrar.

Hora de se virar sozinho. Quando você achar que seu filho já dominou o equilíbrio e a frenagem, então será hora de tirar as rodinhas laterais e deixá-lo andar na marra. Tem-se aí um grande passo: seja empático, mas firme. Vá a um local plano, com bastante espaço. Um estacionamento vazio calharia muito bem. Ponha um capacete no guri, e lhe projeta a cabecinha dura. Faça-o se sentar na bicicleta e segure o selim. Diga-lhe para começar a pedalar. Corra ao seu lado, sem soltar o selim. Diga algumas palavras de encorajamento e lhe diga para continuar olhando para frente. Quando sentir que ele está equilibrado, solte o selim. A fim de evitar que ele entre em pânico e possa acabar levando um tombo, não avise quando for soltá-lo. (Figura 5.6)

Figura 5.6. Ponha um capacete no guri, e lhe projeta a cabecinha dura. Faça-o se sentar na bicicleta e segure o selim. Diga-lhe para começar a pedalar. Corra ao seu lado, sem soltar o selim.

Fique atento aos freios. Talvez seu filho não tenha problemas para pôr a bicicleta em movimento; mas talvez tenha para conseguir freá-la. Não é má idéia ficar a seu lado para ajudá-lo com a frenagem, caso seja necessário. No fim das contas, claro, isto é algo que ele próprio terá de aprender — ainda que tenha de levar alguns tombos.

Administre primeiros-socorros quando necessário. Se o seu filho levar um tombo depois que você soltá-lo, antes de mais nada reprima qualquer ímpeto de soltar uma gargalhada. Depois, vá verificar se ele não se machucou. Caso não veja nenhum machucado sério ou algum osso quebrado, dê uma limpada nele e coloque-o de volta na bicicleta. Se ele sofrer alguns ferimentos de guerra, leve-o para dentro de casa e faça um curativo.

Coloque-o de volta no cavalo. É importante que você encoraje seu filho a voltar para a bicicleta; deixar que ele fique remoendo o tombo só fará aumentar seu receio em sair de novo. Repita aquela sábia frase do *Batman*: "Por que nós caímos, Mestre [insira o nome da criança aqui]? Para que possamos aprender a nos levantar". Depois de colocar o seu filho no clima, repita o processo acima até que ele consiga se virar sozinho.

Se seu filho ou filha ainda assim se recusa a voltar para o selim, ponha-o para assistir a filmes inspiradores que mostram o mundo de possibilidades que uma bicicleta pode abrir a uma criança: *E.T: O extraterrestre* ou *Os Goonies*, por exemplo. Isso vai fazê-lo voltar para a bicicleta, à cata de tesouros, num piscar de olhos.

CONSELHO DE MACHO

Faça tranças no cabelo da sua filha

A mamãe está fora da cidade ou, quem sabe, você é um pai solteiro. O que você vai fazer quando sua filha lhe pedir para fazer uma trança no cabelo dela? A tarefa soa dificílima. Contudo, depois de levá-la a cabo algumas vezes você ficará fera na coisa. Eis aqui como fazê-lo:

1. Certifique-se de que o cabelo dela esteja escovado. Se alguns fios estiverem emaranhados, a tarefa será quase impossível. Dê-lhe uma escovada para que isso não aconteça;
2. Divida o cabelo em três mechas idênticas;
3. Pegue a mecha da direita e cruze-a sobre a mecha do meio;
4. Pegue a mecha da esquerda e cruze-a sobre a mecha do meio (originalmente, a mecha da direita); (Figura 5.7)

5. Pegue a nova mecha da direita e cruze-a sobre a mecha do meio (você estará sempre cruzando uma mecha lateral sobre a mecha central, apenas alternando os lados); (Figura 5.8)

6. Repita o processo até estar a uns cinco centímetros das pontas do cabelo de sua filha. Você pode apertar a trança puxando a mecha central para baixo e para os lados, simultaneamente; (Figura 5.9)

7. Prenda o final da trança com um elástico para cabelo.

Você pode fazer-lhe maria-chiquinhas através do mesmo processo. Basta dividir-lhe o cabelo ao meio. Comece pela direita, dividindo-o em três mechas idênticas. Trance. Repita do lado esquerdo.

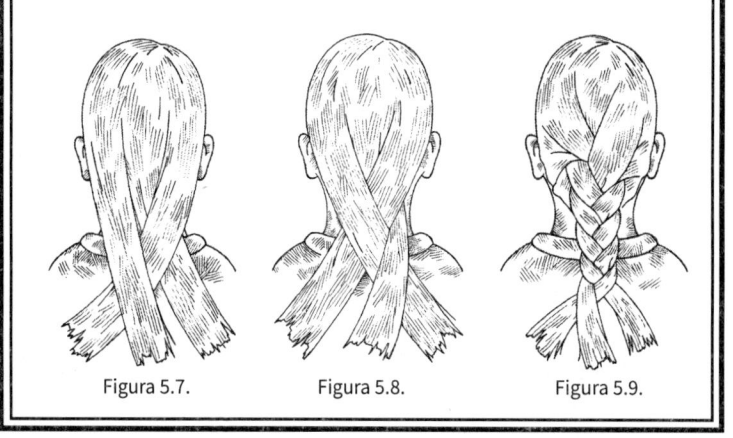

Figura 5.7.   Figura 5.8.   Figura 5.9.

DIVIRTA AS CRIANÇAS

Talvez a frase mais dita e redita por todas as crianças do mundo seja: "Estou entediado!". Quando esta queixa chorosa lhe chegar aos ouvidos, você pode fazer como as nossas mães e sugerir-lhes que completem alguma tarefa de casa para solucionar esse problema. Ou você pode ser um paizão e agrupar as crianças para fazerem juntos alguma atividade divertida. A seguir, vão três atividades que custam pouco ou nenhum dinheiro, e vão desemaranhar seus filhos das pavorosas garras do Playstation, cimentando-lhe ainda mais o *status* de super-pai. É claro, você talvez tenha que praticar e ficar craque você próprio nas atividades, então, então... Eis aqui sua chance.

COMO FAZER UMA PEDRA QUICAR NUM LAGO

Um passeio com seus filhos a um lago é uma forma garantida de lhes curar o tédio. Um lago promete uma miríade de atividades: observar a natureza, alimentar os patos e, claro, fazer pedras quicarem no lago. O arremesso de pedras é uma excelente forma de estreitar os laços com seus filhos. Você pode falar da vida enquanto joga pedras pela água. Se já faz um tempo desde que fez uma pedra quicar na água, ou pior, se nunca na vida o fez, leia os passos a seguir.

Escolha a pedra certa. O segredo para lograr êxito nessa empreitada é escolher a pedra perfeita. O ideal é que ela seja lisa, de grossura — ou finura — razoavelmente uniforme, e mais ou menos do tamanho da palma da sua mão. Deve pesar tanto quanto uma bola de tênis, e ser fácil de ser lançada. Se for pesada demais, você não conseguirá lançá-la de forma aerodinâmica; se for leve demais, vai parecer que está jogando uma esponja.

Segure a pedra entre os seus dedos do meio e o dedão, com este no topo e o indicador ao longo de sua borda.

Antes de tudo, ponha-se perante a água, levemente inclinado à frente. Com a pedra na mão, coloque o braço para trás como se fosse fazer um arremesso de beisebol. Enquanto joga a pedra, gire o pulso para trás. Logo antes de soltá-la, dê uma rápida sacudida no pulso. Isso há de criar o giro necessário para que a pedra saia quicando pela água afora. Além disso, quanto mais baixa estiver a posição de seu braço no momento do arremesso, melhor a pedra vai quicar. (Figura 5.10)

Figura 5.10. Com a pedra na mão, coloque o braço para trás como se fosse fazer um arremesso de beisebol. Enquanto joga a pedra, gire o pulso para trás. Logo antes de soltá-la, dê uma rápida sacudida no pulso.

Jogue-a, a um só tempo, para fora e para baixo. A pedra deve atingir a superfície da água no ângulo mais paralelo possível. Caso queira causar mais "quicadas", a pedra deve atingir a água num ângulo de 10 graus. Em 2002, cientistas (por óbvio, dando um tempinho na criação de foguetes, e dedicando-se ao pioneiro estudo sobre fazer quicar pedras n'água) dizem ser esse o ângulo perfeito para se maximizar as quicadas.

Tente arremessar o mais rápido possível — o segredo é a velocidade. Solte a pedra com uma forte sacudida do pulso para que a pedra saia girando; e então veja-a quicando.

Se seu filho (ou você) não conseguir o efeito nas primeiras tentativas, continue tentando. Para se arremessar pedras, assim como tudo na vida, é preciso prática. Use o tempo juntos para conversar com seu filho, e fortalecer o laço de vocês.

COMO FAZER UM AVIÃO DE PAPEL

Quando se trata de ensinar aos seus filhos como fazer um avião de papel, talvez você carregue nas tintas e já queira saltar a aviõezinhos complexíssimos, verdadeiros origamis que voam. Contudo, aqui o simples quase sempre funciona melhor. Abaixo, encontra-se um modelo clássico de avião de papel, capaz de voar em linha reta por grandes distâncias.

1. Pegue um pedaço de papel retangular. Uma folha de caderno, folha sulfite... Qualquer folha há de servir. A folha sulfite costuma funcionar melhor porque o seu peso é ideal para aviões de papel;
2. Dobre a folha ao meio no sentido de seu comprimento. O segredo aqui é a precisão, portanto certifique-se de que as bordas da folha estejam alinhadas. Uma vez criado este vinco inicial, passe os dedos novamente sobre ele para deixá-lo mais marcado;
3. Abra novamente a folha. Pegue a ponta superior direita e dobre-a para baixo, no sentido do vinco. Isso irá criar uma dobradura triangular. Novamente, garanta que as bordas do papel estejam alinhadas;
4. Repita o processo do outro lado. Dobre a ponta esquerda superior para baixo no sentido do vinco;
5. Agora você deve repetir os passos 3 e 4. Segure a extremidade da diagonal direita de seu triângulo e dobre-a para baixo no sentido do vinco original. Alinhe as bordas e marque bem as dobras, criando vincos;
6. Repita o processo do outro lado. Dobre a extremidade esquerda do triângulo no sentido do vinco;
7. Dobre o papel ao meio no vinco original. Agora ele deverá estar parecendo um meio triângulo;
8. Pegue uma das extremidades diagonais e dobre-a na direção do vinco original;
9. Repita do outro lado;
10. Na parte de baixo do avião, faça um pequeno corte de aproximadamente um centímetro e meio, voltado para cima, a cerca de seis centí-

metros do nariz do avião. Faça outro corte igual a um centímetro e meio de distância deste primeiro. Com isso você irá criar uma pequena aba. Dobre-a para cima. Ela vai permitir que as duas laterais de seu avião permaneçam juntas durante o vôo. Agora você está pronto para embarcar em grandes aventuras com seus pequenos. Divirta-se.

COMO FABRICAR E FAZER VOAR UMA PIPA

Crianças adoram soltar pipas, e a coisa torna-se ainda mais divertida quando são eles próprios os seus fabricantes. Você também vai gostar mais da idéia — em vez de ser uma pipa de sei lá quantos reais enganchada numa árvore qualquer, há de ser a sua pipa: feita toda ela com material reaproveitado e alguns gravetos.

Materiais necessários:
- Dois gravetos de madeira (um deles precisa ter cerca de 90 centímetros, e o outro uns 102. Têm de ser leves o suficiente para poder voar, mas resistentes para não se quebrar durante o vôo. Bambus ou cavilhas de madeira com ¼ polegada de diâmetro funcionam melhor);
- Um saco plástico;
- Fita adesiva;
- Barbante;
- Uma faca.

Como construí-la:
1. Comece montando uma estrutura em forma de cruz com os dois gravetos. Coloque o graveto menor sobre o maior a uma distância de 23 centímetros do topo do graveto maior. Amarre os dois gravetos com barbante. Deixe-os melhor fixados com fita adesiva;
2. Faça um pequeno entalhe na ponta de cada graveto com a faca. Esses entalhes prenderão o barbante que há de formar a moldura da pipa;
3. Pegue o barbante e, começando por baixo, passe-o por dentro de cada entalhe até dar a volta completa. Repita o passo, certificando-se de

que o barbante esteja bem esticado. Finalize na parte de baixo dando um nó no barbante. Coloque fita adesiva em todas as pontas dos gravetos. Com isso você garante que o barbante não se solte dos entalhes. Pronto, eis uma armação de pipa;

4. Corte o saco plástico e o estique sobre a mesa. Posicione a armação da pipa sobre o saco. Corte o plástico em volta da armação, deixando uma rebarba de uns dois centímetros e meio em toda sua extensão, para que você possa dobrar o saco sobre o barbante e, no final, unir tudo com fita adesiva. Ela já está quase pronta;

5. Dobre as bordas do saco plástico por cima do barbante da armação e passe fita adesiva em tudo;

6. Adicione uma rabiola. A rabiola tem função tanto prática quanto estética. Sua função mais importante é manter a pipa voando na vertical. Além de dar à pipa um *visu* bacana. Se quiser, seja criativo com a rabiola. Adicione-lhe algumas serpentinas de papel crepom, ou corte um pedaço de barbante de mais ou menos um metro e oitenta e prenda pedaços de tecido ao longo de toda sua extensão. Coloque a rabiola na extremidade inferior da pipa;

7. Agora é hora de fazer a amarração. Corte um pedaço de barbante de cerca de um metro e meio. Faça um buraco na parte frontal da pipa no ponto de encontro dos dois gravetos. Passe uma das pontas do barbante pelo buraco e amarre-o no ponto de encontro entre os dois gravetos. Faça outro buraco na vela, a cerca de dois centímetros e meio acima da parte inferior da pipa. Passe a outra ponta do barbante por esse buraco e amarre-o ao graveto;

8. Faça um laço da linha ao pegar uns 20 centímetros de barbante e com eles formar um laço. Amarre-lhe a ponta com um nó simples. Corte o barbante que sobrar;

9. Prenda o laço da linha no laço de amarração. Isso pode ser feito com um simples nó;

10. Pegue a ponta do fio no carretel e amarre-o ao laço da linha à força de um nó simples. Eis aí sua linha de pipa.

Na próxima semana: replicando o experimento de Ben Franklin com a eletricidade.

TENHA "AQUELA CONVERSA" COM SEUS FILHOS

A conversa. A cegonha e os bebês. A maioria dos homens não fica lá muito empolgado com a idéia de conversar sobre sexo com os filhos. Ocorre que vivemos numa sociedade hipersexualizada, em que imagens e vídeos eróticos de toda sorte estão a um clique de distância. Portanto, é crucial falar sobre o assunto com seus filhos. Não deixe que os programas noturnos ou colegas de escola ensinem aos seus filhos o que é o sexo. Seja homem e tome as rédeas desta fase importantíssima de sua educação e desenvolvimento.

Tenha mais do que uma conversa. Essa conversa deve ser, na verdade, uma série de conversas, tidas ao longo de toda a infância deles. Portanto, não vá se martirizar para ter só uma conversa — *a conversa*. No geral, não é preciso sentar-se com eles para lhes dar uma aula sobre o assunto. Apenas dê conselhos quando o tópico surgir numa conversa. Comece a falar de sexo logo cedo, e mantenha conversas assim ao longo dos anos de infância e adolescência deles.

Use informações adequadas à faixa etária. Quando seu filhinho pequeno pergunta de onde vêm os bebês, não é preciso expor em minúcias os detalhes das relações sexuais, ou lhe dar uma aula sobre o uso de camisinhas ou estupro. Conforme ficam mais velhos, dê-lhes informações que lhes sejam relevantes. Uma boa forma de saber que tipo de informação dar aos seus filhos é responder-lhes as perguntas com outras perguntas. Se o seu rebento de oito anos lhe perguntar "o que é sexo?", pergunte-lhe: "O que você sabe sobre isso?". Baseado nesta resposta, você saberá qual deve ser a sua resposta.

Tome a iniciativa. Não espere que seus filhos toquem no assunto. Seja homem e encontre oportunidades para instruí-los.

Deixe bem claro quais são os seus valores acerca da sexualidade. Quando se trata de sexo, famílias diferentes têm valores diferentes. Alguns preferem a abstinência, enquanto outros preferem que seus filhos pratiquem sexo seguro. Deixe bem claro aos seus filhos quais são os seus valores acerca do sexo, para que você não tenha uma dor de cabeça mais tarde.

Domine o assunto. Leia sobre o assunto. De modo que quando começarem a surgir perguntas, você saiba suas respostas. Caso seu filho lhe faça uma pergunta cuja resposta você ignora, não invente. Daí só sairá confusão mais tarde. Existem muitos livros que discutem a sexualidade e ensinam como abordar o assunto com crianças. Leia-os.

Não esconda o fato de que mamãe e papai fazem sexo. Embora nenhuma criança queira pensar nos seus pais fazendo aquilo, não finja que você e sua esposa fizeram um voto de castidade quando se casaram. Conquanto não seja necessário dar exemplos pessoais e explícitos de sua vida sexual, não há problema em revelar que suas respostas são baseadas em sua experiência. O mais importante é que seus filhos saibam que o sexo é uma parte natural e saudável dentro de um relacionamento, não algo nojento ou vergonhoso.

Esteja aberto a perguntas. Faça os seus filhos saberem que você há de estar sempre aberto a perguntas. Diga-lhos repetidamente, e de forma explícita. É melhor que eles venham até você, em vez de descobrirem as coisas com um amigo no parquinho ou na internet.

Relaxe. Crianças farejam o medo. Se notarem que você está desconfortável ao falar sobre sexo, ou vão ficar com a idéia de que o sexo é algo ruim e indiscutível, ou sairão à cata de fontes que não se tremam inteiras à menção da palavra "vagina". Honre suas calças; mantenha a compostura.

PRESENTEIE SEU FILHO COM UM RITO DE PASSAGEM

Quando se trata da jornada rumo à vida adulta, as meninas parecem amadurecer mais rápido e de forma mais suave que os meninos. Sem algo que lhes dê um chacoalhão, a adolescência de alguns sujeitos pode estender-se até a casa dos vinte, dos trinta, e, em alguns casos especiais (e tristes), dos quarenta anos (e além).

As culturas antigas não tinham que se preocupar muito com homens-criança perambulando pelo vilarejo, azucrinando seus pais. E isto em parte porque tinham ritos de passagem, que faziam as vezes de linha demarcatória entre infância e vida adulta. Os ritos eram ocasiões especiais, celebradas por todo o vilarejo do jovem adulto e usadas para iniciar o menino na arte de ser homem.

Hoje em dia, tristemente já estão quase extintos os tais ritos, e aos guris faltam-lhes marcos definidos e mentores capazes para que se possam guiar e se deixem ser guiados em direção à vida adulta. Se você lhes perguntar quando ocorreu a transição, as respostas serão várias: quando ganhou um carro; quando se formou na faculdade; quando conseguiu o primeiro emprego; quando se casou; quando passou do Snow Flakes para o Sucrilhos... E por aí vai. Contudo, o problema com muitos dos referidos ritos de passagem tradicionais é que são cada vez mais postergados. E quanto mais vagos se vão tornando os rituais, tanto mais vão os jovens sentindo-se à deriva.

É claro que não acontece de uma só vez o processo de se tornar homem, tenha ele cerimônia ou não. Contudo, são os ritos de passagem importantes para delinear quando um menino deve começar a ver a si mesmo como um homem, e pôr sobre os lombos suas responsabilidades. Faltando-se os marcos, muitos jovens de hoje esticam demais sua infância, sem nunca saber direito quando foi que entraram na vida adulta. Um pai pode ajudar seu filho a evitar o limbo criando-lhe alguns pontos de passagem significativos na sua transição para a vida adulta.

> ### CONSELHO DE MACHO
>
> **Quando deve ocorrer o rito de passagem?**
>
> Antes de decidir qual será o rito de passagem, primeiro você precisa decidir com qual idade seu filho há de passar por ele. Um bom momento para fazê-lo seria após a formatura dele no ensino médio. A essa altura da vida, já com quase dezoito anos, a própria sociedade o considerará um adulto. Além disso, estará prestes a iniciar um novo capítulo em sua vida. Um rito de passagem irá ajudá-lo a navegar pelo novo caminho que forjar para si.

CRIANDO UM RITO DE PASSAGEM PARA SEU FILHO

Embora o vilarejo não vá comparecer em peso para o rito de passagem de seu filho, uma família é, por si só, uma pequena comunidade. Os pais podem criar cerimônias familiares únicas, por meio das quais seus filhos hão de ser introduzidos à vida adulta. Sua criatividade é a única limitação para tal cerimônia. Considere as idéias a seguir:

Inscreva seu filho nos escoteiros. Essa é a mais fácil das opções. Os escoteiros têm ritos de passagem próprios, que melhoram as habilidades, responsabilidades e competência dos garotos. Você pode melhorar ainda mais a experiência sendo um líder dos escoteiros e encorajando seu filho a ser promovido. (Figura 5.11)

Crie uma lista de tarefas que seu filho deva aprender a fazer ele próprio. Caso não queira a estrutura dos escoteiros, você pode criar seus próprios objetivos para seu filho cumprir. Uma vez dominadas todas as habilidades, dê-lhe uma festa e o presenteie com um medalhão comemorativo.

Eleve o significado das cerimônias religiosas. As cerimônias religiosas estão entre os poucos ritos de passagem ainda aceitos à larga. Não obstante, podem ser elas realmente importantes; ocasiões em que seu filho de fato sinta-se adentrando a vida adulta — ou podem ser só mais uma das coisas que ele tem de fazer. Um pai pode garantir que a coisa se dê como no primeiro exemplo mostrando ao seu filho a importância e solenidade dessas ocasiões. Conforme se aproxima a data da cerimônia, agende eventos semanais, em que vocês poderão discutir os princípios de sua fé, sua visão pessoal em assuntos de peso e seus conselhos sobre como ser um homem de fé.

Figura 5.11. Inscreva seu filho nos escoteiros. Você pode melhorar ainda mais a experiência sendo um líder dos escoteiros e encorajando seu filho a ser promovido.

Leve seu filho numa longa viagem de mochileiro. Depois de uma série de viagens para acampar com seu filho, planeje uma excursão em que o guri há de ficar a cargo de tudo o que é necessário: acender a fogueira, estabelecer o acampamento, orientar-se, cozinhar, etc. Ao longo da viagem, transmita todo o conhecimento másculo que você obteve de uma vida de experiências.

Envie seu filho numa excursão. Um verdadeiro rito de passagem requer um período de separação da vida de antes. Portanto, pense em enviar seu filho a uma viagem de trabalho fora do país ou numa excursão guiada, por exemplo.

Seja lá qual for o destino escolhido, o importante é preencher a coisa de um grande significado. Mas não exagere. Seja sincero, e trate o seu filho de forma diferente quando o processo estiver completo, dando-lhe tanto mais respeito quanto maiores responsabilidades.

CAPÍTULO VI

O desbravador

Palmilhando um campo aberto, com poças d'água de uma neve que se desfaz, sob o crepúsculo de um céu nublado, sem me ocorrer quaisquer pensamentos de especial boa fortuna, gozei já de um júbilo perfeito... Também na mata o homem se despoja dos anos... Na floresta, há o viço perpétuo.

— Ralph Waldo Emerson

Muitos homens hoje em dia sentem-se inexplicavelmente irrequietos, insatisfeitos e deprimidos. Buscam tudo quanto a sociedade lhes diz que haverá de curar seus espíritos masculinos: mantêm uma dieta regrada, suplementam-se, exercitam-se e fazem terapia. E, contudo, ainda não têm paz de espírito. Por quê? Porque estão passando ao largo do que seja, talvez, o elemento mais imprescindível para o seu vigor viril: passar um tempo ao ar livre, na natureza.

Grandes homens, de Theodore Roosevelt até Ralph Waldo Emerson, muito apreciavam ir à natureza selvagem. Contudo, os homens modernos julgam coisas como caminhadas, pesca, caça e acampamentos como *hobbies*; pura e simplesmente outra oportunidade recreativa: pode-se aceitá-las ou não.

Porém, o ar livre e a desabrida natureza são cruciais para todos os homens. Não se tem neles uma atividade extracurricular; são uma parte vital do todo de que é feito o homem. A mata agreste há de lhe arrancar a velha e afeminada crosta de ferrugem com a qual a civilização o cobriu, renovando sua alma de cinco formas cruciais.

1. A natureza lhe permite a livre exploração. A vida da maior parte dos homens é completamente ditada por seus compromissos e rotina. Acordar; tomar banho; ir ao trabalho; trabalhar; voltar para casa; dormir. Todo santo dia percorre você o mesmo trajeto, senta-se no mesmo cubículo e dorme na mesmíssima cama. Contudo, nas entranhas de todo homem arde uma sanha exploratória; quer ele começar um dia com não mais do que uma vaga idéia do que fazer, e de descobrir coisas nunca antes vistas. Tropeçar em pedras, escalar montanhas e cruzar riachos são coisas que farão você se sentir criança de novo.

2. A natureza põe você em contato com os elementos básicos e seu eu primitivo. O homem moderno está sujeito a toda sorte de regras, expectativas e limitações. Sufocado pela gravata e enterrado sob uma pilha de papéis, deve ele ser polido, obedecer às leis de trânsito e se segurar para não estrangular o imbecil que prolonga as reuniões da empresa com perguntas estúpidas. Cercea-se-lhe o espírito mais e mais. E tudo o que é por ele tocado, todas as coisas nas quais ele vive e se move, já não têm sua forma original: foram preparadas, moldadas e empacotadas para o consumo. Quase todo som que lhe entra pelos ouvidos, desde o motor de um carro ao toque de um celular, origina-se de alguma fonte artificial. Eis aí o quanto basta para deixar todo e qualquer homem algo pancada da cabeça.

Ainda que todo homem deva se esforçar para que tenha bons modos, não se lhe pode reprimir e negligenciar por completo o lado mais primitivo. De quando em quando, há que se libertar o seu espírito selvagem. É preciso afastar-se da civilização periodicamente, e interagir com o mundo em seu estado natural. Tocar em terra de verdade, sentar-se ao pé de uma fogueira, cortar madeira real e escutar os sons virginais dos riachos correntes e da brisa nas árvores.

3. A natureza lhe dá espaço para pensar e pôr os seus problemas em perspectiva. Nas cidades e subúrbios é fácil perder o foco do que é realmente importante. O seu mundinho, aliás barulhento e paupérrimo quanto à quietude, começa a se lhe afigurar tudo o que há entre os céus e a terra. No carro, você está escutando música ou ouvindo o jornal; no trabalho, está focado na tarefa a ser realizada; em casa, liga a TV e apaga. Ao se deixar perder no mundo agreste, você há de ter um espaço calmo, indomesticado e não estruturado no qual poderá pensar nos seus problemas, refletir sobre a sua vida e planejar os objetivos futuros. A fitar as estrelas de sob uma frondosa árvore, é mais fácil enxergar o que realmente importa. Picos montanhosos, riachos velozes e rútilos crepúsculos hão de apequenar os seus problemas de volta ao tamanho que lhes cabe.

4. A natureza revigora o seu corpo. Volta e meia os homens precisam fugir um pouco do ar poluído das cidades e do ar reciclado dos prédios comerciais. Seus pulmões anseiam por respirar o ar fresco das florestas e montanhas. Seu corpo será revigorado com caminhadas. Conquanto todos os exercícios sejam benéficos no que toca ao alívio da depressão e do estresse, para isto exercícios ao ar livre são particularmente úteis. A luz do sol, a atividade física e o cenário inspirador combinados hão de lhe rejuvenescer o espírito, deixando-o pronto para outra vez encarar o mundão.

Abaixo, compilamos algumas sugestões e dicas para que você comece a se reconectar com a natureza selvagem e restaure o seu vigor masculino.

SIMPLIFIQUE SUA VIAGEM DE CAMPING

Pode-se dizer, a bem da verdade, que o exterior de uma montanha faz bem ao interior de um homem.

— George Wherry

Já estamos de acordo quanto a passar um tempo em meio à natureza ser parte essencial da vida de todo homem. Talvez a idéia já lhe houvesse passado pela cabeça em algum momento, mas lhe faltou o tempo ou a motivação para levá-la a cabo. Você não está sozinho. De acordo com estudos recentes, os americanos passam 25% menos tempo ao ar livre hoje do que apenas duas décadas atrás. Estamos todos grudados em nossas tvs, computadores e celulares. Portanto, planejar e de fato fazer uma viagem de *camping* parece algo complicado demais.

Entretanto, cá na boa e velha cachola a coisa sempre parece mais difícil do que realmente é. Acampar é ótimo por ser ela uma das formas mais simples de se fugir da rotina. E pode-se fazer muito para tornar suas viagens de *camping* mais simples e, portanto, mais freqüentes. Aqui vão cinco formas de simplificar sua viagem de *camping* e mantê-la livre de complicações.

1. Encontre o seu *camping online*. Umas das razões pelas quais as pessoas não acampam mais com tanta freqüência é porque não sabem para onde ir. Contudo, graças à internet ficou bem mais fácil encontrar um local para se acampar. Todas as regiões dos eua mantêm *websites* de seus parques estaduais. Basta clicar num parque que lhe desperte o interesse e conferir o que ele oferece. Sua escolha de parque deve basear-se em seus gostos pessoais. Alguns parques oferecem confortos como banheiros, bombas d'água e chuveiros, enquanto outros são mais remotos e rústicos. Alguns parques ficam à beira de lagos e são famosos pela pescaria, mas não têm boas trilhas para caminhadas. Escolha o parque que lhe ofereça o tipo de ambiente e atividades que você procura.

Além do mais, pense na distância. Não é boa idéia deixar o cansaço de uma longa viagem anular o rejuvenescimento que o acampar lhe pode trazer. Não viaje muito longe para sua escapada de final de semana; não viaje para um lugar que esteja a mais de três horas de distância da sua casa.

Caso seja difícil encontrar um bom parque, visite uma loja de *camping*. Seus funcionários são no geral entusiastas da natureza, e podem lhe dar algumas dicas.

2. Reserve o seu acampamento antes de partir. Boa idéia quando se trata de parques estaduais, idéia indispensável quando se trata dum parque popular como Yosemite, por exemplo. Parques famosos rapidamente ficam esgotados. A última coisa que você gostaria na vida é dirigir por sabe-se lá quantas horas só para dar de cara com um parque fechado. Vários sites de parques estaduais oferecem a opção de reservas *online*. De outro modo, basta dar uma ligada antes de sair.

3. Mantenha seus objetos de *camping* numa grande caixa plástica. Boa parte da chateação para se organizar uma viagem de *camping* é que temos de fazer uma vistoria no sótão ou alguma visita de última hora a uma loja, para que tenhamos todos os suprimentos de que precisamos. A fim de evitar a chatice, apenas mantenha seu equipamento de *camping* numa grande caixa plástica. Uma vez cheia, assim que lhe der na telha basta pegá-la e cair no mundão agreste. Suprimentos específicos podem variar de acordo com o tipo de viagem que você quer fazer, o seu destino e a estação do ano. Contudo, a lista abaixo cobre o básico:

- Tenda;
- Sacos de dormir;
- Tapete de acampamento;
- *Kit* de primeiros-socorros;
- Lanterna;
- Pilhas sobressalentes;
- Vassoura pequena;
- Lona;
- Fósforos;
- Repelente de insetos;
- Sacos de lixo;
- Suprimentos para cozinhar (opcionais; vide o ponto 5, a seguir);
- Jarro de água.

4. Crie uma *checklist* permanente, que você possa consultar antes de cada viagem. Essa é uma lista para os itens que não cabem na sua caixa plástica ou que precisam ser adicionados logo antes da viagem, e podem incluir:

- Protetor solar;
- Canivete;
- Cadeiras dobráveis ou plásticas;
- Roupas;
- Comida;
- Lenha (se você acha que não haverá o suficiente para se pegar no seu acampamento);
- Escova de dentes;
- *Cooler*.

5. Evite cozinhar pratos elaborados. Uma das alegrias de se acampar é poder cozinhar e comer uma comida daquelas, feita na fogueira. Contudo, suprimentos de cozinha podem acrescentar uma dúzia ou mais de itens à sua lista, e isto sem contar o trabalho para limpar tudo depois. Portanto, guarde essa opção para as viagens mais longas. Se você pretende ficar fora apenas o final de semana, planeje duas refeições que não envolvam o uso de panelas e dispensem de limpeza. Eis o cardápio de que nos valemos sempre, quando saímos numa viagem de sexta-feira à tarde até o domingo:

Refeição noturna da sexta-feira: quentinha. Carne de hambúrguer, vegetais enlatados, sopa-creme de cogumelo, condimentos embalados em alumínio, e pronto. Prepare sua quentinha antes de sair e armazene-a no *cooler*. Para preparar, simplesmente coloque a quentinha no carvão da fogueira. Só será preciso um garfo.

Refeição de sábado à noite: cachorros-quentes. Não há necessidade de ferramentas aqui. Apenas asse as salsichas num graveto. Poucas coisas são mais fáceis de preparar e têm gosto tão bom quanto um cachorro-quente de acampamento.

Para a sobremesa de ambas as noites, comemos *marshmallow* com chocolate. No mais do tempo, basta enfiar para dentro barrinhas energéticas, *trail mix* e salgadinhos. Nada de potes, nada de panelas, nada de limpeza.

Como alternativa, pense com carinho nos alimentos congelados. É uma comida leve e fácil de carregar. Um pote para ferver água, e pronto. Se quiser mais idéias de comida sem complicação, veja "Cinco alimentos que você pode preparar num graveto" na página 193.

ESTABELEÇA O ACAMPAMENTO

Quando estiver na natureza selvagem, o acampamento há de ser o seu lar longe do lar. Estabelecer sua residência ao ar livre de forma adequada é algo que irá fazer aumentar o conforto e o usufruto durante sua viagem.

ESCOLHA UM LOCAL PARA ACAMPAR

Contudo o sítio que selecionaste para ser teu campo, se bem nunca demasiado agreste ou sombrio, sem demora passa a ter seus atrativos e torna-se para ti um centro de civilização: o lar é o lar, ainda que não o pareça.

— Henry David Thoreau

Essa é a decisão mais importante a se tomar quando você chega ao *camping*. Quando for escolher um local para acampar, é preciso levar em conta dois fatores. Primeiro, a segurança. Não monte acampamento em locais baixos ou pantanosos, propensos a alagamentos; e fique longe de regiões altas, como topos de montanhas, pois são alvos fáceis para raios. Não acampe debaixo de galhos grandes de árvores. Galhos mortos, conhecidos como "fazedores de viúvas", podem se partir, despencar do alto e transformá-lo em geléia.

Segundo, procure algum local próximo a uma fonte de água. Muitos locais de *camping* oferecem água corrente que se pode beber, ou com a qual se pode cozinhar ou tomar banho. Se você planeja utilizar água de rios ou lagos, certifique-se de purificá-la antes de a beber. Pode-se fazê-lo fervendo-a, filtrando-a ou usando tabletes purificadores de água.

ARME SUA TENDA

Depois de escolher o local, está na hora de estabelecer sua casa temporária. Como você vai armar sua tenda dependerá do tipo de tenda. Portanto, consulte o manual do proprietário para detalhes exatos. O que vem a seguir são algumas orientações gerais que visam a ajudá-lo com a empreitada.

Estenda a lona. Não é má idéia levar consigo uma lona, para ser usada como solo de sua tenda. Se chover, o seu fundo continuará seco. E ainda que não chova, a lona impede que o orvalho da manhã lhe ensope todo o chão da tenda.

Arrume a tenda. Posicione a tenda sobre a lona. Se houver uma brisa leve, ponha-lhe a frente da tenda voltada para o vento. Assim, haverá nela maior ventilação e, portanto, menor condensação.

Caso esteja soprando um vento forte, posicione a entrada da tenda contra o vento. Caso contrário, quando você lhe abrir a porta ela há de inflar como um balão.

Ponha estacas nos seus cantos. Depois de posicionar a tenda sobre a lona, seria uma boa idéia fincar-lhe estacas nos cantos. Faça-o sobretudo se estiver ventando muito; a não ser que queira sua tenda de *nylon* voando por aí.

Arme a tenda. A maioria das tendas são bem fáceis de se armar hoje em dia. É tudo uma questão de passar as varetas certas pelas alças certas. Depois de armá-la, certifique-se de lhe colocar sobre uma lona. Mesmo que não chova, a lona há de manter longe qualquer orvalho que possa assentar-se no teto da tenda. (Figura 6.1)

Figura 6.1. Depois de armá-la, certifique-se de lhe colocar sobre uma lona. Mesmo que não chova, a lona há de manter longe qualquer orvalho que possa assentar-se no teto da tenda.

CONSTRUA UMA LATRINA

Se porventura você estiver acampando num local em que não haja banheiros à disposição, será preciso criar uma latrina. A latrina ajuda a evitar doenças e reduz o impacto causado por você ao meio-ambiente. A latrina mais fácil de se fazer é a de trincheira.

Com uma pá, cave uma trincheira de mais ou menos 30 centímetros de largura e 90 a 120 centímetros de comprimento. Não a cave muito fundo. Toda vez que a natureza chamar, "dê descarga" em sua latrina jogando uma camada de terra sobre os dejetos. Com isto, as moscas não conseguirão refastelar-se com sua trincheira; e isto sem falar no cheiro. O único odor que lhe deve subir às narinas é o dos pinheiros e das flores.

HOMEM E FOGO

> *Remexer uma fogueira é um prazer mais sólido*
> *do que quase tudo o mais no mundo.*
>
> — Charles Dudley Warner

Existe uma qualquer ligação primeva entre o homem e o fogo. Para o homem dos tempos antigos, era-lhe o fogo uma fonte de calor, sua proteção contra animais selvagens, a luz em noites escuras e um local para se preparar alimento. Se bem o fogo não seja mais vital à existência do homem, seu poder magnético não diminuiu. Suas labaredas podem inspirar histórias lendárias, gerar discussões edificantes, criar e fortificar camaradagem entre homens reunidos à sua roda e criar um cenário romântico daqueles para você e sua garota. Não existe "acampar" sem fogueira. Por tudo quanto vai acima e muito mais, todo homem que se preze deve saber (bem) como criar uma grande fogueira.

Quer você crie suas labaredas sem usar fósforos, quer as crie usando um isqueiro ou sei lá o quê, você precisa saber como pegar os seus gravetos e transformá-los numa estrondosa fogueira, que o deixará orgulhoso. Eis aqui como fazê-la:

CRIE O LOCAL DA SUA FOGUEIRA

Ao fazer uma fogueira, sempre pense primeiro na segurança. Não seja o sujeito que começa um incêndio gigantesco num parque nacional. Se o seu local de acampamento possuir uma área designada para fogueiras, use-a. Caso esteja acampando numa área mais inóspita, será preciso criar sua própria fogueira. Escolha um lugar afastado de árvores, arbustos e quaisquer tipos de plantas. Deve ser o chão de terra, não de grama. Caso não encontre qualquer lugar assim, faça o seu à força de cavar e arrancar folhas e plantas de algum trecho do solo, prestando especialíssima atenção à remoção de tudo o que for seco (e, conseqüentemente, inflamável): grama, galhos e cascas de árvore.

Após limpar a área, está na hora de preparar o local da fogueira. Pegue um punhado de terra e ponha-a no centro da área limpa. Forme com ela uma plataforma de aproximadamente 5 a 7 centímetros de espessura.

PEGUE MADEIRA

Você precisará de três tipos básicos de material para construir uma fogueira estrondosa: mecha, acendalha e madeira.

Mecha. Toda boa fogueira de acampamento começa com uma boa mecha. A mecha pega fogo facilmente e arde rápido. Materiais como folhas e cascas de madeira secas, aparas de madeira, grama seca e alguns tipos de fungo funcionam bem como mechas. Se você for um sujeito esperto, vai trazer sua própria mecha usando fiapos de secadora. É importante trazê-la, sobretudo quando tudo no acampamento estiver úmido. Mecha molhada não pega fogo.

Acendalha. Você vai precisar de algo com mais substância do que a mecha para manter viva e acesa sua chama. Não comece a empilhar os troncos maiores logo de cara. Com isto só fará sufocar suas chamazinhas. É aí que entra a acendalha. Geralmente, a acendalha é composta por pequenos galhos e gravetos. Tente usar pedaços de madeira do tamanho de um lápis. Assim como a mecha, a acendalha precisa estar seca ou não vai pegar fogo facilmente. Se só houver galhos e gravetos molhados por perto, tente apará-los um pouco com seu canivete.

Madeira. A madeira mantém sua fogueira quente e queimando. Ao contrário do que se pensa, a madeira para fogueiras não precisa ser composta de toras imensas como as usadas em lareiras. Se você usar toras grande demais, vai levar muito tempo para que a madeira pegue fogo. Procure por galhos que sejam mais ou menos da largura de seu pulso e do tamanho de seu antebraço.

Quando estiver coletando madeira para uma fogueira, procure por madeira mais quebradiça. A madeira mais seca queima melhor. Se sua madeira entorta mas não quebra, ou está muito molhada ou verde demais, ao tentar fazer uma fogueira com madeira assim, só vai conseguir criar um monte de fumaça. Diferentemente da mecha e da acendalha, a madeira usada na fogueira pode estar um pouco úmida. O fogo há de secá-la. Mas isso definitivamente não é o ideal.

ACENDA SUA FOGUEIRA

Existem várias formas de se acender uma fogueira. A fogueira em cone é, provavelmente, a mais eficaz:

1. Posicione o seu maço de mecha no centro do local da fogueira;
2. Acima do maço de mecha, forme um cone de acendalha. Deixe uma abertura na lateral do cone virada para a direção do vento. Assim, você garante que as chamas recebam todo o ar necessário para fazer sua acendalha pegar fogo; (Figura 6.2)

3. Continue adicionando acendalha ao cone, usando gravetos cada vez maiores;
4. Crie uma estrutura em cone maior em volta de seu cone de acendalha, dessa vez com a madeira;
5. Coloque um fósforo embaixo da mecha. Dessa forma o fogo deverá subir, queimando a acendalha até chegar à madeira;
6. A estrutura em cone eventualmente ruirá, e a essa altura basta colocar mais toras no fogo.

Figura 6.2. Acima do maço de mecha, forme um cone de acendalha. Deixe uma abertura na lateral do cone virada para a direção do vento.

CINCO FORMAS DE ACENDER UMA FOGUEIRA SEM FÓSFOROS

Qualquer um é capaz de acender uma fogueira com *duraflame* e alguns fósforos ou um isqueiro. Um macho de verdade sabe criar fogo sem tais auxílios. Saber como fazer fogo sem fósforos é uma habilidade de sobrevivência essencial. Talvez o seu avião monomotor caia durante um vôo sobre o Alasca, como aquele garoto em *Terror no pântano*. Ou talvez você esteja acampando e perca sua mochila numa briga com um urso. Precise ou não você valer-se de sua capacidade produtiva para fogaréus, vai me dizer se não é massa saber-se o criador de fogo quando e onde você quiser? Poucas habilidades no mundo trazem tamanha satisfação aos que as possuem.

MÉTODO POR FRICÇÃO

O método de se fazer fogo por fricção não é para os fracos. É bem provável que seja, entre os métodos que não se valem de fósforos, o mais penoso. Existem técnicas diversas para criar fogo à força de fricção; contudo, o fator mais importante é o tipo de madeira a se usar na prancha e na broca.

A broca é o graveto usado para criar fricção com a madeira da prancha. Havendo fricção suficiente, há de surgir uma brasa; e com a brasa você poderá criar fogo. Choupo, zimbro, álamo, salgueiro, cedro, cipreste e nogueira são as melhores madeiras para pranchas e brocas.

Antes de usar qualquer madeira para fazer fogo por fricção, esta precisa estar totalmente seca. Caso contrário, será preciso secá-la antes.

Se você tiver paciência para transformar trabalho árduo em brasas, aqui vão dois métodos de fogo por fricção que você pode tentar desde já.

Esfregando duas madeiras

1. Prepare sua prancha de madeira. Corte um sulco na prancha. Este será o seu trilho para a broca;

2. Esfregue! Pegue a ponta da broca e posicione-a no trilho de sua prancha. Comece a esfregar a ponta da broca pela extensão do sulco;

3. Crie fogo. Coloque a mecha no fim da prancha, a fim de que lhe possa empurrar brasas para dentro conforme vá esfregando. Quando conseguir fazê-lo, assopre de leve a mecha para que o fogo pegue.

Broca de arco

A broca de arco é, provavelmente, o método de fogo por fricção mais eficaz, pois torna fácil manter a velocidade e pressão necessárias para se criar a fricção e, conseqüentemente, o fogo. Além da broca e da prancha, você também vai precisar de um arco e um soquete.

1. Arrume um soquete. O soquete é usado para pôr pressão sobre a outra ponta da broca enquanto você rotaciona o arco. Esse soquete pode ser uma pedra ou outro pedaço de madeira. Caso use outro pedaço de madeira, tente encontrar uma madeira mais dura do que a da broca. Madeira com seiva ou óleo são uma boa pedida, pois criam um lubrificante natural entre a broca e o soquete.

2. Faça seu arco. O arco deve ter aproximadamente o comprimento de seu braço. Use uma madeira flexível, que esteja levemente curvada. Você pode usar qualquer coisa como corda para o arco. Um cadarço, corda ou fio de couro já virão a calhar. Apenas encontre algum material que não estoure. Coloque a corda no seu arco e mãos à obra.

3. Prepare a prancha. Corte um entalhe em forma de v e crie uma depressão que lhe seja adjacente na prancha. Abaixo do entalhe, ponha sua mecha.

4. Enrole a corda na broca. Dê uma volta com a corda na broca. Posicione uma ponta da broca na prancha e aplique pressão na outra ponta com o seu soquete.

5. Comece a trabalhar. Usando seu arco, comece a fazer um movimento de serra para frente e para trás. Você basicamente criou uma broca mecânica rudimentar. A broca há de girar bem rápido. Dê tudo de si nesse processo até criar uma brasa. (Figura 6.3)

Figura 6.3. Usando seu arco, comece a fazer um movimento de serra para frente e para trás. Dê tudo de si nesse processo até criar uma brasa.

6. Crie fogo. Despeje as brasas na mecha e assopre-a de leve. Você criou fogo.

MÉTODO POR AÇO E PEDERNEIRA

Isto é já consabido. É sempre uma boa idéia levar aço e pederneira quando a gente vai acampar. Em climas úmidos, pode ser que fósforos se tornem inúteis, mas aço e pederneira poderão criar uma fagulha. Nesse caso, é ideal que você também traga tecido carbonizado. O tecido carbonizado absorve a fagulha e a mantém em combustão lenta, sem irromper em chamas. Caso não tenha consigo tecido carbonizado, um pouco de fungo ou um pedaço de bétula hão de dar conta do serviço.

Caso se veja sem aço e pederneira, improvise: use quartzito e a lâmina do seu canivete.

1. Segure a pederneira (ou quartzito) e o tecido carbonizado. Segure o pedaço de pedra entre o dedão e o indicador. Certifique-se de que haja cerca de sete centímetros de superfície na pedra. Coloque o tecido carbonizado entre o dedão e a pederneira;
2. Raspe! Pegue o aço ou a lâmina de seu canivete. Raspe o aço contra a pederneira várias vezes. As fagulhas hão de pular desde o aço para a tecido carbonizado, pondo-lhe fogo;
3. Crie fogo. Ponha o tecido carbonizado em contato com a mecha e assopre de leve até fazê-los pegar fogo.

MÉTODO POR LUPA

Se você não quiser usar fósforos, eis o método mais fácil para se fazer um belo fogo. Qualquer moleque que já tenha derretido soldadinhos de plástico com uma lente de aumento sabe como fazê-lo. Se por acaso você nunca fez as vezes de Deus com seus brinquedos, cá vai um brevíssimo manual.

Para criar a fogueira, você só irá precisar de algum tipo de lente que foque a luz do sol num ponto específico. Uma lente de aumento, óculos (as lentes côncavas, para quem enxerga mal de perto, não servem; só as para quem enxerga mal de longe servirão), ou lentes de binóculo são todas válidas. Acrescentando-lhes um pouco d'água, conseguirá aliás intensificar o feixe de luz.

1. Posicione a lente. Ponha a lente voltada para o sol a fim de focar-lhe os raios na menor área possível; (Figura 6.4)
2. Prepare a mecha. Coloque a mecha debaixo do feixe e daí a pouco terá uma fogueira.

A única desvantagem do método é ele só funcionar quando há sol. Portanto, se estiver à noite ou nublado, você deu azar.

Figura 6.4. Ponha a lente voltada para o sol a fim de focar-lhe os raios na menor área possível.

MÉTODO POR PALHA DE AÇO E BATERIA

É difícil imaginar uma situação em que você não tenha fósforos à mão, mas tenha baterias e palha de aço. Mas, bem, nunca se sabe... Veja o bom e velho McGyver, por exemplo. E esse método é bem fácil e divertido para se tentar em casa.

1. Estique a palha de aço. É preciso orna-la com cerca de quinze centímetros de comprimento e três de largura;
2. Esfregue a bateria na palha de aço. Segure a palha de aço numa das mãos e a bateria na outra. Qualquer tipo de bateria serve, mas as de 9 volts funcionam melhor. Esfregue os conectores da bateria na palha de aço. A palha vai começar a brilhar e queimar. Assopre-a de leve.

Transfira a palha em chamas para sua mecha. A chama da palha se extingue rápido, então não perca tempo.

CONSELHO DE MACHO

Cinco alimentos que você pode preparar num graveto

Como já dito, a forma mais fácil de agilizar sua viagem de *camping* é comendo refeições que não precisem de panelas, preparação e limpeza. Portanto, abram alas aos alimentos de graveto. Só com a fogueira feita por você há dois minutos, algumas provisões simples e uma haste de madeira, é possível fazer uma refeição completa. E nada é mais gostoso e lhe dá uma sensação mais primitiva do que encher o bucho com comida fresca saída da fogueira.

ESCOLHENDO SEU GRAVETO

Eis aí o seu único utensílio; então que seja dos bons. Encontre um graveto longo o suficiente para lhe permitir sentar-se a uma distância do fogo que não o toste, e suficientemente resistente para não se quebrar com o calor e derrubar no fogo sua preciosa carga. Após escolher o graveto, apare-lhe a ponta a fim de criar uma área limpa na qual espetar sua comida.

SEU CARDÁPIO DE GRAVETO *GOURMET*

1. Qualquer tipo de carne. Enquanto o cachorro-quente, com seu formato cilíndrico, só falta implorar para que o empalem num graveto, qualquer outro tipo de carne pode ser espetada num galho e cozida no fogo. Espete-lhe um bife, umas costeletas de porco ou um peito de frango para ver só. Pontos machos extra se você matar sua própria carne. Talvez seja preciso fazer-lhe um furo inicial com a faca, e só depois espetá-la no graveto. E faça-me o favor de certificar-se de que o seu graveto aguenta o tranco; involuntariamente sacrificar um cachorro-quente às divindades das flamas, vá lá, acontece. Mas dar de comer um belo pedaço de lombo às labaredas é um baita desperdício.

2. Marshmallow. Dispensa explicações. Trata-se, pura e simplesmente, da melhor sobremesa de graveto disponível ao homem. E só existe uma maneira de consumir tal iguaria: douradinha e crocante por fora, quente e viscosa por dentro. O homem inculto há de enfiar seu *marshmallow* diretamente no fogo, a um só tempo tostando-o por fora e deixando-o cru por dentro. O desbravador civilizado, sujeito instruído que não está alheio à natureza do *marshmallow*, de muito bom grado e com cavalheiresca paciência aguarda até ficar ele assado, girando-o constantemente até deixá-lo douradinho e pronto a ser sacrificado num altar de bolachas.

3. Biscoitos. Pouquíssimos homens sabem ser possível fazer biscoitos com apenas um graveto e uma fogueira. Comece com uma lata de massa de biscoito refrigerada. Divida a massa e amasse-a até que fique com cerca de 2 centímetros de espessura. Enrole-a na ponta do graveto, apertando-lhe bem as laterais. Asse o biscoito devagar, qual um *marshmallow*, girando-o sem parar até torná-lo dourado. Quando terminar, ponha-lhe uma salsicha ou um bocado de manteiga ou geléia. Ou envolva a massa de biscoito num cachorro-quente e, claro, espete tudo num graveto.

4. Queijo grelhado. Já que o queijo grelhado é a *comfort food* definitiva, por que não pedir uma mãozinha à mãe natureza? Primeiro, saia à cata de dois gravetos em forma de garfo. Ambos devem ter largura e comprimento suficientes para suportar o peso de uma fatia de pão em suas pontas. Passe manteiga em duas fatias de pão e coloque uma delas em cima do primeiro graveto. Acrescente-lhe algumas fatias de queijo e cubra-as com outra fatia de pão. Toste o sanduíche. Quando a fatia de baixo estiver tostada, pegue o segundo graveto e posicione-o em cima do sanduíche. Com cuidado, gire o sanduíche e toste-o do outro lado.

5. Ovo. Há mais formas de se cozinhar um ovo do que você pode imaginar, e cá está mais uma: com a ponta do canivete, delicadamente faça dois pequenos furos em cada uma das pontas do ovo. Depois, com cuidado espete a ponta do graveto no furo da parte de baixo do ovo. Mantendo-o na horizontal, cozinhe-o sobre as brasas. Quando já estiver difícil de puxá-lo do graveto e a clara não mais vazar pelos seus furos, o ovo há de estar prontinho para ser comido.

PREVEJA O CLIMA COMO UM HOMEM DA FRONTEIRA

Antes que houvesse as curvilíneas mulheres do tempo, a Maju Coutinho e o Climatempo, os homens previam o tempo por conta própria. Valendo-se de dores nos ossos e atentos às pistas da Mãe Natureza, podiam os homens da fronteira prever o clima do dia ou até da semana seguinte. Quando você está acampando, longe do celular e sem o pai Google, ser capaz de prever o tempo feito o Daniel Boone[1] é uma habilidade fundamental e máscula a se possuir.

---

1 Daniel Boone (2 de novembro de 1734–26 de setembro de 1820) foi um pioneiro, desbravador e homem fronteiriço americano, cujas explorações o tornaram um dos primeiros heróis populares dos Estados Unidos.

"À NOITE CÉU VERMELHO, DELEITE DO MARINHEIRO. DE MANHÃ CÉU VERMELHO, TOMA CUIDADO, MARINHEIRO"

E não é que Shakespeare, a Bíblia e os capitães de embarcações ao redor do globo calhavam de estar certos? O famoso ditado que vai acima é um bocado exato para a previsão do tempo. Se ao pôr do sol estiver carmesim o céu, está soprando um pujante ar seco e levando consigo a poeira. Os raios luminosos vermelhos do amanhecer, mais longos, atravessam a atmosfera, enquanto os raios de outras cores são nela dissipados. Se vir o céu vermelho num nascer do sol, o ar seco já passou e a caminho está um ar úmido, de pressão mais baixa.

OLHE PARA AS NUVENS

Nuvens *cirrus*. As nuvens *cirrus* são alongadas e finas, e flutuam mais alevantadas no céu. Nuvens *cirrus* mais baixas, que se afiguram caudas de cavalo, são prenúncios de mau tempo. (Figura 6.5)

Figura 6.5. Nuvens *cirrus* mais baixas, que se afiguram caudas de cavalo, são prenúncios de mau tempo.

Nuvens *cumulus*. As *cumulus* são as nuvens grandes e fofinhas nas quais sentam-se os anjos para tocar harpa, e que fazem as vezes de carros aos Ursinhos Carinhosos. Se você as vir brancas, feito bolas de algodão gigantes, o tempo há de ser bom ao longo do dia. Se contudo escurecerem, transmutando-se em agourentas nuvens, vêm aí raios, trovões e um assassinato na velha hospedaria. (Figura 6.6)

Figura 6.6. Se você as vir brancas, o tempo há de ser bom ao longo do dia. Se contudo escurecerem, transmutando-se em agourentas nuvens, vêm aí raios e trovões.

Nuvens *stratus*. São como um lençol gigante que cobre toda uma porção do céu. Caso estejam a flutuar numa altura média ou alta, chuva talvez caia nas próximas 36 horas. (Figura 6.7)

Figura 6.7. Se as nuvens *stratus* estiverem flutuando numa altura média ou alta, chuva talvez caia nas próximas 36 horas.

Nuvens numa noite de inverno. Caso aviste nuvens numa noite de inverno, espere por um aumento na temperatura.

VERIFIQUE A LUA

Um anel em volta da lua. As nuvens *cirrostratus* podem, às vezes, criar uma aparência de anel ou halo em volta da lua. Os seus cristais de gelo refletem a luz e produzem a ilusão. No geral, antecedem elas uma frente quente e são prenúncio de que chuva ou neve hão de cair dentro de 36 horas.

Uma lua que mais parece um grande pedaço de pizza. A previsão do tempo é *amore*.

OBSERVE AS PLANTAS

Pinhas. As pinhas permanecem fechadas enquanto a umidade está alta. Se a umidade está alta, é quase certo que vem chuva por aí; se o tempo estiver mais seco, as pinhas se abrirão.

Plantas. No geral, quando o ar está muito úmido ondulam-se as folhas das plantas, e a partir daí vê-se a chance de chuva. Maior umidade faz, além disso, as plantas soltarem resíduos. Portanto, se a floresta estiver cheirando a adubo, traga seu poncho.

OBSERVE OS ANIMAIS

Vacas. Pelo visto, o tempo nublado deixa nossas amigas bovinas melancólicas. Quando há chuva a caminho, abaixam as cabeças, mugem amuadas e põem-se a ler *O apanhador no campo de centeio*.

Pássaros. Se avistar pássaros voando alto no céu, o sinal é de tempo bom. Por outro lado, caso veja vários pássaros empoleirados nos fios de alta tensão e nas árvores, ou estão eles conspirando contra você, ou estão para chegar uma queda de pressão atmosférica e mau tempo. Espere por chuva e/ou um ataque mortífero de gaivotas nas próximas doze horas.

Abelhas. As abelhas ficam perto de suas colméias quando há chuva iminente.

CONSELHO DE MACHO

Limpe um peixe

Não há nada como uma boa e velha pescaria para ajudá-lo a se reconectar com as pulsações da vida. O gorgolejar duma correnteza, o zunzum dos insetos e o som rítmico de sua vara de pesca podem trazer-lhe perfeita paz de espírito. Quando um peixe morde a isca, eis que se transmuta o seu transe meditativo em alegre alvoroço, e lhe resta uma escolha: soltar o peixe ou ficar com ele e cozinhá-lo. Caso escolha a última, será preciso limpá-lo antes de pô-lo no prato. É trabalhoso; contudo, nada é mais gratificante do que preparar uma refeição com algo que você capturou da natureza.

Lave. Antes de cortar o peixe, lave-o bem com água corrente limpa. Pode fazê-lo numa torneira, claro. Mas venhamos e convenhamos ser muito mais macho lavá-lo no riacho que sulca uma montanha.

Corte-lhe as nadadeiras. Pegue uma faca e corte as nadadeiras peitorais de ambos os lados do peixe.

Remova suas escamas. Ou com uma faca sem fio, ou com a parte traseira da faca mais cedo usada para cortar as nadadeiras, remova as escamas do peixe. Ponha a faca cega num ângulo de 90 graus em relação ao seu corpo e com ela raspe-o da cabeça à cauda. Faça-o até ele inteiro estar liso ao tato. (Figura 6.8)

Arranque-lhe as entranhas. Faça um corte no meio da barriga do peixe, das brânquias até a abertura anal. Enquanto segura-lhe o maxilar, de dentro puxe suas brânquias e entranhas. Certifique-se de que tudo cá fora esteja limpo. Talvez seja necessário raspar-lhe os rins para fora com uma colher. Você os verá como uma linha vermelho escura na espinha do peixe.

Enxágüe-o. Após limpá-lo, dê uma boa enxaguada na cavidade interna do peixe.

Remova-lhe a barbatana dorsal. Corte ambos os lados da referida barbatana e retire-a com um alicate. Você pode ou cozinhar o peixe inteiro, ou tirar-lhe a cabeça e a cauda. Aí já é questão de gosto pessoal, e de se importar ou não em ser encarado pelos olhos esbugalhados de sua janta.

Figura 6.8. Tire as escamas do peixe: ponha a faca cega num ângulo de 90 graus em relação ao seu corpo, e com ela raspe-o da cabeça à cauda. Faça-o até ele inteiro estar liso ao tato.

ORIENTE-SE SEM UMA BÚSSOLA

> *Todos precisam de beleza como de pão; de locais onde se possam divertir e rezar, em que venha a natureza dar-lhes cura e ânimo, e forças ao corpo e a alma. Mantenha-se perto do coração da natureza... E de quando em vez escape de tudo e corra até ela; escale uma montanha ou passe uma semana no mato. Lave sua alma.*
>
> — John Muir

Antes do GPS, e aliás antes mesmo dos mapas e bússolas, era o homem capaz de orientar-se pelo mundo simplesmente observando o céu e seu entorno. Infelizmente, graças a uma dependência tecnológica perdeu-se a habilidade de nos orientarmos sem quaisquer ferramentas. Embora a tecnologia seja precisa, você pode ficar na mão quando mais precisar.

Não seja o tipo de homem que entra a se descabelar só porque perdeu seu precioso dispositivo de navegação. Um homem de verdade sabe como guiar-se no mundão apenas com sua astúcia e inteligência. Bússola? Quem é que precisa de uma porcaria de bússola?

USE A ESTRELA POLAR PARA SE ORIENTAR[2]

A Estrela Polar, ou Polaris, tem feito as vezes de farol a incontáveis gerações de marinheiros e exploradores. Uma vez que se a veja, é facílimo deixar-se guiar por ela e começar a rumar para o caminho certo.

Figura 6.9. Portanto, dirija o olhar à estrela posicionada na ponta da concha da Ursa Maior. Trace uma linha imaginária desde esta ponta até a ponta do cabo da concha da Ursa Menor. Eis a Estrela Polar.

---

2 As dicas abaixo são válidas apenas para quem está no hemisfério Norte. No hemisfério Sul é útil localizar o Cruzeiro do Sul: o pé da cruz aponta para o Sul no horizonte — NE.

Para localizar a Polaris, é preciso antes encontrar as constelações Ursa Maior e Ursa Menor, que têm formato de conchas. Portanto, dirija o olhar à estrela posicionada na ponta da concha da Ursa Maior. Trace uma linha imaginária desde esta ponta até a ponta do cabo da concha da Ursa Menor. Eis a Estrela Polar. A partir daí, basta o bom e velho norte-sul-leste-oeste e você já poderá se pôr a caminho. (Figura 6.9)

USE O SOL PARA SE ORIENTAR

Sombra de graveto. Enfie um graveto no chão e o posicione de modo que fique apontado para o sol. Nessa posição, você não conseguirá ver a sombra do graveto. Vá procurar cabeças de flecha ou sair na porrada com um urso. Quando o graveto estiver a projetar uma sombra de pelo menos quinze centímetros de comprimento, quer dizer que ela está apontando para o leste. Trace uma linha perpendicular imaginária através da sombra. As pontas dela são o norte e sul.

Método do relógio. Só há de funcionar se for analógico o seu relógio. Seu Casio com calculadora infelizmente não vai servir. Mais: precisa ele estar ajustado no horário padrão. Portanto, volte-lhe o ponteiro se ele estiver no horário de verão. Tire o relógio do pulso e segure-o nivelado. Pegue um galho pequeno e posicione-o perpendicularmente ao relógio, alinhando a ponta inferior do galho com o ponteiro das horas. Agora, mova o relógio e o galho juntos até que a sombra deste fique projetada sobre o ponteiro das horas. O ponto entre o ponteiro das horas e o número doze de seu relógio estará, então, apontando para o sul.

E, enfim, esqueça aquele papo dos filmes sobre encontrar musgo só do lado norte das árvores. O musgo cresce por todos os lados das árvores. Maldito seja o musgo!

QUATRO NÓS QUE TODO HOMEM DEVE CONHECER

Esteja você amarrando a lona de sua tenda ou resgatando seu amigo num barranco, conhecer alguns nós é algo que vai ajudá-lo a terminar o serviço de modo seguro e acertado. Infelizmente, muitos homens desconhecem o que seja dar nós, e no final só fazem dar sabe-se lá quantas voltas em suas cordas, formando um bolo mal alinhavado que só aparenta segurança. Se você não está a fim de ver sua canoa cair de cima do carro enquanto estiver na estrada, aprenda a fazer nós de gente. Para ajudá-lo a começar eis aqui quatro nós básicos que todo homem deve conhecer.

NÓ DIREITO (Figura 6.10)

Também designado como "reef knot" pelos nossos amigos britânicos, o nó direito é uma boa forma de usar uma corda para fins os mais diversos. É com ele que os marujos amarram as velas dos seus barcos. Você o usa no dia-a-dia para amarrar os sapatos. O nó direito não deve ser usado para amarrar cordas entre si. Contudo, se você precisa que alguma outra coisa seja amarrada com uma corda, eis o seu nó.

1. Segure uma ponta de cada corda em cada uma das mãos;
2. Pegue a ponta que lhe está na mão esquerda e cruze-a sobre a ponta direita. Isso deverá formar um "x";
3. Pegue esta mesma ponta esquerda (que agora está à direita) e enrole-a em volta da ponta direita. Agora, você há de ter algo que lembra um "w";
4. Cruze a ponta da direita sobre a da esquerda para formar um nó. Puxe o nó com força.

LAIS DE GUIA (FIGURA 6.11)

O lais de guia forma um laço seguro na ponta da corda. Quando está a segurar alguma carga, não se afrouxa nem a estrangula. É um nó bom de usar para se prender um cabo de amarração a um poste. Como não corre, o lais de guia pode ser usado para erguer uma vítima que tenha caído num barranco ou buraco, por exemplo.

1. Forme um pequeno laço perto do final da corda;
2. Pegue a outra ponta da corda e puxe-a por dentro do laço. Puxe até formar um laço do tamanho do objeto que você deseja carregar;
3. Passe a mesma ponta em volta da primeira ponta;
4. Continue, e traga a referida ponta para baixo através do laço pelo qual você já a fez passar. Aperte para formar o nó.

Truquezinho fácil para ajudá-lo a se lembrar de como se faz o nó é imaginar que a corda é um coelho, o laço é a toca e a outra ponta, uma árvore. O coelho sai da toca, dá a volta na árvore, volta para a toca e pimba! Aí está seu nó.

Figura 6.10

Figura 6.11

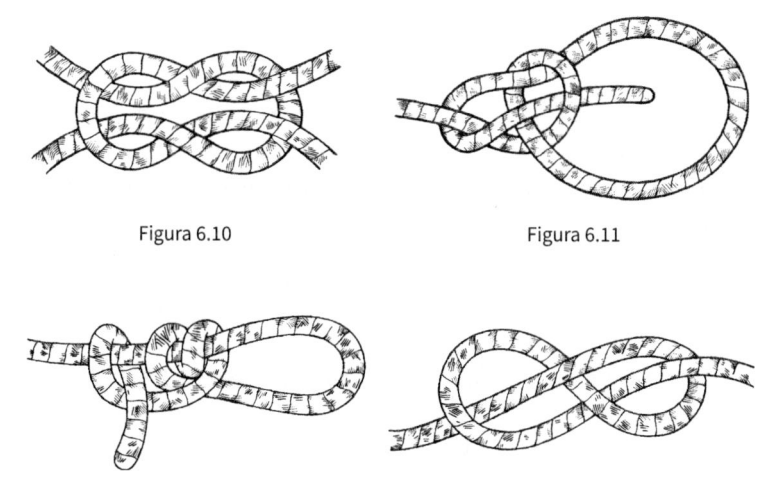

Figura 6.12

Figura 6.13

NÓ PARA ENGATE (FIGURA 6.12)

O nó para engate é ajustável e permite que você aumente ou encurte a corda conforme precisar. É útil sobretudo quando se trata de armar uma tenda. Você pode usá-lo para apertar ou afrouxar a linha usada para firmar a tenda no chão.

Como dar o nó:
1. Primeiro, passe uma ponta da corda em volta da estaca da tenda e traga-a na direção da outra ponta da corda;
2. Pegue a ponta da corda sob o restante esticado da corda e passe-a por debaixo do buraco criado pela interseção da corda e a estaca;
3. Dê mais uma volta na corda e repita o processo;
4. Traga o fim da corda de volta para a frente dos dois laços que você formou e faça um terceiro laço em volta da parte ociosa da corda;
5. Puxe a ponta da corda pelo laço que lhe foi criado ao lado, enquanto você faz o terceiro laço.

NÓ DE OITO (FIGURA 6.13)

O nó de oito funciona mais ou menos como o lais de guia. É essencial para escaladas em montanhas. Se não aprender a fazê-lo, é bem capaz que uma hora você se veja preso no fundo de uma fenda no gelo com o abominável homem das neves no seu encalço.

Como fazê-lo:
1. Forme um laço com a corda cruzando uma de suas pontas sobre a própria corda;
2. Passe a ponta direita da corda em volta do lado esquerdo do laço;
3. Puxe a ponta para cima, através do laço;
4. Se você fez tudo certo, o nó estará parecendo um oito.

CAPÍTULO VII

O líder

O líder é o homem capaz de adaptar princípios às circunstâncias.
— General George Smith Patton Jr.

Todos nós em alguma altura da vida somos líderes. Lideramos no trabalho, em nossas comunidades e famílias. Para muitos, ser um líder é ter o poder de controlar os outros. Quem assim pensa descobre, mais dia, menos dia, que tanto menos influência exerce sobre os outros quanto mais os tenta controlar. Para outros, liderar significa sobressair-se numa posição de autoridade. Contudo, pode ser um líder o sujeito que esteja no degrau mais baixo da escada hierárquica. Quando percebe que algo precisa ser feito, um homem não pode deixar que sua posição inferior o impeça de assumir o comando; portanto, toma a frente e assume a responsabilidade. A verdadeira liderança nada tem a ver com superioridade, posição ou prestígio. Liderar significa, na verdade, revelar e libertar o potencial daqueles à sua volta. Não se trata do poder de uma pessoa, mas do crescimento de muitas.

Infelizmente, muitos homens hoje em dia se esquivam das responsabilidades da liderança, seja por preguiça, seja por apatia. Preferem a isto uma vida de facilidadezinhas ignóbeis, em que ombros alheios carregam a responsabilidade que deveria ser deles. Contudo, mais do que nunca o mundo carece da liderança de homens virtuosos. Quando o chamarem para ser um líder, você há de estar pronto para o desafio?

CINCO ATRIBUTOS DA LIDERANÇA

> *Em todo e qualquer momento decisivo, a melhor coisa a se fazer é a coisa certa, a segunda melhor coisa a se fazer é a coisa errada, e a pior coisa a se fazer é nada fazer.*
>
> — Theodore Roosevelt

Em 1950, o Departamento de Defesa publicou um livreto chamado *The Armed Forces Officer*, no qual se podiam ler conselhos sobre como alguém poderia tornar-se um líder e um homem melhor. Ali, listavam-se cinco atributos que perfaziam um líder eficaz. Tomamos os referidos atributos e lhes exploramos o significado e aplicação para todos os homens, quer sejam eles soldados, quer civis.

1. RESOLUÇÃO TRANQÜILA

Um líder eficaz está sempre resolvido a levar a cabo seja lá qual tarefa se imponha. É fácil ser determinado na bonança que antecede a tormenta. É quando se lhe deparam o medo, o caos e o alvoroço de uma crise que surge no homem a genuína resolução. No crucial instante, o homem tranqüilamente resoluto não titubeia ou se acovarda, amolecendo feito gelatina fora da geladeira. Sem a terrível opressão da indecisão a sufocá-lo, fica ele frio e com a cabeça no lugar, impávido colosso ante o desafio. Não é barulhento e espalhafatoso, berrando qual maluco numa vã tentativa de disfarçar os brios e bagos que lhe faltam. O homem tranqüilamente resoluto inspira confiança suprema. Enquanto colapsa e ruina o mundo à sua volta, sabe ele qual é a sua missão e como levá-la a cabo sem se abalar.

Como se tornar um líder tranqüilamente resoluto: não espere que uma crise surja para tomar uma decisão. Entenda quais são os seus valores e objetivos, planeje como há de reagir quando surgir um determinado tipo de crise e exija-se decisões rápidas e cabais. Não vá esperar o calor do momento, quando estiver tentado a abrir mão de seus valores. Trace um plano. Quando chegar a hora da prova, você não há de entrar em pânico ou vacilar; pura e simplesmente lembrar-se-á do seu plano, e o seguirá à risca.

2. A INTREPIDEZ DE "PÔR O SEU NA RETA"

Grandes conquistas reservam-se a quem está disposto a pôr o seu na reta. Um líder que sempre escolhe o caminho mais seguro jamais haverá de pôr quem seja — os seus liderados ou ele próprio — numa posição de sucesso. Claro, uma vida sem riscos é atrativa; sua açucarada canção de ninar de segurança e conforto já ludibriou muitos homens, aferrolhando-os à apatia e mediocridade. Contudo, o homem que nunca ousa está cego ao maior dos riscos: o risco de nunca progredir, de jamais aperfeiçoar sua alma ou conquistar algo que realmente valha a pena.

Como se tornar um líder que põe o seu na reta: é bem real o medo de pôr o seu na reta. Se não venceu as pequenas provações, não espere ser valente com grandes riscos. Portanto, saia à cata de oportunidades cotidianas para pôr o seu na reta com coisas pequenas. Conforme as vai enfrentando e vencendo, vai aumentando o seu poder de vencer o medo e o seu tino de saber quando vale a pena correr este ou aquele risco. Com isto, você há de conseguir a fibra que exigem os grandes riscos.

3. A DISPOSIÇÃO PARA DIVIDIR RECOMPENSAS COM SUBORDINADOS

Um grande líder, conquanto supremamente confiante, é humilde para reconhecer que sucesso algum é um esforço solitário, a despeito de quão crucial tenha sido o seu papel. É profundamente grato a todos quantos fizeram parte do seu triunfo, e não menos aos que desempenharam os menores papéis. Sabe ele que as pessoas adoram ser reconhecidas por suas contribuições. Quando uma pessoa vê que seu líder é humilde e compartilha com outros seu sucesso, fica mais disposta a segui-lo.

Como se tornar um líder que divide recompensas com subordinados: compartilhar o sucesso com seus subordinados é mais fácil do que você pensa. O reconhecimento público, um aumento de salário ou um simples bilhete de agradecimento podem surtir um efeito espantoso. Quando for agradecer ou elogiar, seja tão específico quanto possível. Com isto fica a pessoa sabendo que você está perfeitamente a par de qual foi o seu papel, e o agradecimento ou elogio sai-lhe muito mais pessoal e sincero.

4. IGUAL DISPOSIÇÃO PARA ASSUMIR A CULPA QUANDO AS COISAS DÃO ERRADO

É quando tudo não sai como esperado e degringolam os planos que separamos os homens dos meninos. Um líder meia-boca sempre aceita de muito bom grado os elogios quando vão bem ele e a sua equipe, e encontra algum bode expiatório quando dá tudo errado. Isto faz desabar por completo qualquer confiança e fidelidade que seus liderados pudessem nele ter. Líderes verdadeiros, mesmo quando sabem ser um dos seus subordinados o culpado, assumem total responsabilidade por uma falha. Portanto, o que fará um líder eficaz é tomar medidas imediatas para corrigir a situação.

Como ser um líder assumindo a culpa quando as coisas dão errado: Quando assumir a culpa, faça-o com sinceridade. Aceitar a culpa carrancudo, com muxoxos, só lhe dará ares menos de homem e mais de criança. Nunca dê uma de mártir e busque glória na queda. Por outro lado, não aceite a culpa só para depois jogá-la na cara dos subordinados. Você vai soar meio babaca, e, de novo, destruir-lhes a confiança em você.

5. A CORAGEM PARA SOBREVIVER À TORMENTA E ÀS DECEPÇÕES...

... E para enfrentar cada novo dia com bom ânimo; tanto sem se apegar aos sucessos quanto sem deixar-se abater pelos fracassos. Todos os grandes líderes da história tiveram seus momentos de êxito glorioso e de malogro arrasador. Grandes líderes focam-se no que podem mudar e influenciar — onde não está incluso o passado. Se falhar, aprenda com o erro e não remoa o fracasso. Quando for bem-sucedido, comemore com seus colaboradores e siga em frente. Um líder que só pensa no passado mostra que não tem o olhar fixo no que realmente importa. Além do mais, como já aprendemos com os gregos, num piscar d'olhos a arrogância de um líder pode se tornar sua ruína. Seja tão humilde quanto ambicioso, e vice-versa.

Como se tornar um líder que não vive no passado: leia biografias de grandes líderes na história. Ler sobre suas vidas há de ensinar-lhe que até mesmo os maiores e melhores líderes sofreram revezes enormes. Com isto, alcançará perspectiva, e a consciência de que um fracasso não é uma pá de cal sobre a capacidade de liderança de um homem. E, por outro lado, suas façanhas haverão de inspirá-lo a acreditar na poderosa influência que um verdadeiro líder pode exercer sobre a história.

EXALE CARISMA MAGNÉTICO

Quase todos os líderes exalam uma certa quantidade de carisma. O carisma é qualidade intangível, que atrai as gentes como um imã e as faz acreditar no que o líder lhes vende, e as põe dispostas a segui-lo até o fim do mundo. Conquanto seja verdade que alguns já nascem com um carisma natural, quem com ele não foi geneticamente abençoado pode também aprender a desenvolvê-lo.

Desarme para encantar. Eis aí, nessas três palavrinhas, toda a chave para o carisma. Quando a cordialidade, candura e mistério de um sujeito confundem as expectativas dos outros, estes hão de baixar a guarda e deixar-se abertos às suas sugestões e poder persuasivo.

Aja com interesse genuíno. A verdadeira marca do homem carismático é sua habilidade de fazer o outro se sentir como se fosse a pessoa mais importante do mundo. Entra de cabeça, corpo e alma na conversa, criando uma espécie de casulo ao redor de si e do seu interlocutor. Parece alheio a quaisquer distrações e age como alguém realmente interessado no que o outro tem a dizer. Como fazer isso? (Figura 7.1)

- Mantenha contato visual. Mas não me vá cravar o olhar esbugalhado no coitado do interlocutor, como se estivesse a projetar raios *laser*. Para conseguir a intensidade certa, fite-lhe os olhos e de vez em quando desvie os seus, rapidamente, para as laterais da cabeça dele;
- Mostre que está escutando. Balance sua cachola de tempos em tempos. Diga algo como "uhum", "entendo", "hmmmm", "certo", etc.;

- Certifique-se de ser a outra pessoa quem fala mais. Faça perguntas sobre coisas que lhe sejam interessantes. Então, enquanto ouve suas histórias, faça mais perguntas e peça que ela fale mais sobre o assunto;

Figura 7.1. A verdadeira marca do homem carismático é sua habilidade de fazer o outro se sentir como se fosse a pessoa mais importante do mundo.

- Use o nome da pessoa. Todo mundo adora o som do próprio nome. Ao usar o nome da outra pessoa durante a conversa, você há de soar atencioso e educado. Um bônus seu é você lhe mostrar que vinha prestando atenção durante as apresentações, e que o interlocutor era importante a ponto de você memorizar-lhe o nome. Contudo, não exagere. Ficar falando seu nome a torto e a direito o fará parecer menos um líder carismático e mais um vendedor de carros fanfarrão.

Cultive um pouco de mistério. O carisma é como um fogo que precisa de espaço e oxigênio para sobreviver. Se você for um livro totalmente aberto, pode dar tchau às flamas. As pessoas seguem um líder carismático por ele criar à roda de si uma aura que o torna, aos seus olhos, de algum modo diferente; sua cosmovisão é mais larga do que a do cidadão comum. Se todo mundo souber que você dirige um civic, gosta de uma pelada no sábado, come no Burger King três vezes por semana e nunca viajou para fora do país, ninguém há de acreditar que você tem poderes especiais secretos. Um pouquinho de mistério intriga e instiga os outros a desvendá-los.

Imite na cara dura. A imitação é a mais sincera forma de elogio, e um dos melhores métodos para se construir carisma. Estudos mostram que a cuidadosa e sutil imitação da linguagem corporal e forma de falar de nosso interlocutor faz com que lhe ganhemos, e instantaneamente, a empatia, confiança e boa vontade. Quando estiver a falar com alguém, observe e então imite sua posição corporal e padrão de fala; caso ela cruze as pernas, faça o mesmo; se ela se inclinar para trás, incline-se também para trás; se ela falar mais devagar, siga no mesmo ritmo. Sempre espere dois ou três segundos antes de imitar-lhe o comportamento. E seja sutil e inexato. Se você copiar o outro à perfeição, sua mímica se tornará por demais óbvia, a pessoa vai perceber e o tiro sairá pela culatra, por assim dizer. Ninguém gosta de ser alvo de piadas.

Sorria. Poucas coisas têm mais poder de desarme do que um sorriso verdadeiro e caloroso. É capaz de aquecer as pessoas como um raio de sol.

Seja generoso com seus elogios. Ninguém se sente bem consigo mesmo o tempo inteiro; uma vez na vida, todo mundo já foi aquele gordito que ninguém escolhia na hora de jogar bola, e, portanto, está com a auto-estima lá no fundo do poço. O homem carismático está sempre à procura de oportunidades para melhorar a auto-estima alheia. Solte elogios a torto e a direito, grandes e pequenos e médios.

Use humor autodepreciativo. De quando em vez também o carismático pode enfiar-se numa enrascada; contudo, a despeito de quão maus sejam os lençóis, ele consegue sair ileso. Alguns pensam que o líder não deve jamais admitir seus erros; na verdade, é o contrário. O líder carismático admite que se dá mal, mas o faz com um sorriso no rosto e muito bom humor. Você se torna mais atraente e acessível quando não se leva a sério demais.

COMO DAR UM APERTO DE MÃO DE HOMEM

Em seu caminho rumo ao sucesso e à glória hão de passar centenas de pessoas que poderão ou ajudá-lo a subir na vida, ou malograr o seu progresso. Portanto, é essencial que você cultive a habilidade de causar uma primeira impressão bombástica. Além de se vestir bem e exalar carisma, a habilidade de dar um aperto de mãos de homem é um componente crucial em seu arsenal de primeiras impressões. Não se engane: o aperto de mão diz muito sobre um homem. E aí, seu novo conhecido vai pensar que você há pouco escalou o Monte Olimpo ou simplesmente vai descartá-lo como mais um frouxo? (Figura 7.2)

Figura 7.2. Além de se vestir bem e exalar carisma, a habilidade de dar um aperto de mãos de homem é um componente crucial em seu arsenal de primeiras impressões.

COMO FAZER

Muita apresentação foi já malograda por um sujeito que estende uma mão molenga, que mais parece um peixe morto. Portanto, guarde o atum para o jantar e certifique-se de dar um aperto de mão firme e confiante. Por outro lado, não é preciso esmigalhar as mãos alheias.

- Segure a mão da outra pessoa, não seus dedos. Certifique-se de que a curva entre seus dedos indicador e dedão se encaixe na curva da mão alheia;
- Verifique se não há comida ou sujeira em sua mão. O importante é a pessoa lembrar-se de você, não de como você ama aquele Cheetos de queijo;
- Se suas mãos estiverem suadas, limpe-as rapidamente nas calças. Deixar as mãos abertas momentos antes de um aperto, em vez de fechadas, vai ajudar a evitar que fiquem suadas;
- Quando oferecer sua mão, olhe nos olhos da pessoa e sorria;
- Quando for apertar a mão de uma mulher, só o faça se esta lhe for oferecida. Caso o faça, dê um aperto de mão firme. Mulheres não gostam de apertos de mão molengas.

QUANDO FAZER

Apertos de mão precisam de *timing*. Muitas pessoas evitam dar apertos de mão com medo de que se lhes deixem no vácuo. Caso esteja em dúvida se a outra pessoa irá notar sua mão estendida, estenda-a do mesmo jeito. No mais das vezes, vão notá-la e responder com um aperto.

Saiba que em algumas culturas o aperto de mão não é um cumprimento apropriado. Em países como a Tailândia e Índia, por exemplo, espera-se que você junte suas duas mãos e se curve. Fique atento a essas diferenças culturais.

> **CONSELHO DE MACHO**
>
> **E se o deixarem no vácuo?**
>
> É difícil não se sentir idiota quando sua mão é deixada no vácuo, especialmente quando todos o percebem, menos a pessoa à qual fora estendida a mão. Contudo, não se sinta envergonhado. Não é que o outro o julgue desimportante, foi apenas uma falha no seu *timing*. Como evitar que isso aconteça:
>
> - Não ofereça a mão para o aperto se a pessoa estiver noutra conversa;
> - Não se aproxime de alguém pelo lado com a mão estendida. Fica difícil de enxergá-lo;
> - Cumprimente a pessoa primeiro de forma audível, para ganhar-lhe a atenção, e depois ofereça sua mão;
> - Se for deixado no vácuo, não ceda à tentação de passar a mão no cabelo e soltar um "vai se ferrar", só para não ficar feio na foto.

PREPARE E DÊ UM BAITA DISCURSO

Você tem inimigos? Ótimo.
Significa que alguma vez na sua vida você já lutou por algo.
— Winston Churchill

É inegável o poder da palavra falada. Grandes discursos já motivaram cidadãos à insurreição contra a injustiça, a encontrar sentido nas tragédias e à cristalização na memória de eventos importantes, com a dignidade e solenidade que lhes cabem. As palavras são capazes de mudar o curso da história ou alterar o caminho de vida de um indivíduo.

Embora a maior parte de nós não tenha nascido para convocar tropas às armas ou debater no Congresso, todo homem que se preze deve esforçar-se para ser um grande orador. Quer seja dando um discurso de padrinho de casamento, argumentando contra uma norma na câmara municipal, fazendo uma proposta no trabalho ou elogiando quem seja, algumas vezes na sua vida você há de ser convidado (quando não forçado) a falar em público. Não seja um daqueles sujeitos que só faltam mijar na calça ante tal perspectiva. Seja um homem que recebe de bom grado a oportunidade de inspirar e tocar os corações alheios com o poder das palavras. Melhor: seja um homem que com isto se regozija. Quando surgir a oportunidade, seja o cara em quem todos vão pensar primeiro. Quando o dever chamá-lo, eis aqui como fazer jus à ocasião.

PREPARE SEU DISCURSO

1. Defina o propósito de seu discurso. Antes de começar a escrever, defina qual é o objetivo do seu discurso. Quer ele informar? Entreter? Persuadir? Motivar? O objetivo é convencer seus amigos de que a masculinidade é importante? Quando já o souber, escreva. Desse modo você se manterá em foco e organizado.

2. Pesquise. Primeiro, fique a par de qual é o contexto de sua audiência. O que os motiva? Quais são suas preocupações? Sabendo-o, conseguirá criar um discurso feito especificamente para seus ouvintes. É fácil fazê-lo: basta pedir a quem lhe deu a tarefa algumas informações sobre a audiência.

Em seguida, pesquise sobre o tópico abordado. Esta é sempre uma boa idéia, ainda que você seja especialista na pauta do discurso. Talvez descubra algo novo sobre o tópico, ou consiga uma perspectiva sua que seja mais interessante ao seu público.

3. Esboce. O melhor modo de fazer um esboço é começar fazendo uma lista de todos os pontos que você gostaria de abordar no seu discurso. Nessa altura, não se segure. Quando terminar, confira a lista e escolha os três pontos mais importantes que o ajudarão a atingir o propósito de seu discurso.

Depois, organize-os numa ordem lógica em forma de esboço. Você pode organizá-los cronologicamente ou apresentar os problemas seguidos de suas respectivas soluções.

4. Escreva seu discurso. Mesmo que não planeje ler o discurso ou usar anotações, é sempre uma boa idéia escrevê-lo inteiro. Isso irá ajudá-lo a manter o pensamento focado, dando-lhe algo para estudar e evitando que você gagueje como um bêbado quando chegada a hora H. Ter consigo o discurso escrito e saber exatamente o que você quer dizer são, também, fatores que lhe darão mais confiança.

5. Não economize na abertura. A maioria das pessoas abre um discurso com alguma espécie de piada, visando quebrar o gelo. Isso é arriscado: se a piada não der certo, você já se queima com a audiência logo de cara.

Um belíssimo modo de começar um discurso é desde já relacionar o tema com a experiência de vida dos ouvintes. Todos hão de ficar interessados instantaneamente ao saber que a pauta do discurso os afeta diretamente. Começar contando uma história também é uma excelente estratégia. Com isto se aumenta o interesse de seus ouvintes, fazendo-os se conectar emocionalmente com você.

Seja lá qual for a abordagem escolhida, sempre deixe sua audiência a par do tópico já na introdução. Não é uma boa idéia deixá-los no escuro sobre qual raios é o assunto até o final da apresentação.

6. Use anedotas pessoais. É sempre bom criar uma conexão com sua audiência. A melhor forma de fazê-lo é contar algo pessoal seu. Sua vida é repleta de experiências e histórias com as quais os membros de sua audiência podem se identificar.

7. Fale como uma pessoa normal. Quando estiver a escrever seu discurso, não use palavras difíceis para soar "espertão". Se você não fala de tal jeito no seu dia-a-dia, não invente de usá-lo na hora do discurso.

8. Termine com um estrondo. A melhor forma de se encerrar um discurso é resumindo seus pontos principais. Assim, você garante que o público saia do recinto sabendo exatamente o que você desejava lhes expor. Se o propósito de seu discurso for despertar as pessoas à ação, conclua-o com uma convocação direta. Use uma linguagem que fomente os ânimos e estruture suas frases de modo a progressivamente aumentar o alvoroço até alcançar um clímax emocional. Não importa como seu discurso termine, torne-lhe breve o fechamento, ou seu impacto será menor.

DÊ O DISCURSO

1. Pratique. Pratique. Pratique. Antes de dar o discurso, você o precisa ter praticado ao menos uma dúzia de vezes. Pratique também onde encaixar seus gatilhos oratórios — suas pausas, gestos com as mãos e inflexões vocais. Pratique em frente a um espelho. Pratique na frente de um amigo e lhe peça a opinião honesta.

2. Esteja bem vestido. Não vá me surgir para o discurso vestido como se fora dar uma palestra aos pombos no parque. Seus trajes têm de refletir o conteúdo e o tom do seu discurso. Para um discurso mais formal ou persuasivo, vista um terno ou, pelo menos, um paletó esportivo e calças compridas. Se for um discurso sobre suas aventuras na África, vista roupas de safari. Contudo, a despeito de circunstâncias cambiáveis, a regra é: sempre esteja bem vestido. Tanto o seu público quanto você mesmo hão de respeitá-lo mais.

3. Mantenha a postura. Repito: você precisa transmitir uma imagem confiante. Ninguém quer ver um Quasímodo conversando com os próprios pés.

4. Varie o tom da voz. Nada é mais soporífero do que o discurso dum andróide oriundo do ano 2050. Preste atenção à sua voz: não a deixe soar robótica, e acrescente colorido às diversas inflexões vocais enquanto discursa. Use-as para sinalizar uma inquirição, algum sarcasmo ou empolgação. Lembre-se: tudo isso você já faz naturalmente, no seu dia-a-dia.

5. Seja o mestre das pausas. A maior parte das pessoas fica tão nervosa quando discursa que desembesta a cuspir palavras sem parar, qual uma metralhadora. Porém o afobamento rouba-lhes uma das melhores técnicas oratórias: a pausa. A pausa pode adicionar um toque dramático a uma frase ou ajudar o público a absorver melhor determinada idéia. O segredo da pausa é o *timing*. Use-a somente nos momentos em que ela pode ser eficaz. "Olá (pausa) meu (pausa) nome é (pausa)" não é um dos tais momentos. Pratique para descobrir quais são as melhores deixas no seu discurso.

6. Olhe nos olhos de sua audiência. Olhos nos olhos criam conexão. Mas, e quando se trata de dezenas, centenas ou milhares de pessoas? Conforme faz o discurso, vá passando o olhar por sobre toda a audiência, fazendo contato visual com todos. Mantenha o contato visual por alguns segundos. Se for rápido demais, vai parecer que você está nervoso. Se demorar demais, as pessoas vão achar bizarro.

Figura 7.3. Se usados de forma eficaz, os gestos de mão podem acrescentar ênfase às suas palavras. Não se preocupe demais com os gestos; apenas deixe-os fluir naturalmente.

7. Deixe os gestos fluírem naturalmente. Se usados de forma eficaz, os gestos de mão podem acrescentar ênfase às suas palavras. Se usados incorretamente, vão lhe dar uns ares de polvo com ataque epiléptico. Não se preocupe demais com os gestos; apenas deixe-os fluir naturalmente. Talvez seja uma boa idéia fazer o discurso para algum conhecido antes do grande dia, para confirmar se os seus gestos não distraem o público. Se sim, ajuste-os de acordo com o discurso. Só não fique obcecado com a coisa, especialmente se calhar de ser italiano. (Figura 7.3)

SUPERANDO O MEDO DE FALAR EM PÚBLICO

Falar em público é uma das fobias mais comuns que há no mundo. Isto porque temos pavor de que nos achem idiotas e acabemos passando vergonha perante uma grande audiência. Aqui vão duas dicas para ajudá-lo a superar o medo de falar em público.

Aproveite toda e qualquer oportunidade que se lhe depare para você falar em público. A melhor forma de vencer uma fobia é enfrentando-a de frente. Encontre qualquer oportunidade de falar em frente a outras pessoas, mesmo que sejam anúncios numa reunião no escritório ou uma leitura de seminário durante a aula. Esses pequenos passos irão ajudá-lo a se preparar para um grande momento de discurso.

Saiba que o público em geral não percebe os seus erros. Ainda que percebam alguma escorregadela sua, é provável que não lhe dêem a mínima. O público em geral é muito empático: não lhe é alheia a sensação de nervos à flor da pele ao se falar em frente a uma multidão. Apenas continue falando até que comecem a jogar tomates na sua cara ou uma corda lhe seja passada em volta do pescoço.

CONSELHO DE MACHO

Dez grandes discursos para estudo

Para tornar-se ele próprio um grande orador, um homem precisa ser antes estudante dos grandes oradores que o antecederam. Deve embeber-se dos seus discursos, lendo e escutando à procura de giros verbais e simetria textual; de pausas e crescendos; de metáforas e melodias — de tudo quanto os fez sobrepujar o tempo e os imortalizou. Eis os dez discursos com os quais todo homem deve se familiarizar.

1. Winston Churchill, "Lutaremos sobre as praias", 4 de junho de 1940;
2. Demóstenes, "A terceira Filípica", 342 a.C.;
3. John F. Kennedy, "Discurso de posse", 20 de janeiro de 1961;
4. Péricles, "Discurso fúnebre", 431 a.C.;
5. Frederick Douglass, "O que é o 4 de julho para um escravo?", 5 de julho de 1852;
6. General Douglas MacArthur, "Dever, honra, nação", 12 de maio de 1962;
7. Theodore Roosevelt, "Cidadania na República", 23 de abril de 1910;
8. Franklin Delano Roosevelt, "Discurso de Pearl Harbor para a nação", 8 de dezembro de 1941;
9. Martin Luther King Jr., "Eu tenho um sonho", 28 de agosto de 1963;
10. Abraham Lincoln, "Discurso de Gettysburg", 19 de novembro de 1863.

RECEBA CRÍTICAS, FAÇA CRÍTICAS — E TUDO SEM SER UM BABACA

> *Quase todos os homens são capazes de suportar adversidades, mas se quiser pôr à prova o caráter de um homem, dê-lhe poder.*
>
> — Abraham Lincoln

Não é lá a parte mais agradável do ofício, mas não há bom líder que não saiba fazer e receber críticas. Receber críticas é coisa que nos pode melhorar, pois que outras pessoas podem apontar os erros e deficiências que nos passam batidos. Por outro lado, com críticas construtivas você melhora a organização de sua equipe e, portanto, aumenta suas chances de sucesso. Infelizmente, muitos jovens hoje em dia não sabem como oferecer e aceitar críticas como homens. Antes, agem feito criancinhas mimadas. Quando as fazem, são sarcásticos e maliciosos, dando alfinetadas e pancadas que só fazem piorar a situação. Quando as recebem, deixam-se amuar, dão desculpas e reclamam que o problema está em quem os critica.

Como, diariamente, deparam-se-nos situações que forçam a fazer ou receber críticas, abaixo vão algumas instruções que podem ajudá-lo a tornar mais construtivo o processo.

COMO FAZER CRÍTICAS DE FORMA EFICAZ

Fique frio, calmo e seguro de si. Antes de começar a fazer uma crítica, certifique-se de estar emocionalmente controlado. Isto é importantíssimo, sobretudo se o criticado lhe fez algo que o incomodou muito. Se sua crítica começar aos gritos e porradas na mesa, é bem provável que o problema seja resolvido no curto prazo. Contudo, você perde a chance de resolver as questões subjacentes.

Comece com os pontos positivos. Antes de criticar alguém, é sempre bom ressaltar-lhe os bons aspectos e feitos. Depois, passe à crítica em si dizendo algo como: "Existe só um ponto no qual eu acredito que você possa melhorar...". Essa atitude lhe é benéfica de duas maneiras. Primeiro, ela tornará a crítica mais fácil de absorver, pois a pessoa não irá se sentir um fracasso completo. Segundo, deixa a pessoa a par do que ela faz bem, dando-lhe um ponto de referência no qual basear seu trabalho futuro. (Figura 7.4)

Figura 7.4. Antes de criticar alguém, é sempre bom ressaltar-lhe os bons aspectos e feitos.

Seja específico. O ponto principal para se manter em mente é este: seja tão específico quanto possível em suas críticas. Não diga apenas um "isso está uma porcaria," ou "isso poderia estar melhor". Explique exatamente por que o trabalho ou atitude não foram adequados. Uma crítica vaga só fará pôr a pessoa na defensiva, e ela jamais há de corrigir o problema.

Critique a ação, não a pessoa. Evite fazer críticas de cunho pessoal. Antes, foque-se nas ações. A crítica torna-se menos dolorosa e mais eficaz. Não diga coisas como: "Nossa, Luísa, mas você é uma anta! Olha quantos erros nesse relatório!". Um erro não torna alguém um idiota completo. Todo mundo tem dias ruins.

Seja um diplomata. Quando fizer uma crítica específica, às vezes é bom usar palavras diplomáticas. Neste quesito, nosso velho amigo Benjamin Franklin era um mestre (donde decorria, provavelmente, ser ele um diplomata tão bom). Em sua autobiografia, Franklin disse as seguintes palavras sobre o uso da linguagem diplomática numa discussão:

> Quando abordo um assunto que possivelmente há de gerar discussão, nunca uso as palavras "certamente", "indubitavelmente" ou quaisquer outras que emprestem ares de positividade a uma opinião; antes, digo "eu imagino" ou "compreendo que algo seja isto ou aquilo"; "me parece que", "penso que seja, por obra disto e daquilo outro"; ou "imagino que seja assim"; ou ainda, "acredito que o seja, se não estiver enganado".

O uso de palavras diplomáticas cega o gume das críticas. Contudo, aqui e acolá as pessoas precisam do mesmíssimo gume para instigá-las a entrar em ação. Avalie e decida quando uma abordagem mais dura seria o mais apropriado.

Dê sugestões específicas para melhorias. O objetivo das críticas é fazer com que alguém possa melhorar. Conquanto apontar o problema seja o primeiro passo à sua correção, se a pessoa não souber o que fazer para melhorar, conhecer seus erros não adiantará de nada. Não diga às pessoas apenas o que estão fazendo de errado; dê-lhes, também, sugestões específicas sobre como melhorar. Mais uma vez, a palavra-chave é: *específico*.

Acompanhe. Sempre, em toda e qualquer hipótese, não deixe ao léu alguém a quem você tenha feito uma crítica construtiva. Sua crítica de nada adianta se a pessoa não colocar suas sugestões em prática. Agende um acompanhamento. Diga algo como: "Que tal nos vermos de novo na semana que vem para eu verificar como você se adaptou às mudanças, e responder a quaisquer perguntas que possam ter surgido?". O aviso quase certamente há de fazer a pessoa se esforçar mais para fazer as correções necessárias.

COMO RECEBER CRÍTICAS

Leve em conta a fonte. Durante sua vida, você irá receber críticas de milhares de pessoas. Então, é importante saber que nem todas as críticas têm o mesmo peso. Se você acha que a fonte de sua crítica não está assim tão interessada em sua melhoria, não a leve totalmente em consideração. Contudo, ao mesmo tempo certifique-se de avaliar friamente a crítica. Algumas pessoas simplesmente dizem, logo que ouvem uma crítica: "Ele está é com inveja!". Pode até ser o caso; mas não deixe de sopesar o *feedback* com sinceridade antes de desconsiderá-lo.

Cale-se e escute. Lute contra a vontade de discutir com a pessoa ou de explicar o seu erro; apenas escute. Você vai ficar surpreso com o que pode aprender se simplesmente começar a ouvir.

Não leve para o pessoal. Tente se desprender o máximo possível de suas ações ou de seu trabalho quando estiver recebendo uma crítica, para que consiga analisá-la objetivamente. Isto pode ser um bocado difícil, principalmente se você devotou muito esforço a algo. Mas, acredite: se você torná-lo um hábito quando estiver a receber críticas, há de safar-se de sofrer de um ego ferido.

Fique calmo (mesmo se a outra pessoa estiver sendo completamente babaca). Se a pessoa a criticá-lo estiver sendo babaca, idiota e sacana, pode ser difícil manter-se tranqüilo. Mas não se rebaixe. Deixe que o outro se descabele e dê vazão a toda sua cólera enquanto você se mantém frio como um cubo de gelo. Quando ele terminar, ponha-o na lona com gentileza. Faça com que o enfezadinho saiba que você entende sua preocupação e lhe agradeça o tempo de que dispôs para chamar sua atenção.

Faça perguntas. Essas perguntas são importantes principalmente se a pessoa a criticá-lo disser coisas vagas e ambíguas. Por exemplo, se lhe diz que o seu relatório não está suficientemente claro, pergunte-lhe em que parte do documento as coisas começaram a ficar confusas e peça sugestões de melhoria. Fazendo-se perguntas cria-se um diálogo: este, por sua vez, fomenta a cooperação e um espírito de mútua melhoria.

Responsabilize-se por seu erro. Quando alguém trouxer um erro legítimo à sua atenção, não fique na defensiva, dando desculpas. Assuma a responsabilidade pelos seus atos. Negar o erro pode até livrá-lo por um tempo, mas também haverá de impedir-lhe o progresso pessoal no longo prazo.

Mude sua perspectiva sobre as críticas. Em vez de enxergá-las como algo humilhante ou constrangedor, veja nas críticas uma oportunidade para crescer. Sobre elas já dizia Winston Churchill:

> As críticas podem não ser agradáveis, mas são imprescindíveis. Têm a mesma função que a dor no corpo humano. Chamam-nos a atenção para um estado insalubre de coisas.

Em vez de evitar e esquivar-se de críticas, procure oportunidades para ser criticado. Você há de descobrir que a perspectiva de uma fonte que lhe é externa só fará aumentar seus talentos e habilidades.

Agradeça a quem o criticar (mesmo que seja uma crítica difícil de engolir). Isso pode ser difícil. Ninguém gosta de dizer: "Ei, obrigado por me mostrar que eu estava errado!". Seja como for, engula o orgulho e agradeça a quem lhe fizer críticas. Você tem aí alguém que se deu ao trabalho de sentar-se com você e lhe mostrar em tais e quais pontos poderia melhorar. Dizer obrigado é o mínimo que você pode fazer.

Aja e faça o acompanhamento. Depois de receber a crítica, aja de imediato. Após agir, certifique-se de fazer o acompanhamento com a pessoa que o criticou e lhe diga que você corrigiu o problema. Assim, você mostra que lhe deu ouvidos à crítica e que respeita o que o outro tem a dizer.

CONSELHO DE MACHO

"Se", de Rudyard Kipling

Não raro, líderes atinaram com a sabedoria que há em se memorizar poemas e passagens de grandes livros, enchendo suas mentes com palavras inspiradoras que poderiam ser invocadas nas horas de angústia. Se nesta vida existe um poema que é digno de ser decorado, é "Se", de Rudyard Kipling. É quase certo que não há no cânone melhores versos sobre liderança e virilidade.

Se és capaz de manter tua calma quando
Todo mundo ao redor já a perdeu e te culpa;
De crer em ti quando estão todos duvidando,
E para esses no entanto achar uma desculpa;
Se és capaz de esperar sem te desesperares,
Ou, enganado, não mentir ao mentiroso,
Ou, sendo odiado, sempre ao ódio te esquivares,
E não parecer bom demais, nem pretensioso;

Se és capaz de pensar – sem que a isso só te atires,
De sonhar – sem fazer dos sonhos teus senhores.
Se, encontrando a Desgraça e o Triunfo, conseguires
Tratar da mesma forma a esses dois impostores;
Se és capaz de sofrer a dor de ver mudadas
Em armadilhas as verdades que disseste,
E as coisas por que deste a vida estraçalhadas,
E refazê-las com o bem pouco que te reste;

Se és capaz de arriscar numa única parada
Tudo quanto ganhaste em toda a tua vida,

E perder e, ao perder, sem nunca dizer nada,
Resignado, tornar ao ponto de partida;
De forçar coração, nervos, músculos, tudo,
A dar seja o que for que neles ainda existe,
E a persistir assim quando, exausto, contudo,
Resta a vontade em ti que ainda ordena: "persiste!";

Se és capaz de, entre a plebe, não te corromperes,
E, entre Reis, não perder a naturalidade,
E de amigos, quer bons, quer maus, te defenderes,
Se a todos podes ser de alguma utilidade,
E se és capaz de dar, segundo por segundo,
Ao minuto fatal todo valor e brilho,
Tua é a terra com tudo o que existe no mundo
E — o que ainda é muito mais - tu serás um Homem, meu filho![1]

1 Baseado na tradução de Guilherme de Almeida.

CAPÍTULO VIII

O homem virtuoso

> *Na grandiosa peleja da vida, não há fulgor de engenho ou perfeição do desenvolvimento corporal que há de contar quando posto na balança contra a assembléia de virtudes, ativas e passivas, de qualidades morais que ajuntamos sob o nome de caráter.*
> — Theodore Roosevelt

A virtude hoje em dia é mal falada. Quando não tomada por pura e simples preocupação religiosa, é injustamente associada a afrescalhamentos e franca mariquice. Contudo, não poderiam estar mais longínquas entre si a frescuragem e a virtude. A bem dizer, a palavra virtude está fundamente enraizada na macheza. *Virtude* vem do latim *virtus*, derivação de *vir*, vocábulo latino que designava a masculinidade. Portanto, quando filósofos como Aristóteles incitavam os homens à "vida virtuosa" estavam com isto dizendo-lhes, em suma, que honrassem suas calças e virassem homens.

Um homem resolveu não se esquivar ao desafio de Aristóteles e se pôs a viver a vida virtuosa, ou viril, com fervor particular: Benjamin Franklin. Sua busca não era religiosa e pode ser imitada por qualquer homem, não importando quais sejam suas crenças. Aliás deve ela ser a missão de todos os homens: tornar-se a melhor versão de si mesmo, servindo ao seu país, à sua comunidade e à sua família.

A BUSCA DE FRANKLIN POR PERFEIÇÃO MORAL

Benjamin Franklin, o *self-made man*[1] original, é uma lenda americana. Apesar de ter nascido em pobre berço e aluno de apenas dois anos de educação formal, Franklin tornou-se um afamado e bem-sucedido impressor, cientista, músico e escritor. Isto, é claro, sem contar o país que ajudou a fundar no seu tempo livre e no serviço como ímpar diplomata.

O segredo para o sucesso de Franklin estava no seu ímpeto de constante e invariável auto-aperfeiçoamento. Em 1726, aos 20 anos de idade, Ben Franklin estipulou-se um objetivo nada modesto: ser moralmente perfeito.

> Concebi o projeto audaz e árduo de alcançar a perfeição moral. Almejo uma vida em que não haja nunca quaisquer falhas; donde resultará eu ser capaz de me assenhorar de tudo para quanto, quer minhas inclinações naturais, quer meus costumes ou companhias, me levem.

---

1 *Self-made man* é, literalmente, o homem que se fez a si próprio. Homem que tudo conquistou com a força do seu braço, em virtude dos seus méritos e não de berço de ouro e honrarias e títulos caracteristicamente europeus. É o modelo e imagem da América: sair do nada e com seu esforço alcançar tudo — NT.

A fim de atingir seu objetivo, Franklin desenvolveu e se comprometeu a seguir um programa de aperfeiçoamento pessoal que consistia em viver treze virtudes. Estas virtudes eram:

TEMPERANÇA. Não comer a ponto da languidez; não beber a ponto da embriaguez.
SILÊNCIO. Não falar senão aquilo que seja benéfico a outrem ou a si mesmo; evitar conversas frívolas.
ORDEM. Que cada coisa tenha o seu lugar; que cada atividade tenha o seu momento.
DETERMINAÇÃO. Sempre decidir-se a fazer aquilo que deve fazer; fazer sem falta aquilo que decida fazer.
FRUGALIDADE. Nada gastar senão para fazer o bem a outrem ou a si mesmo, isto é, nada desperdiçar.
DILIGÊNCIA. Não perder tempo; estar sempre ocupado com algo proveitoso; eliminar tudo quanto seja desnecessário.
SINCERIDADE. Jamais se valer de engodos; pureza e justiça no pensar; o mesmo no falar.
JUSTIÇA. A ninguém prejudicar, quer fazendo-lhe alguma injustiça, quer furtando-se a fazer-lhe o bem que lhe seja devido.
MODERAÇÃO. Evitar extremos, e deles abster-se o quanto parecer necessário.
ASSEIO. Não tolerar desasseio; pouco importa se no corpo, nas roupas ou no lar.
SERENIDADE. Não se deixar perturbar por trivialidades ou perante acidentes comuns ou inevitáveis.
CASTIDADE. Quando possível, furtar-se à cópula que não tenha por objetivo saúde ou procriação; nunca praticá-la até a languidez ou fraqueza; nunca praticá-la de modo a perturbar a paz e macular as reputações alheia ou própria.
HUMILDADE. Imitar Jesus e Sócrates.

A fim de manter-se nos trilhos, Franklin carregava consigo um livreto no qual se via uma tabela de treze divisórias. Essas divisórias eram formadas por uma coluna para cada dia da semana e treze fileiras, cada uma marcada com a primeira letra da virtude que lhe era correspondente. Ao fim de cada dia, Franklin marcava um ponto no quadrado da virtude que então violara. Queria com isto minimizar o número de marcações e alcançar uma vida "limpa", livre de vícios.

A cada semana, Franklin se focava em uma virtude particular, pondo-a no topo da tabela e acrescendo-lhe um pequeno subtítulo, explicativo do seu significado. Depois de passar por todas as treze virtudes, recomeçava o processo. (Veja a tabela na página 323)

No início, Franklin pegou-se a pôr na tabela mais marcas do que gostaria. Mas, conforme o tempo passava, as viu diminuir.

Embora nunca tenha alcançado sua meta de perfeição moral (é consabida a paixão que tinha por mulheres e bebidas), descobriu que o simples ato de tentar já era o quanto bastava.

"Conquanto jamais tenha logrado a perfeição que com tamanha sofreguidão buscara, tendo dela ficado muito aquém, graças ao esforço tornei-me um homem melhor e mais feliz do que teria sido se não o houvera tentado".

APLICANDO A BUSCA PELA "VIDA VIRTUOSA" DE FRANKLIN À SUA VIDA

> *Um homem faz o que é preciso — a despeito das conseqüências pessoais; apesar e além dos estorvos e perigos e tensões: e aí está o fundamento de toda a moralidade humana.*
>
> — Winston Churchill

Já é bem chegada (e aliás passada) a hora de recuperarmos a associação entre masculinidade e virtude. Comece a honrar suas calças e siga o exemplo de Franklin, esforçando-se para melhorar todos os dias. Claro, Franklin viveu antigamente, tempo diverso do nosso. Portanto, para dar-lhe aquele empurrãozinho rumo ao auto-aperfeiçoamento, fizemos o trabalho braçal e aqui demonstramos como cada uma das virtudes de Franklin pode ser aplicada à vida do homem moderno.

Primeiro passo: faça sua própria tabela de Franklin. Carregue-a consigo tal como Franklin, tornando-a um lembrete constante de sua labuta por uma vida virtuosa. Veja se consegue ficar um dia inteiro livre de fazer qualquer marca na tabela.

TEMPERANÇA

"Não comer a ponto da languidez; não beber a ponto da embriaguez".

E há por acaso hoje em dia qualidade mais sem graça, de gente tacanha e cafona, do que a temperança? Contudo, Benjamin Franklin escolheu pôr esta virtude em frente a todas as outras na sua busca pela vida virtuosa. A ordem era deliberada: Franklin escolheu a temperança para iniciar seu programa de auto-aperfeiçoamento acreditando que, conseguindo controlar-se quanto aos comes e bebes, tudo o mais se lhe faria mais fácil.

Mas por quê? Sendo algumas das necessidades mais primitivas do homem, são a fome e a sede dificílimas de se controlar. Daí que na estrada à autodisciplina não seja má idéia dar os primeiros passos com os nossos apetites mais básicos. Temos de pôr rédeas nos apetites que nos são mais urgentes antes de lidarmos com as virtudes mais externas. Mente sã e corpo saudável são pré-requisitos para se buscar a vida virtuosa.

Não comer a ponto da languidez

Você já reparou que as primeiras abocanhadas daquela suculenta feijoada são as melhores? Contudo, após algumas mastigadas os sabores antes tão vibrantes vão se tornando algo enfadonhos.

Hoje em dia, muito homem por aí enfia comida goela abaixo tão rápido que suas papilas gustativas mal conseguem registrar o sabor. Contudo, a mudança da sensação é uma das maneiras de o estômago tentar avisar o cérebro de que já está cheio, e é preciso fechar a boca. Infelizmente, os homens ignoram o sinal e continuam a comer feito uns loucos por um bom tempo. Daí resulta não só uma experiência gastronômica menos aprazível como, também, uma pança mais e mais avantajada.

Existem no mundo milhões de livros de dieta e revistas de saúde, porém a única coisa de que o homem precisa para manter aceitável a sua circunferência da cintura é isto: coma quando estiver com fome, pare quando estiver cheio. Não coma em frente à TV ou em movimento. Sente-se e faça uma refeição de verdade. Saboreie cada mordida e pense nos sabores enquanto os experimenta. Solte o garfo entre uma mastigada e outra. Quando os sabores já não tiverem aquele viço e pujança, e o seu estômago começar a encher, pare de comer. (Figura 8.1)

Figura 8.1. Sente-se e faça uma refeição de verdade. Saboreie cada mordida e pense nos sabores enquanto os experimenta.

Não beber a ponto de embriaguez

Muitos homens viris da história apreciavam tomar uma ou duas. Contudo, a certas tantas do caminho tornou-se socialmente aceitável que homens encham a cara de cachaça como se não houvesse amanhã. Mas ser um pé de cana não é nada viril.

No coração mesmo da masculinidade está a crença na responsabilidade individual. Ocorre que entornar o caneco e ser responsável não são idéias lá muito complementares. Quando bêbados, os homens não têm todo o controle de si. De modo que se algo der errado, no geral a culpada é a bebida. Um homem de verdade está inteiramente presente e tem o perfeito controle de si em todas as situações.

É também desejável que os homens busquem se livrar de quaisquer formas de dependência. O álcool pode pô-lo de quatro e torná-lo um alcoólatra puro e simples. Contudo, as noitadas freqüentes regadas a cachaça também podem colocar um homem à mercê da confiança e diversão que lhe traz o álcool. A coisa vicia. Homens de verdade são confiantes e dinâmicos o suficiente por si sós. Não precisam da bravura etílica para que se divirtam ou sejam charmosos.

SILÊNCIO

"Não falar senão aquilo que seja benéfico a outrem ou a si mesmo; evitar conversas frívolas".

Ben não se referia à solidão monástica quando afirmou ser o silêncio uma virtude. Antes, tinha em mente a habilidade de saber a hora apropriada de falar. Em um mundo cheio de gente que fala mais do que a boca, a atenção e o respeito parecem estar reservados a quem ganhar no grito. Contudo, se bem os tagarelas consigam nossa atenção, andam longe de ganhar-nos o respeito.

Calvin "Cal Silencioso" Coolidge transformou essa virtude numa ciência. Durante um jantar, a escritora e poetisa Dorothy Parker virou-se para Cal e lhe perguntou: "Senhor Coolidge, fiz uma aposta com um sujeito que disse que era impossível arrancar-lhe mais do que duas palavras". A resposta de Coolidge? "Você perdeu".

> ### CONSELHO DE MACHO
>
> ### Os benefícios de se praticar o silêncio
>
> **É possível observar mais.** O sujeito que fica mais na sua enquanto todos estão a falar pelos cotovelos é, no geral, quem tem os melhores *insights* num debate. E não raro sabe mais sobre seu grupo de amigos do que qualquer outra pessoa.
>
> **Você se dá a si próprio um ar de mistério.** O homem que fica em silêncio e só fala quando tem algo importante a dizer impõe muito respeito. Quando abre sua boca, fecham-se todas as demais. Sabe-se que o tal homem só fala o que é edificante, de modo que se está falando, é melhor ouvi-lo.
>
> **Ele permite que você se destaque por suas ações.** Nada é mais viril do que o sujeito que arregaça as mangas e põe as mãos na massa sem ficar tagarelando. Enquanto muitos gastam saliva a falar de suas aspirações e ambições, o homem de sucesso gasta o seu tempo fazendo, não falando.

Praticando a virtude do silêncio

Escute mais, fale menos. Todos nos havíamos de beneficiar se abríssemos os ouvidos e fechássemos a boca com mais freqüência. Torne um objetivo seu falar menos que seu interlocutor em toda e qualquer conversa.

Pense antes de abrir a boca. Muito homem por aí já falou demais e depois pagou com a língua. Evitá-lo é facílimo; basta pensar um pouquinho antes de falar.

Não tema o silêncio. Conforme você interage com os outros, é inescapável que surjam aqueles vazios durante as conversas. Quando estamos a conversar com recém-conhecidos, julga-se educado preencher os vazios. Contudo, já quando íntimos de alguém a neura de evitar o silêncio há de soar como insegurança. Um silêncio aconchegante é tão eficaz quanto um bate-papo animado.

Encha sua cabeça de pensamentos ordenados e virtuosos. Quando alguém pede perdão por sua boca suja, seu problema real não está na língua e sim na cabeça: na sua mente desordenada. O que você fala é um espelho do que você pensa. Preencha sua cabeça de pensamentos positivos, claros e inteligentes. Assim, você há de garantir que algo de bom e útil para si e para os outros lhe sairá sempre da boca.

ORDEM

"Que cada coisa tenha o seu lugar; que cada atividade tenha o seu momento".

Franklin escolheu a ordem como terceira virtude porque com ela havia de ter mais tempo para se focar em seus projetos e estudos. Franklin sabia que se quisesse realizar coisas importantes na vida, teria que se certificar de que as pequenas coisas não lhe ficassem no caminho.

As vidas dos homens de hoje têm muito mais distrações e ocupações do que Ben jamais poderia imaginar. Infelizmente, a sociedade hoje tende a ligar inescapavelmente a virilidade ao desleixo e caos. Não obstante, não poderia ser mais falsa a associação. Basta perguntá-lo ao militar mais à sua mão.

No exército, gasta-se grande parte do tempo e energia para instilar a virtude da ordem nos soldados. Quando um recruta inicia o treinamento básico, rapidamente aprende a fazer sua cama à perfeição, a guardar sempre tudo em seu armário e a polir religiosamente as botinas. Aprende a comer, a tomar banho e a se vestir de forma muito mais eficiente do que jamais acharia possível. Se algum soldado falha em cumprir os referidos requisitos, é prontamente punido. Então, qual é o problema? O que é que os militares sabem sobre a ordem que é ignorado por tantos civis?

A ordem desenvolve a atenção aos detalhes. Nas forças armadas, detalhes podem fazer a diferença entre a vida e a morte. Mesmo uma tarefa comum como manter o alojamento arrumado, por exemplo, reforça o olhar do soldado para os detalhes. A atenção aos detalhes é importante também na vida civil. O homem que tenha um olhar minucioso tem mais chances de se dar bem na sua carreira.

A ordem cria padronização. Toda força armada possui uma forma padronizada para seus soldados arrumarem os alojamentos. Mantendo seu ambiente em ordem, podem os soldados focar-se no que é realmente importante. Quando um soldado é acordado no meio da noite porque sua unidade está sob ataque, a última coisa em que ele quer pensar é em onde enfiou sua arma. Igualmente, criar padronizações em sua própria vida ajuda-o a focar-se em suas maiores prioridades.

Criando ordem em sua vida

Crie sistemas. A criação de sistemas ordenados deixa livres importantíssimos recursos mentais, que podem ser direcionados a questões mais importantes. Por exemplo, ao estabelecer um local para pôr suas chaves, carteira e celular, você não precisará ficar caçando-os feito um maluco pela casa, pois já saberá onde estão.

Outro bom sistema pode ser chamado de "agrupamento". Explico-me: basta agrupar várias atividades similares e realizá-las todas de uma só vez. Por exemplo, em vez de perder tempo ao longo do dia inteiro verificando aqui e ali sua caixa de e-mails, escolha um momento específico para fazê-lo duma vez só.

Automatize. Saia à procura de áreas da sua vida que possam ser postas no piloto automático. Por exemplo, em suas finanças pessoais.

Quase todos os bancos têm sistemas de débito automático para pagamento de contas e depósitos. Deixe a coisa no gatilho, esqueça-a e vá conquistar o mundo.

Planeje a semana. Todos os domingos, separe uma hora do dia para planejar a próxima semana. O planejamento adiantado há de ajudá-lo a manter o foco em suas prioridades.

Faça já! A melhor forma de tornar mais ordenada a sua vida é adotar o "faça já!", como um mantra diário. Assim que levantar da cama, desperte para valer. Quando receber um e-mail, responda-o de imediato. Se derrubar uma meia no chão, pegue-a sem hesitar. Isso não é tão fácil quanto parece; a tendência natural do universo é transitar da ordem para o caos. O que lhe cabe é sobrepujar esta atração para o caminho da menor resistência à força de repetir o mantra "faça já!" e romper a barreira da procrastinação. Empregue o "faça já!" e as coisas nunca mais hão de acumular-se a ponto de se tornarem uma tarefa incomensurável.

DETERMINAÇÃO

"Sempre decidir-se a fazer aquilo que deve fazer; fazer sem falta aquilo que decida fazer".

Em 1912, durante sua campanha eleitoral para um terceiro mandato na presidência em Milwaukee, Wisconsin, Theodore Roosevelt foi baleado à queima roupa numa tentativa de assassinato. A bala, desacelerada pelos óculos com armação de aço e por algumas folhas de papel do seu discurso, alojou-se-lhe nas costelas.

Roosevelt não titubeou um segundo sequer. Recusando-se a receber atendimento médico, insistiu em não arredar pé do auditório onde dez mil pessoas aguardavam pelo seu discurso. Ao subir ao palco, mostrou à platéia sua camisa ensanguentada e disse: "Acabo de ser baleado. Mas é preciso mais do que uma bala para derrubar um alce". E entrou a falar por noventa minutos antes de se deixar levar a um hospital.

A determinação é uma virtude tão necessária em situações críticas como a de Roosevelt quanto em nossas tarefas cotidianas mais simples. Franklin tornou a determinação sua quarta virtude, pois cria-se capaz de pensar nas outras nove apenas quando já a houvesse alcançado. Sabia ele que é a determinação a virtude em que se baseiam e sobre a qual se erguem todos os outros sucessos de nossa vida.

A virtude da determinação marca a passagem do garoto para a vida adulta. Um guri está sempre indeciso, sem saber o que fazer ou aonde ir perante mil e uma buscas diferentes, apenas para abandoná-las assim que a coisa lhe der no saco ou lhe pareça árdua demais. Já um homem sempre termina o que começou. A virtude da determinação está, portanto, inextricavelmente ligada à integridade. O homem resoluto faz o que diz — não importa o que vá lhe custar.

Desenvolvendo sua determinação

Decida como vai agir quando confrontado por um desafio, antes de ser confrontado de fato. Três presidentes foram assassinados durante o tempo de vida de Roosevelt, e ele há muito já se pusera a postos para um destino similar. Tal presciência fê-lo manter tanto a cabeça quanto a resolução no lugar quando a coisa lhe aconteceu. Assim como o caso de Roosevelt, existem certos testes físicos e éticos com os quais você haverá de confrontar-se ao longo da vida. Decida já como irá lidar com eles. Assim, quando for posto à prova você não ficará tentado a jogar a toalha.

Informe-se antes de decidir. Quando estiver a decidir que curso de ação tomar, gaste um tempo estudando suas opções e juntando o maior número possível de informações. Quando chegar a uma decisão, escreva os motivos da sua escolha. Assim, quando estiver num projeto ou jornada e as coisas ficaram pretas, você poderá voltar ao seu diário e relembrar por que tomou tais e quais decisões. Isso lhe dará confiança para seguir em frente.

Não olhe para trás. A determinação precisa ser firme e não pode vacilar. Ficar olhando constantemente para trás e perguntando "e se" é uma atitude que só fará estorvar-lhe o progresso. É tentador não descer do muro e tentar abraçar todos os caminhos. Contudo, tentando-se viver com duas escolhas ao mesmo tempo acaba-se por não escolher de fato nenhuma das duas. O arrependimento é o arqui-inimigo da determinação.

FRUGALIDADE

"Nada gastar senão para fazer o bem a outrem ou a si mesmo, isto é, nada desperdiçar".

Certa vez, estava eu assistindo a um programa na TV em que vários gurus aconselhavam a platéia financeiramente. Um deles sugeriu aos presentes que abrissem mão dos seus pequenos luxos do dia-a-dia (como dar aquele pulo no Starbucks) e, em vez disso, investir o dinheiro em alguma aplicação. Uma mulher da platéia pôs-se de pé e disse, toda chorosa: "Mas, e se eu não quiser abrir mão do Starbucks?". Perpassou o estúdio um urro de aprovação e aplausos entusiásticos. E um membro da Grande Geração se revirou no túmulo.

Como ser frugal

Poderíamos falar um pouco sobre as milhares de dicas sobre finanças pessoais que se podem encontrar em inúmeros livros e *websites* sobre o assunto. Contudo, toda essa informação encoberta um fato simplicíssimo: ser frugal é absurdamente fácil. Basta fazer o seguinte: não gaste mais do que você ganha. Se não puder pagar por algo, não compre. Simples assim.

Ora, se a frugalidade é tão simples, por que são assim raros os homens frugais? Porque muito marmanjo pura e simplesmente não vê para quê ela serve. Os homens de hoje, filhos duma cultura de ostentação, sempre cheios de direitos, julgam ser a frugalidade apenas uma forma de sacrifício. Há portanto que se lhe dar uma bela repaginada (ter contratado Ebenezer Scrooge como seu porta-voz foi um tiro no pé). Ser frugal é menos comprar papel higiênico no atacado e mais honrar as calças e abraçar uma vida independente, auto-suficiente e genuinamente autêntica.

Por que a frugalidade é essencial à virilidade

A frugalidade o mantém fora da escravidão. Estourar as pregas do cartão de crédito pode soar um atalho e tanto para comprarmos tudo quanto nos dê na telha — mas um dia os boletos chegam. As dívidas nos escravizam. Os juros não dormem ou morrem. Se você não os puder pagar, há de ser esmagado. A frugalidade pode desagrilhoá-lo, dando-lhe a liberdade da independência financeira.

A frugalidade o ajuda a ser mais auto-suficiente. É bem provável que o seu avô era um adepto da filosofia do "use, gaste, remende ou deixe de usar". Não é fácil "remendar" se você não souber como fazê-lo. Portanto, trate de aprendê-lo e comece a desfrutar de uma das maiores satisfações da vida: saber fazer as coisas sozinho, sem precisar da ajuda de ninguém. (Figura 8.2)

A frugalidade cria em você uma identidade autêntica. Esta nossa sociedade consumista quer nos fazer crer que somos o que compramos. Contudo, a despeito do que alardeiam as propagandas, somos feitos de materiais que não podem ser comprados: nossos valores e ética; nossas mentes, relacionamentos e *hobbies*. A frugalidade tem o poder de forçá-lo a encontrar uma identidade que não pode ser encontrada numa prateleira. Em vez de comprar uma SUV ou uma jaqueta camuflada para sentir-se mais desbravador, vá acampar. Em vez de ficar bebendo café importado após as refeições, pegue o cafezinho da copa. Ao tomar a decisão de não gastar dinheiro com coisas que o fazem sentir-se melhor, você passa a ter mais tempo para desenvolver os hábitos e características que haverão de torná-lo um homem melhor.

Figura 8.2. Aprenda a fazer pequenas manutenções e comece a desfrutar de uma das mais másculas satisfações na vida: dispensar os gastos com profissionais e fazer por si mesmo.

DILIGÊNCIA

"Não perder tempo; estar sempre ocupado com algo proveitoso; eliminar tudo quanto seja desnecessário".

Aquilo a que Benjamin Franklin chamava "diligência" Theodore Roosevelt designou por "vida extenuante". O esforço de Roosevelt para espremer da vida os seus doces sumos é único, desde que o mundo é mundo. Seu arrebatado suar a camisa fê-lo conquistar todas as seguintes façanhas ao longo de sessenta anos de vida:

- Trabalhar como legislador, comissário de polícia e governador de Nova York;
- Ser dono dum rancho em Dakota, e nele trabalhar;
- Servir como secretário assistente na Marinha;
- Organizar o Primeiro Regimento Voluntário de Cavalaria dos EUA, e liderá-lo num ataque à colina San Juan durante a Guerra Hispano-Americana;
- Servir como presidente em dois mandatos e concorrer para um terceiro (inédito);
- Ser o primeiro presidente a sair do país durante um mandato (para verificar o Canal do Panamá, cuja construção negociou);
- Tornar-se historiador e escrever mais de trinta livros;
- Ler dezenas de milhares de livros — vários por dia, em múltiplos idiomas;
- Co-liderar uma expedição científica que cobriria 1.400 quilômetros de selva amazônica;
- Descobrir, navegar e ter um rio brasileiro batizado em sua homenagem;
- Voluntariar-se para liderar uma unidade de infantaria na I Guerra Mundial aos 59 anos de idade;
- Tornar-se o primeiro norte-americano a ganhar o Prêmio Nobel da Paz.

Theodore Roosevelt conquistou tudo o que vai acima — e não precisou, veja só você, de qualquer livro de auto-ajuda, de algum *coaching* ou de pôr fotos dos seus objetivos num mural. Seu "segredo" para o sucesso era o mesmo de qualquer outro grande homem na história: ele trabalhou mais, por mais tempo e de forma mais eficaz do que os coleguinhas sentados ao lado.

CONSELHO DE MACHO

Os benefícios da diligência

Grandes conquistas como as de Roosevelt não são as únicas recompensas por um trabalho duro; existem ainda diversos outros benefícios que a diligência traz à vida e personalidade de um homem.

A diligência desenvolve o respeito por si mesmo. Faça um esforçozinho e lembre-se de qual foi a última vez que você passou um dia inteiro jogando *videogame*. Olha, não nego que deve ter sido massa dar sei lá quantos *headshots* no *Call Of Duty*; mas e quando bateu as 4 da matina e você enfim desligou o console: sentiu-se como? Aposto que um belo de um paspalho inútil. Já um bom dia de trabalho faz com que você se olhe no espelho sem se sentir envergonhado.

A diligência combate a depressão. Além de oficina do diabo, mente vazia é a sala-de-estar da depressão. Sentir-se útil é necessidade inata aos homens, e têm eles de fazer e prover coisas para os outros. O sujeito letárgico e preguiçoso, desprovido de identidade e propósito, no geral sente-se perdido e infeliz. O trabalho dá-lhe um senso de significado e direção, donde resulta uma vida de contentamento.

A diligência dá significado ao ócio. É normal que aguardemos com alguma sofreguidão as férias, quer da escola, quer do trabalho. Enfim chegada a hora, o prazer da primeira semana é sensacional. A segunda semana não lhe fica atrás. Na terceira semana, já um certo incômodo começa a surgir. Daí a pouco tempo e o sujeito há de sentir-se perdido e carrancudo. Os momentos de lazer e descanso perdem o significado se

> não intercalados com o trabalho. Quanto mais você trabalhar, melhor será o seu descanso.

Tornando-se mais diligente

Encontre significado em seu trabalho. Numa velha parábola, certo viajante passa por uma pedreira que está fornecendo pedras para a construção de uma universidade. Avista ele três homens a trabalhar, e lhes pergunta o que estão fazendo. Se bem que todos tivessem o mesmo serviço, suas respostas revelaram três perspectivas diversas sobre a natureza do seu trabalho.

O primeiro replica: "Estou cortando pedras".

O segundo responde: "Estou ganhando três moedas de ouro por dia".

O terceiro homem sorri e diz: "Estou ajudando a construir um templo de aprendizado".

Implemente a regra 48/12. Ser diligente é uma maravilha. Contudo, caso você calhe de estar na categoria dos seres humanos, há de precisar de algumas pausas a fim de evitar um colapso mental. Uma boa forma de garanti-lo é implementar a regra 48/12 em sua vida. Trabalhe sem parar por 48 minutos, e depois faça uma pausa de 12 minutos. Acabados os 12 minutos, volte ao trabalho. Você não vai acreditar em como há de ficar mais produtivo aplicando essa regra simplicíssima.

Encontre meios de ser diligente, mesmo quando estiver descansando. Quando tiver um tempinho longe do seu ganha-pão, empregue-o em atividades que possam torná-lo um homem melhor e o deixem energizado e pronto para a semana seguinte. Em vez de passar o tempo inteiro com a cara colada na TV, maratonando séries do Netflix, faça coisas que lhe possam rejuvenescer a mente.

SINCERIDADE

"Jamais se valer de engodos; pureza e justiça no pensar; o mesmo no falar".

Isto acima de tudo: sê fiel a ti mesmo,
E nesta constância, como a noite ao dia,
Com homem algum poderás ser falso.

Para muitos, a primeira linha desta famosa passagem de Hamlet é a epítome e definição da sinceridade. Desgraçadamente, muitas vezes os leitores param aqui, e julgam ser a passagem apenas uma inspiração para alguma luta interna toda nossa, na qual devemos ser sinceros. Contudo, Shakespeare nos deu este conselho não como uma busca isolada ou fim em si mesmo, e sim enquanto meio e base para que tenhamos relacionamentos sinceros e honestos uns com os outros.

Como ser sincero

> *Tanto a vida pública quanto a privada estão sujeitas às mesmas regras — a honestidade e a virilidade são duas qualidades que muito mais farão para guardá-lo e guiá-lo neste mundo do que a política ou o tato ou a conveniência ou quaisquer outras palavras que tenham sido criadas para acobertar um desvio de conduta.*
>
> — Robert Edward Lee

Guarde segredos. A maioria dos homens jamais sonharia em roubar um banco ou o que seja de algum amigo. Mas não há poucos marmanjos por aí que não dão a mínima quando se trata duma propriedade alheia muitíssimo mais valiosa: informações privadas. Considere toda informação confidencial que lhe for transmitida como uma quantia de dinheiro da qual você é guardião: você a protege, mas não a gasta.

Se lhe fizerem pressão para revelar um segredo que você saiba, recomendo o seguinte: chegue no ouvido do fulano e sussurre — "Você consegue guardar segredo?". A pessoa irá responder: "Mas é claro!". Ao que você há de pôr a mão no seu ombro e lhe dizer: "Bem, eu também".

Ou você é ou você não é. Nunca se passe por alguém que você não é. Que suas crenças, afiliações, roupas e favoritos do Facebook reflitam sua verdadeira pessoa.

Mantenha suas promessas. Sempre, *sempre* termine o que prometeu. A palavra de um homem é tudo o que ele tem. Se disser a um amigo que vão sair juntos na quinta e o pitelzinho da faculdade com quem você flerta chamá-lo para sair no mesmo dia... Bem, sentimos muito. Ela que espere uma outra oportunidade.

Não seja um camaleão. Todo mundo é um pouquinho diferente no trabalho, em casa e com os amigos. Mas o seu núcleo deve manter-se o mesmo, seja lá onde ou com quem você esteja.

Dê uma maneirada no sarcasmo. Não há dúvida de que é tentador sair brandindo o sarcasmo por aí, a torto e a direito. Um chiste no momento exato pode às vezes fazer surgir uma pérola engraçadíssima ou pôr um otário no lugar que lhe cabe. Contudo, alguns homens não conseguem abrir a boca sem soltar ironiazinhas o tempo inteiro. Buscando impedir que se lhes perscrutem os pensamentos e sentimentos, não param nunca de usar a tática. Ocorre que o sarcasmo é bem mais eficaz se usado moderadamente, e isto por vários motivos.

- O sarcasmo é no geral o refúgio dos fracos. É empregado por homens que ou não têm um argumento válido para apresentar, ou são covardes demais para dizer o que lhes vem à cabeça. A ambiguidade do sarcasmo faz com que o sujeito possa ganhar crédito caso seja bem recebido o seu comentário, ou, caso contrário, ainda lhe reste espaço para a desculpa do "foi só uma piada". Se tiver algo a dizer, amigão, diga-o logo de uma vez;

- O sarcasmo pode magoar as pessoas. A linha entre uma zoação saudável e uma cutucada maldosa é muito tênue. Embora você julgue ser a coisa apenas uma brincadeira, outros podem levá-la a sério. Com receio do veneno que lhe escorre dos lábios, seus amigos e colegas do trabalho passarão a evitá-lo;
- O sarcasmo exala desconfiança. Quando tudo o que lhe sai da boca é irônico, a certas tantas quem está à sua volta há de começar a pôr sua sinceridade em xeque. Suporão ser tudo mais uma de suas piadinhas, e nada mais por você dito será levado a sério. Quer mesmo que algo assim aconteça quando estiver pedindo a mão da mulher dos seus sonhos em casamento? Vou chutar que não.

JUSTIÇA

"A ninguém prejudicar, quer fazendo-lhe alguma injustiça, quer furtando-se a fazer-lhe o bem que lhe seja devido".

Diz a justiça ser recompensado quem obedece às leis, às regras e aos padrões, e punido quem não o faz. Desgraçadamente, não raro as escalas da justiça encontram-se desequilibradas, e o homem honesto e trabalhador se dá mal, enquanto o pilantra sem-vergonha colhe os louros. Isto faz com que histórias como a de Leonard Abess Jr. sejam ainda mais interessantes. Após vender sua parte das ações do banco que presidia, Abess pegou sessenta milhões daquele dinheiro e os distribuiu para os 399 funcionários do banco, chegando mesmo a rastrear outros 72 ex-funcionários. Por quê? Abess alegou que não precisava do dinheiro para si e que fazia muito já entendera que eram os sujeitos no fundo da pirâmide hierárquica os responsáveis pela sua empresa ser um sucesso. "Percebi que se o presidente não vai trabalhar, o mundo não se acaba", disse ele. "Mas se os caixas dão um sumiço, temos um problema seríssimo". Abess queria dar aos seus funcionários uma recompensa justa.

Como desenvolver a virtude da justiça

Acumule conhecimento. Se quiser ser um homem justo, trate de acumular desde já o saber sobre os direitos e responsabilidades que lhe governam a família, a comunidade e a nação. Há que se dominar a história, as culturas e idéias e atualidades. É possível fazê-lo seguindo estes passos:

- Leia bons livros. Leia tantos clássicos da literatura quanto puder. A substância de todos os grandes livros são questões complexíssimas, que forçam os personagens a lidar de frente com o conceito de justiça. Quem lê a grande literatura desenvolve o saber que é preciso para se guiar pelo tremendo emaranhado que é a vida;
- Leia/assista fontes de notícia confiáveis. Seja *online*, seja em formato impresso, todo homem deve ler pelo menos um jornal por dia. E isto tanto com fontes esquerdistas quanto conservadoras, para conseguir enxergar ambas as perspectivas. Mantendo-se a par dos eventos atuais, você passará a enxergar quanta injustiça há no mundo, desenvolverá a habilidade de fazer juízos de valor para resolvê-la e inspirar-se-á para agir;
- Viaje e saia da zona de conforto. Quando a oportunidade surgir, visite um país estrangeiro e procure por locais e pessoas não encontrados nos guias turísticos. Tal imersão em culturas diversas há de muito enriquecer sua visão de mundo e idéias.

Áreas nas quais podemos exercer justiça

> *Não vivas como se dez mil anos fossem a duração da tua vida. A morte paira sobre ti. Enquanto viveres, o quanto puderes, sê bom.*
>
> — Marco Aurélio

Justiça em sua comunidade. A maior força para o bem está no um a um. Muita gente em sua comunidade não começou a vida com as melhores condições. Podemos servir à causa da justiça dando-lhes um empurrãozinho para que a possam tocar a partir daí de forma mais justa e digna. Torne-se um líder escoteiro e guie algum guri na jornada até a macheza.

Justiça em seu país. Hoje em dia muitos são cínicos quando se trata de política. Contudo, a apatia só faz piorar as coisas. Nada jamais irá mudar a menos que homens bons comecem a dar a mínima. Portanto, trate de inteirar-se do que está acontecendo. Envolva-se ativamente em campanhas. Ajude a pôr os mocinhos no poder e a chutar de lá as mornas bundas daqueles corruptos sacanas.

Justiça no mundo. Se você quer combater as injustiças globais, é preciso um pouquinho mais do que participar de concertos beneficentes e usar a camiseta duma ONG qualquer. Antes, junte-se aos Peace Corps ou vá trabalhar para a UNICEF. Se a única coisa ao seu alcance é contribuir com dinheiro, certifique-se de dá-lo a agências não governamentais de boa reputação, ou a custear microempréstimos que ajudem pessoas no terceiro mundo a começar pequenos negócios.

MODERAÇÃO

"Evitar extremos, e deles abster-se o quanto parecer necessário".

Você já esteve em um relacionamento que começou com uma ardentíssima paixão? Mal chegava perto da mulher e já lhe dava aquele friozinho na barriga... Depois, porém, esmoreceu a chama e você caiu no enfado entediado e na inquietude?

Ou já lhe ocorreu de mudar-se para um lugar novo, tão exuberante que só faltava doer a vista? Nos primeiros meses, a paisagem o deixava boquiaberto todos os dias. Mas foram se passando os anos e aquelas redondezas, antes tão deslumbrantes, tornaram-se o cenário habitual e comezinho do seu dia-a-dia.

O que há de comum a essas duas situações? Ambas demostram como nosso cérebro logo se acostuma aos estímulos. Se no início estejam os sentidos ligados de forma pungente ao estímulo que recebem, daí a pouco estão já aclimatados, e então entorpecidos. É neste instante que as pessoas começam a buscar uma dose maior do estímulo — mais sexo, mais filmes, mais música, mais bebida, mais dinheiro, mais viagens, mais comida — para ter de novo aquela sensação inicial. Contudo, há de irremediavelmente estacar o prazer obtido com este aumento da freqüência das experiências prazerosas. Donde decorre você ter de encontrar algum modo de aumentar ainda mais a quantidade e intensidade dos seus prazeres. E assim vai girando o círculo vicioso. A alternativa é quebrar o padrão pelo cultivo e exercício da virtude da moderação, bem como por uma busca de maior prazer e contentamento nas tarefas que você já vem fazendo.

Praticando a moderação

Reconecte-se com seus sentidos. Em vez de buscar novos estímulos, redescubra as camadas ocultas das experiências comuns. Pare de engolir a comida sem mastigar e comece a saborear e provar a textura de cada garfada em suas refeições. Em vez de virar um barril de cerveja duma vez, aprenda a saborear e apreciar o processo de fabricação de uma boa cerveja. Comece a pensar na sensação de ter os dedos da sua mulher entrelaçados com os seus. Não raro, passamos pela vida como zumbis. Acorde e comece a se maravilhar com o mundo.

Pare de fazer as coisas ao mesmo tempo e esteja com presença total. Em geral os homens fazem duas ou mais coisas ao mesmo tempo: conversam no telefone enquanto acessam a internet, acessam a internet e assistem à TV, assistem à TV e lêem uma revista, etc. Precisamos de estímulos a todo instante. Só que estímulos em demasia só fazem aumentar a necessidade de... estímulos. Tente fazer uma tarefa de cada vez: concentre seus sentidos e se foque em sua tarefa presente.

Faça um jejum dos estímulos. Estímulos em demasia podem sobrecarregar-lhe os circuitos sensoriais. Portanto, é crucial "desplugar-se" de vez em quando. O melhor a se fazer é acampar periodicamente. E nada de celular ou *notebook*. Se isto não lhe for possível, ao menos tente afastar-se da internet e do telefone por um tempo. Escolha um dia da semana para fazê-lo.

Adie as gratificações. Já notou que a antecipação por um feriado pode ser tão empolgante quanto o feriado em si — quando não melhor? Quanto mais se espera por algo, maior será o prazer de consegui-lo. Se todo santo dia você comer um hambúrguer, pode esquecer aquela gostosura única de antes. Quanto mais esperar pela compra dum carro novo, maior será o seu prazer quando finalmente comprá-lo. Adie as gratificações e desfrute do imenso prazer da antecipação.

ASSEIO

"Não tolerar desasseio; pouco importa se no corpo, nas roupas ou no lar".

Grassa na sociedade de hoje o estereótipo do homem avacalhado e porcalhão. Vemo-lo a todo tempo na televisão, com as nádegas desabadas em sua poltrona reclinável, cheio de restos de doritos espalhados pela pança oleosa. Ruínas de latas de cerveja e caixas velhas de pizza amontoam-se no chão. No geral, o sujeito está com uma camiseta esfarrapada, cheia de manchas de comida. Aí está o triste estereótipo que muitos diriam representar a masculinidade.

Não poderiam estar falando maior baboseira.

Se bem que muitos hoje em dia pareçam imaginar que só os afeminados prestam atenção ao asseio, homens viris sabem que se orgulhar do asseio é coisa que nos aguça a atenção aos detalhes e melhora a ética de trabalho e a auto-confiança. (Figura 8.3)

Figura 8.3. Homens viris sabem que se orgulhar do asseio é coisa que nos aguça a atenção aos detalhes e melhora a ética de trabalho e a autoconfiança

CONSELHO DE MACHO

Por que você deve parar de ser um porcalhão

O asseio o faz sentir-se bem. Uma ducha quente, sua camiseta favorita e uma casa nos trinques nos põem prontos para enfrentar qualquer coisa na vida.

O asseio mantém a mente e a vida organizadas. Se sua casa é um completo desastre, o seu pensamento há de entrar pelo mesmo caminho. A bagunça nos cansa e estressa. Inversamente, um ambiente limpo e bem organizado muito melhora o humor da gente.

O asseio lhe dá uma boa imagem. Como você se apresenta é tudo nessa vida. Se você, suas roupas ou sua casa são uma algazarra, é batata: todos irão ligar sua imagem ao seu

> caráter e personalidade. Talvez essa seja uma medida injusta e uma superficialidade, mas é assim que o mundo funciona. Quando você tem uma aparência limpa e asseada, as pessoas o respeitam em dobro.
> **E a mulherada paga um pau.**

Encontrando equilíbrio no asseio

O segredo da virtude do asseio, assim como das outras virtudes, é a moderação. É desejável que você esteja sempre limpo e asseado; não é desejável que você seja obcecado por limpeza e asseio. Nossos avós trabalhavam feito uns candangos, suando a camisa trinta vezes mais do que nós, e ninguém os via preocupadíssimos com alcoolzinho em gel para as mãos, banhos duas vezes ao dia ou submergir de Veja toda e qualquer superfície tocável e intocável que há entre os céus e a terra.

E lembre-se: não há nada errado em ter o cheiro dum ser humano. Sêneca, orador e escritor romano, censurou os obcecados com o banho por não terem o cheiro do "exército ou do trabalho de arado; e da virilidade". Conquanto os fornecedores de desodorante façam de tudo para vender a idéia de que estar sempre perfumado é o melhor jeito para atrair as mulheres, minha experiência pessoal diz o contrário. As mulheres gostam do cheiro natural de um homem.

SERENIDADE

"Não se deixar perturbar por trivialidades ou perante acidentes comuns ou inevitáveis".

Há uma velha história de um pai que queria ensinar ao seu filho como controlar a raiva. Sempre que o guri perdesse a paciência, tinha de martelar um prego na cerca de casa. No primeiro dia, martelou trinta pregos na cerca. Ao longo das semanas seguintes, conforme ia ele aprendendo a aumentar o pavio, caía o número de pregos martelados.

Finalmente, chegou o dia em que o guri não se deixou irritar nenhuma vez. Seu pai então sugeriu que a cada dia em que conseguisse controlar a raiva, tirasse ele um prego da cerca. Passaram-se os dias e o garoto enfim pôde dizer ao pai que na cerca não havia mais prego nenhum.

O pai levou o garoto à cerca e disse: "Filho, estou orgulhoso de você. Mas como pode ver, mesmo sem pregos a cerca continua cheia de buracos. Lembre-se de que sua raiva pode ferir as pessoas de modo irreversível".

Na sociedade ocidental, a raiva tem sido às vezes associada ao ser viril e durão. Em segredo, aplaudimos o pavio curto que enfim chuta o balde e, conseqüentemente, a bunda de algum babaca. Pode-se com certeza usar a "ira justa" de forma construtiva. No geral, porém, a coisa é descontrolada e pode machucar indiscriminadamente.

Canalizando a raiva e praticando a serenidade

Muitos gurus recomendam que contemos de um a cem ou respiremos fundo antes de reagir com ira. Mas, venhamos e convenhamos: não se pode esperar muito de tais "métodos". Uma vez arrebatado pela fúria, não há quem consiga parar e contar carneirinhos antes de pôr a mão na massa (ou na cara de alguém). Não, não: o que você precisa fazer é treinar sua mente para lidar com a raiva *antes* de ser por ela confrontado. Siga os passos a seguir a fim de mudar toda a sua mentalidade, e ser capaz de enfrentar com calma qualquer irritação que o venha apoquentar.

Mude sua forma de ver a vida. Embora quase nunca atinemos com a coisa, a zanga que nos causam as irritaçõezinhas cotidianas está profundamente enraizada na crença de que a vida deveria ser um interminável mar de rosas. Quando as coisas não se dão como a gente queria, julgamos ser isto um desvio irritante do que deveria ser normal. Portanto, entenda algo de uma vez por todas: *a vida é frustrante e caótica*. Pronto, entendeu? Assim ficará mais fácil absorver as pancadas que você há de levar.

Mude sua forma de ver os outros. Quando pisamos na bola ou tratamos alguém mal, quase sempre justificamos nosso comportamento ofensivo. Já vamos logo pensando: "Bicho, eu não deveria ter gritado daquele jeito. Mas é que estou puto porque quase não dormi na noite passada". Ou, "eu não deveria ter fechado aquele sujeito, mas não posso me atrasar para o trabalho senão me mandam embora". Contudo, quando são conosco as mesmíssimas coisas, só falta efervescermos de tanto ódio, e nunca atribuímos aos outros os mesmos motivos que atribuímos a nós mesmos. Seja tão leniente com os outros quanto é consigo mesmo.

Mude sua forma de se ver a si próprio. Embora alguns digam estar no medo a raiz da cólera, na verdade seu núcleo é o egoísmo. Os sujeitos mais enraivecidos não acham apenas que a vida lhes deve ser conveniente — eles o exigem. Sentindo-se monstruosamente superiores, acreditam que o mundo e quantos neles há têm de lhes abrir as alas e as pregas. Caso contrário, o raivoso sente-se ferido e dá vazão ao desapontamento por meio da raiva. Portanto, o homem que queira aumentar o pavio precisa pôr-se no seu lugar e se tornar humilde.

Mate sua raiva com a lógica

Ainda quando justa, no geral a raiva descamba para a irracionalidade. Donde decorre ser a lógica o seu antídoto. Você tem de treinar-se para avaliar a situação racionalmente antes de escolher o que fazer.

Mantenha-se cônscio tanto de estar com raiva quanto de por que está com raiva. Não raro, a raiva nos cega para o motivo real de nossa irritação. Em geral nos voltamos logo para o alvo mais à mão, ou ao estopim mais recente de exasperação, quando sua causa subjacente está noutro lugar. Examinando-a racionalmente, podemos encontrar-lhe a causa-raiz e tratá-la adequadamente.

Esteja disposto a admitir que às vezes é você a causa da sua raiva. O trânsito lhe dá tanto nos nervos porque você sai de casa dez minutos atrasado. Sua esposa enche o seu saco o tempo inteiro para que você tire o lixo porque você fica postergando a coisa. Mudanças pessoais de atitude e comportamento podem apaziguar — e muito! — sua raiva.

Aprenda a fazer-se a pergunta: eu tenho como mudar essa situação ou não? Seja como for, não há por que perder a cabeça. Se você não pode mudar a situação ou pessoa que lhe está dando no saco, fique em paz. Agora, se você tem os meios para mudar a situação, empregue sua energia para bolar um plano e resolver o problema.

CASTIDADE

"Quando possível, furtar-se à cópula que não tenha por objetivo a saúde ou procriação; nunca praticá-la até a languidez ou fraqueza; nunca praticá-la de modo a perturbar a paz e macular as reputações alheia ou própria".

Conquanto seja difícil falar da castidade sem pôr a religião no balaio e soarmos como a vozinha evangélica, há boníssimos motivos além da perdição eterna para adotá-la. Em vez de pensar na castidade somente por um viés de celibato, vejamo-la pela ótica da temperança e moderação. Às vezes, uma dose maior de alguma coisa não é o melhor; é só... mais. Você pode escolher fazer uma bela duma dieta regrada ou comer *fast-food* todos os dias, assim como pode escolher dispersar sua energia sexual de todas as formas possíveis ou canalizá-la para formas que tenham sentido e significado, e gozar de todo o leque do prazer sexual. *Big Mac* ou filé mignon: qual sua pedida?

Pare com o pornô

A forma como são retratados no pornô o sexo e as mulheres é completamente irreal. No pornô, as mulheres têm uns incomensuráveis peitões rijos, um vocabulário putanheiro digno de um Marquês de Sade, gemidos insondáveis e estão sempre prontas a façanhas que fariam inveja ao *Cirque du Soleil*. A fantasia cria expectativas irreais sobre o amor e o sexo, e podem entorpecer-lhe a virilidade de várias formas.

O pornô objetifica as mulheres. Uma mulher não é uma boneca inflável. É uma dama. O pornô faz com que os homens se esqueçam de que as mulheres têm necessidades (sexuais ou não) que vão além de vestir uma roupinha de enfermeira sexy. Um homem de verdade enxerga a mulher tal qual ela é. Vê-a como um ser que lhe é igual, e a quem deve respeito. É preciso suar a camisa para estabelecer um relacionamento com uma mulher. Contudo, homens de verdade não fogem ao desafio.

O pornô entorpece sua vida sexual. Aos sujeitos viciados em pornografia lhes é difícil comprometer-se seriamente com alguém. É que as mulheres reais não estão à altura das atrizes pornô. Em comparação, sua vida de papais-e-mamães lhes parece algo insossa.

O pornô esmorece-lhe a confiança. O pornô enfraquece sua autoconfiança. Em geral, os homens procuram pornô quando estão deprimidos e solitários. Em vez de fazer um esforço para sair e mudar o que realmente lhes incomoda, ficam em casa e, bem… Descabelam o palhaço. Creme para as mãos e um rolo de papel higiênico só farão piorar seu estado de espírito.

Seja contracultural

Ao menos no que toca à cultura do "ficar". Em vez de investir tempo e energia criando um relacionamento antes de sair por aí tirando calcinhas com a boca, os jovens de hoje, mal se conheceram num bar da vida qualquer, já estão dançando na horizontal. Embora os defensores do sexo casual digam ser isto maravilhoso e divertido, como o pornô, a bimbada sem compromisso dispersa-lhe a virilidade pelos seguintes motivos:

O sexo sem compromisso não é tão bom assim. Essencialmente, a coisa mais vulnerável que você pode fazer é o sexo. Você está completamente pelado, grilado com sua performance e enfiando uma parte que lhe desponta do corpo num buraco doutro corpo. Donde decorre ser preciso haver confiança para que o sexo seja realmente bom. E consegue-se a tal confiança com o amor e a intimidade, e não com uma noitada regada a pinga.

O sexo sem compromisso não serve como preparação para um relacionamento de verdade. Bimbar a torto e a direito há de prepará-lo para um relacionamento real tanto quanto jogar *Fight Night* vai deixá-lo pronto a disputar o cinturão de Pesos Pesados. Se quiser tornar-se um bom amante para a mulher que um dia será sua esposa, é preciso antes praticar o romantismo e o altruísmo. (Figura 8.4)

Figura 8.4. Se quiser tornar-se um bom amante para a mulher que um dia será sua esposa, é preciso antes praticar o romantismo e o altruísmo.

HUMILDADE

"Imitar Jesus e Sócrates".

Em 31 de dezembro de 1967, os *Green Bay Packers* e os *Dallas Cowboys* se encontraram em Lambeu Field para a decisão do Campeonato NFC. Mais tarde chamado de *Ice Bowl*, na partida a temperatura não passou dos 13 graus abaixo de zero; graças ao gelo, a grama fora enrijecida até parecer pedra e grudavam-se os apitos nas bocas de juízes e membros da banda do intervalo, mais tarde enviados ao hospital com hipotermia. Os dois times rivais se bateram em campo nessas condições por sessenta minutos. Faltando dezesseis segundos para o final do jogo, os *Cowboys* lideravam por três pontos. Na terceira descida, Bart Starr, o zagueiro, fez um bloqueio e abriu a Jerry Kramer as alas até a *end zone*. Estava ganho o jogo. Os *Packers* haviam conquistado mais um *Super Bowl*.

Kramer, porém, não fez uma dancinha ou puxou da meia uma caneta para assinar um autógrafo no ar; simplesmente saiu de campo.

Não raro a humildade nos traz à memória imagens de fraqueza, submissão e medo. Jerry Kramer, porém, e os demais homens da Grande Geração, bem sabiam que a humildade genuína é um sinal de força, dignidade e confiança.

O que é a humildade

Não é preciso incluir a timidez ou o acanhamento na definição da humildade. Antes, a referida virtude só faz exigir do homem o seguinte: que ele não infle e hipertrofie suas habilidades e ações. O homem humilde avalia com franqueza qual é a magnitude e quais são seus talentos, dons, fraquezas e deficiências.

A humildade é a ausência de orgulho. Se bem sejamos ensinados a julgá-lo algo bom, o orgulho só funciona quando estamos a nos comparar com os outros. No geral, sentimos aquela satisfação orgulhosa quando comparamos nossas forças com as fraquezas alheias.

Ao fazê-lo, perdermos de vista os pontos nos quais precisamos melhorar.

O que a humildade não é

Quem busca ser humilde não raro troca as bolas e confunde a humildade com a falsa modéstia. Por exemplo: você gasta sei lá quantas horas penosas a fim de montar uma apresentação excelente para o trabalho. Quando elogiado, responde: "Ah, foi só uma coisinha que fiz de qualquer jeito". Essa falsa humildade é quase sempre usada para se conquistar ainda mais elogios e adulação. No fundo, queremos que as pessoas pensem: "Caramba, ele fez tudo isso e nem se esforçou? Imagina se tivesse passado horas trabalhando nisso aí!".

Quando fizer algo bem feito, não se faça de rogado; antes, reconheça de verdade o seu mérito.

Como praticar a humildade

Dê crédito a quem merece crédito. O homem orgulhoso está sempre à cata de angariar todos os louros para si. Já o homem humilde esforça-se para pôr no holofote todo e qualquer um que tenha sido responsável pelo sucesso. Homem algum no mundo faz tudo sozinho. Talento inato e umas e outras cagadas, além de familiares, amigos e um professor ou tutor... Todos são ingredientes que tornam alguém um sucesso.

Não fique dando uma de bonzão. Você já conversou com algum fulano que não parava de interromper o assunto para dizer como já visitara duas vezes a Europa, havia tirado todas as melhores notas na faculdade ou era amigo dum escritor famoso? São uns merdinhas obviamente inseguros; acham que só vão chamar a atenção alheia se ficarem contando vantagem. O sujeito humilde não precisa ser toda hora o pica das galáxias, se é que você me entende. Saiba que também os outros têm suas histórias importantes e interessantes para contar, e aguarde tranqüilo sua hora de falar.

Pare de se achar melhor do que os outros. Pouca coisa no mundo dá tanto nos nervos quanto um sujeito que fica dizendo ser melhor nisso e naquilo o tempo inteiro. Você diz: "Eu fui num restaurante mexicano de verdade ontem, e a comida estava uma maravilha". Ele responde: "Ha! E isso lá é mexicano de verdade? Eu almocei comida mexicana feita pelas mãos de ninguém menos que Señora Consuelo, em Guerrero Negro, México. O quê? Você nunca ouviu falar de Guerrero Negro? É porque não é um daqueles pontos turísticos clichês". Não importa o que se diga: o referido babacão sempre tem de vencê-lo. Aquiete o facho e não saia a esgrimir picas por aí para descobrir qual é a da galáxia. Não preciso nem explicar o porquê.

POSFÁCIO

Agora que chegamos ao final deste livro, não lhe deve ter passado despercebido que ser homem é muito mais do que assistir futebol no domingo, saber fazer um churrasco e ter uma barriga tanquinho. Esperamos que as habilidades e conselhos aqui apresentados lhe proporcionem a confiança necessária para começar uma vida de busca pela arte de ser homem.

Pode-se gastar anos tentando dissecar o significado da masculinidade. Contudo o resumo é simplesmente você tentar ser o melhor homem que puder. Não importa em que estágio da vida você esteja — seja você um pai, amigo, namorado ou todos os três —, a masculinidade o convoca ao maior aperfeiçoamento possível.

A masculinidade é um grande poder, e o podemos usar quer para o bem, quer para o mal. No seu pior, homens fizeram estourar guerras mundiais, oprimiram os pobres e lhes escravizaram os irmãos. Homens cometeram genocídios de inocentes. Contudo, os homens também calharam de inventar carros, aviões, telefones, computadores e a energia atômica. Velejaram ao redor do mundo; descobriram novas e verdes terras; puseram abaixo impérios fascistas malignos; construíram e projetaram as pontes, os edifícios e as estradas do mundo. A masculinidade genuína e honrosa é uma das maiores forças do bem que há no mundo. Se posta a bom uso, pode a masculinidade mudar uma nação, construir uma comunidade ou reforçar uma família. Embora seja uma força em baixa nos dias atuais, desde San Diego até Sidney há homens outra vez ouvindo-lhe o chamado e honrando suas calças. Há mundo afora uma verdadeira revolução masculina.

Homens como Alexandre, o Grande e Demóstenes, Lincoln e Washington, Roosevelt e Churchill, Ghandi e Martin Luther King Jr. deixaram uma trilha de macheza para nós seguirmos. É hora de a palmilharmos de coração e alma, com espírito inabalável. Eis o legado da masculinidade. O seu próximo capítulo há de ser escrito por você.

Brett e Kate McKay

APÊNDICE A

100 livros que todo homem deveria ler

Todo homem deveria buscar compreender as complexidades, dilemas e possiblidades da condição humana. Embora uma boa parte deste conhecimento provenha de interações cotidianas, nossa perspectiva pessoal dá-nos uma visão limitada da natureza humana. Precisamos duma visão muitíssimo mais abrangente e expansiva. Pôr-se a par da grande literatura é dar-se esta indispensável educação. As obras dos maiores escritores do mundo permitem que o homem vivencie milhares de sentimentos e conflitos, além de visitar todas as eras da história humana, sem se levantar do sofá. Tal leitura há de tornar-lhe o cérebro e a personalidade mais equilibrados, pôr-lhe-á peso no falar e profundidade cogitativa nas decisões.

O que vem a seguir é uma lista de cem livros que todo homem deveria ler. Leia e absorva as mensagens de todos. Marque um x em frente aos nomes que for lendo e aproveite a sensação duma mente que se abre para o mundo.

O grande Gatsby — Francis Scott Fitzgerald
O príncipe — Nicolau Maquiavel
Matadouro-cinco — Kurt Vonnegut
1984 — George Orwell
A República — Platão
Irmãos Karamazov — Fiódor Dostoiévski
A riqueza das nações — Adam Smith
Por quem os sinos dobram — Ernest Hemingway
Admirável mundo novo — Aldous Huxley
Como fazer amigos e influenciar pessoas — Dale Carnegie
O chamado da floresta — Jack London
The Rise of Theodore Roosevelt — Edmund Morris
A família suíça — Johann David Wyss
Os vagabundos iluminados — Jack Kerouac
Ilíada e *Odisséia* — Homero
Ardil 22 — Joseph Heller
A vida nos bosques — Henry David Thoreau
O senhor das moscas — William Golding
A revolta de Atlas — Ayn Rand
American Boy's Handy Book — Daniel Carter Beard
No ar rarefeito: um relato da tragédia no Everest — John Krakauer
As minas do Rei Salomão — Henry Rider Haggard
O idiota — Fiódor Dostoiévski
Nada é para sempre — Norman Maclean
Autobiografia — Malcolm X
Theodore Rex — Edmund Morris

O conde de Monte Cristo — Alexandre Dumas
Nada de novo no front — Erich Maria Remarque
Orgulho e preconceito — Jane Austen
Vidas paralelas — Plutarco
A Bíblia
Lonesome Dove — Larry McMurtry
O falcão maltês — Daniel Hammett
O longo adeus — Raymond Chancler
O sol é para todos — Harper Lee
The Killer Angels — Michael Shaara
Autobiografia — Benjamin Franklin
História — Heródoto
A um passo da eternidade — James Jones
The Frontier in American History — Frederick Jackson Turner
Zen e a arte da manutenção de motocicletas: uma investigação sobre valores — Robert Pirsig
Self-Reliance — Ralph Waldo Emerson
Ruído branco — Don DeLillo
Ulisses — James Joyce
The Young Man's Guide — William Alcott
O mestre e a margarida — Mikhail Bulgakov
A estrada — Cormac McCarthy
Crime e castigo — Fiódor Dostoiévski
O lobo da estepe — Hermann Hesse
The Book of Deeds of Arms and of Chivalry — Christine de Pizan
A arte da guerra — Sun Tzu
O homem invisível — Ralph Ellison
Dom Quixote — Miguel de Cervantes Saavedra
Na natureza selvagem — Jon Krakauer
A Divina Comédia — Dante Alighieri
O Leviatã — Thomas Hobbes
The Thin Red Line — James Jones
Peace Like a River — Leif Enger

As aventuras de Huckleberry Finn — Mark Twain
Política — Aristóteles
Boy Scouts Handbook — Primeira edição, 1911
Cyrano de Bergerac — Edmond Rostand
Trópico de Câncer — Henry Miller
A crise — Winston Churchill
Os nus e os mortos — Norman Mailer
This Boy's Life: A Memoir — Tobias Wolff
Hatchet — Gary Paulsen
Tarzan e os macacos — Edgar Rice Burroughs
Além do bem e do mal — Friedrich Nietzsche
The Federalist Papers — Alexander Hamilton, John Jay e James Madison
Moby Dick — Herman Melville
Frankenstein — Mary Wollstonecraft Shelley
Hamlet — Shakespeare
Revolutionary Road — Richard Yates
The Boys of Summer — Roger Kahn
A Separate Peace — John Knowles
Adeus às armas — Ernest Hemingway
O estrangeiro — Albert Camus
Robinson Crusoé — Daniel Defoe
A pérola — John Steinbeck
Na estrada — Jack Kerouac
A ilha do tesouro — Robert Louis Stevenson
Confederacy of Dunces — John Kennedy Toole
Native Son — Richard Wright
O pêndulo de Foucault — Umberto Eco
The Great Railway Bazaar — Paul Theroux
Education of a Wandering Man — Louis L'Armour
O último dos moicanos — James Fenimore Cooper
Os miseráveis — Victor Hugo
Cannery Row — John Steinbeck

Bluebeard — Kurt Vonnegut
Um conto de duas cidades — Charles Dickens
Em busca de sentido — Viktor Emil Frankl
The Outsiders — Susan Eloise Hinton
Cem anos de solidão — Gabriel García Márquez
Paraíso perdido — John Milton
Fahrenheit 451 — Ray Bradbury
Oil — Upton Sinclair
Temor e tremor — Sören Kierkegaard
No coração das trevas — Joseph Conrad

APÊNDICE B

Glossário de másculos e classudos vocábulos e insultos, ou: o vernáculo do seu avô

Abantesma: assombração, figura que assusta; espectro;
Basbaque: ingênuo, simplório, bobalhão;
Balacobaco: coisa boa, do car****;
Batuta: sujeito gente-fina;
Bicho-grilo: *hippies* (ou, modernamente, os famosos miçangueiros);
Biltre: cafajeste, canalha;
Borra-botas: zé ninguém, zero à esquerda;
Borocoxô: pra baixo, na *bad*;
Broto: gatinha, pitel;

Cacareco: coisa velha; objeto sem valor;
Calhorda: indivíduo desprezível;
Carraspana: sair com os amigos, entornar o caneco e só voltar de manhã, evidentemente manguaçado;
Chumbrega: de má qualidade, ordinário;
Energúmeno: ou quem pensa com a cabeça de baixo, ou quem está possesso (sim, pelo próprio Cão);
Espurco: sujo, sórdido, torpe; que vive na espurcícia;
Futre: homem desprezível, vil. Pode ser, também, sinônimo de avarento;
Fuzarca: bagunça;
Garrucha: espingarda, bacamarte;
Gorar: dar errado, ir pelas cucuias;
Histrião: palhaço, charlatão, farsante;
Janota: indivíduo vestido à risca; um belo de um almofadinha;
Mentecapto: sujeito doido ou incrivelmente burro;
Mequetrefe: pessoa 1) sem caráter; 2) intrujona ou 3) sem importância;
Misólogo: quem tem aversão ao raciocínio, à lógica ou à ciência;
Pão: sujeito boa-pinta;
Patota: grupinho, galera;
Paspalho: inútil, imbecil ou petulante — ou as três coisas;
Peralvilho: variação de "janota", se bem que menos caridosa;
Petiz: criança, pirralho;
Pombas!: cacete!;
Pulha: mau-caráter;
Qüiprocó: confusão, zorra;
Sacripanta: patife, pilantra;
Safanão: levar um puxão no braço (coisa de mãe);
Sirigaita: mulher espevitada, pretensiosa;
Soez: vil, reles, ordinário;
Supimpa: bom demais;
Tá russo: ruim;

Transado: moderno, arrojadamente bonito;
Valdevinos: ou um vagabundo que vive às custas alheias, ou um doidivanas — um maluco.

APÊNDICE C

Cartões para recortar e levar consigo

Pegue uma tesoura para recortar estes cartões das próximas páginas. Então, dobre-os e mantenha-os guardados na carteira para uma consulta rápida. Nas horas livres, você pode decorar o poema *Se*, de Rudyark Kipling, ou inspecionar a evolução das suas virtudes, como o fazia Benjamin Franklin. Quando for presentear a cocota com flores, ofereça-lhe também o significado simbólico da escolha, para que a morena possa interpretar a indireta no agrado. E, finalmente, mantenha sempre à mão a lista de insultos de Roosevelt, para quando pegar no flagra aquele pilantra do trabalho a surrupiar-lhe o lanche da geladeira do serviço.

Guia de significados das flores

Ambrósia: seu amor é recíproco.
Gipsofila (mosquitinho): nosso amor é inocente.
Camélia, cor-de-rosa: eu te desejo.
Camélia, vermelha: você é uma chama em meu coração.
Camélia, branca: você é encantadora.
Cravo, cor-de-rosa: eu jamais te esquecerei.
Cravo, vermelho: meu coração dói por você.
Cravo, branco: meu amor é puro.
Crisântemo, vermelho: eu te amo.
Narciso: seu amor não é correspondido.
Margarida: o amor tudo pode.
Miosótis (não-me-esqueças): lembre-se de mim para sempre.
Forsítia (sino dourado): mal posso esperar para te ver de novo.
Gerânio: eu pisei na bola.
Gloxínia: foi amor à primeira vista.
Jacinto, roxo: eu sinto muito; me perdoe, por favor.

"Se", Rudyard Kypling

Se és capaz de manter tua calma quando
Todo mundo ao redor já a perdeu e te culpa;
De crer em ti quando estão todos duvidando,
E para esses no entanto achar uma desculpa;
Se és capaz de esperar sem te desesperares,
Ou, enganado, não mentir ao mentiroso,
Ou, sendo odiado, sempre ao ódio te esquivares,
E não parecer bom demais, nem pretensioso;

Se és capaz de pensar – sem que a isso só te atires,
De sonhar – sem fazer dos sonhos teus senhores.
Se, encontrando a Desgraça e o Triunfo, conseguires
Tratar da mesma forma a esses dois impostores;
Se és capaz de sofrer a dor de ver mudadas
Em armadilhas as verdades que disseste,
E as coisas por que deste a vida estraçalhadas,
E refazê-las com o bem pouco que te reste;
Se és capaz de arriscar numa única parada

Tudo quanto ganhaste em toda a tua vida,
E perder e, ao perder, sem nunca dizer nada,
Resignado, tornar ao ponto de partida;
De forçar coração, nervos, músculos, tudo,
A dar seja o que for que neles ainda existe,
E a persistir assim quando, exausto, contudo,
Resta a vontade em ti que ainda ordena: "persiste!";

Se és capaz de, entre a plebe, não te corromperes,
E, entre Reis, não perder a naturalidade,
E de amigos, quer bons, quer maus, te defenderes,
Se a todos podes ser de alguma utilidade,
E se és capaz de dar, segundo por segundo,
Ao minuto fatal todo valor e brilho,
Tua é a terra com tudo o que existe no mundo
E — o que ainda é muito mais – tu serás um
Homem, meu filho!

Lilás, malva: você ainda me ama?
Lilás, branca: você é meu primeiro amor.
Lírio de Calla: você é linda.
Prímula: não posso viver sem você.
Rosa, laranja: penso em você a todo instante.
Rosa, cor-de-rosa: por favor, acredite em mim.
Rosa, vermelha: estou ardentemente apaixonado por você.
Rosas, vermelhas e brancas juntas: estamos unidos em nosso amor um pelo outro.
Rosa branca: você é divina.
Rosa amarela: podemos ser amigos?
Ervilha-de-cheiro: preciso ir; adeus.
Tulipa vermelha: apaixonei-me por você
Tulipa amarela: o seu sorriso é como a luz do sol
Violeta azul: hei de ser fiel para sempre.
Violeta branca: vamos tentar.

Virtudes de Benjamin Franklin

TEMPERANÇA: não comer a ponto da languidez; não beber a ponto da embriaguez.

SILÊNCIO: não falar senão aquilo que seja benéfico a outrem ou a si mesmo; evitar conversas frívolas.

ORDEM: que cada coisa tenha o seu lugar; que cada atividade tenha o seu momento.

DETERMINAÇÃO: sempre decidir-se a fazer aquilo que deve fazer; fazer sem falta aquilo que decida fazer.

FRUGALIDADE: nada gastar senão para fazer o bem a outrem ou a si mesmo, isto é, nada desperdiçar.

DILIGÊNCIA: não perder tempo; estar sempre ocupado com algo proveitoso; eliminar tudo quanto seja desnecessário.

SINCERIDADE: jamais se valer de engodos; pureza e justiça no pensar; o mesmo no falar.

JUSTIÇA: a ninguém prejudicar, quer fazendo-lhe alguma injustiça, quer furtando-se a fazer-lhe o bem que lhe seja devido.

Insultos de Theodore Roosevelt

"Ser que pertence ao culto da não-virilidade".
"Um homem flagrantemente porco".
"Uma mente que funciona com a força de seis porquinhos da índia".
"Pequena massa emasculada de vazio".
"Gambá infernal".
"Aperto de mão de uma delicada petúnia".
"Um ignorante clássico".
"Janotazinho miserável".
"Um rematado patife".
"Um bem-intencionado, obstinado e anárquico débil mental".
"Um translúcido fracote".

MODERAÇÃO: evitar extremos, e deles abster-se o quanto parecer necessário.
ASSEIO: não tolerar desasseio; pouco importa se no corpo, nas roupas ou no lar.
SERENIDADE: não se deixar perturbar por trivialidades ou perante acidentes comuns ou inevitáveis.
CASTIDADE: quando possível, furtar-se à cópula que não tenha por objetivo saúde ou procriação; nunca praticá-la até a languidez ou fraqueza; nunca praticá-la de modo a perturbar a paz e macular as reputações alheia ou própria.
HUMILDADE: imitar Jesus e Sócrates.

TABELA DE VIRTUDES DE BENJAMIN FRANKLIN

	DOM.	SEG.	TER.	QUA.	QUI.	SEX.	SÁB.
TEMPERANÇA							
SILÊNCIO							
ORDEM							
DETERMINAÇÃO							
FRUGALIDADE							
DILIGÊNCIA							
SINCERIDADE							
JUSTIÇA							
MODERAÇÃO							
ASSEIO							
SERENIDADE							
CASTIDADE							
HUMILDADE							

Este livro foi composto em Adobe Caslon Pro e Source Sans e impresso na Gráfica X em papel X para a Editora Auster, em julho de 2019.